世界银行贷款中国经济改革促进与能力加强技术援助项目 TCC6（B06-2019）

河南省乡村产业振兴的模式探索与政策支持研究

RESEARCH ON MODEL EXPLORATION AND POLICY SUPPORT
FOR RURAL INDUSTRY REVITALIZATION IN HENAN

河南省农业农村厅 / 编

社会科学文献出版社
SOCIAL SCIENCES ACADEMIC PRESS (CHINA)

World Bank Loan Project of Technical Assistance for China Economic Transformation
———— and Institutional Capacity Building TCC6 （B06-2019） ————

Research on Model Exploration and Policy Support for Rural Industry Revitalization in Henan

Edit by Henan Provincial Department of
Agriculture and Rural Affairs

社会科学文献出版社
SOCIAL SCIENCES ACADEMIC PRESS (CHINA)

前　言

当今世界正经历百年未有之大变局，我国正处于实现中华民族伟大复兴的关键时期。乡村振兴作为实现中华民族伟大复兴的一项重大任务，是新时期党中央为解决我国城乡发展不平衡、农村发展不充分的社会突出矛盾做出的战略部署。以"产业兴旺"为基本要求的乡村产业振兴，是乡村振兴战略实施的关键和核心，是解决农村一切问题的前提，没有产业兴旺，乡村振兴就是"空中楼阁"。

河南省是研究我国乡村产业发展的典型和缩影。一是河南省粮食等农作物产量巨大，小麦、花生、食用菌、肉牛产量多年来均居全国第一位，不仅养活了本省1亿多人口，还调出原粮和粮食制成品600多亿斤，相当于再解决上亿人的口粮问题，为维护国家粮食安全作出了重大贡献。二是农产品加工业是河南省产值过万亿的支柱产业，生产了全国1/2的火腿肠、1/3的方便面、1/4的馒头、3/5的汤圆、7/10的水饺，为促进河南省乡村产业发展、拓宽农民增收渠道、加快农业农村现代化发挥了重要作用。三是河南省乡村文化旅游资源丰富，涌现出一大批融休闲度假、农耕文化、民俗风情、农事参与于一体的休闲农业景点和项目，2020年休闲农业实现年营业收入160亿元，休闲农业和乡村旅游正在成为现代农业的强大推动力。同时，河南农村电商发展迅速，年成交金额在1600亿元以上，乡村现代服务业已成为农民收入新的增长极。

但是从总体上看，河南同全国一样，乡村产业振兴面临诸多深层次的矛盾与问题：从农作物生产来看，农产品多而不优，总量大而不强，结构性矛盾较为突出，同时，大水大肥等粗放式生产方式没有得到根本性转变，过量施用化肥农药造成了农业面源污染；从农产品加工业来看，农业企业呈现"大群体、小规模"特征，产业集中度不高、品种不优、品牌不响、市场竞争力不强的短板尚未明显改观；从一二三产业融合发展看，休闲观光农业层级较低，农村电商新业态尚未成型。同时，河南乡村产业振兴还面临筹资渠道单一、资金短缺严重、金融抑制明显等瓶颈制约。

世界银行贷款中国经济改革促进与能力加强技术援助项目（TCC6）作为一个伞状技术援助项目，旨在通过一系列子项目的实施，促进经济体制改革的深化和加强机构与人员能力的建设。2019年我们在河南省财政厅的大力支持下，以典型的农业大省——河南省为研究样本，以乡村振兴的关键——产业振兴为研究对象申报了课题，得到了世界银行和财政部的充分认可，顺利立项并开展研究。项目执行单位为河南省农业农村厅，单位负责人刘保仓先后担任过乡镇、县、市三级政府主要领导，熟悉农业农村工作，全程参与了项目选题设计、研究执行及成果推广工作；项目负责人聂斌为经济学博士，长期从事农业农村政策研究，对传统农区工业化具有较深入思考，具体从事课题研究及项目管理工作，确保了本研究的顺利实施。本项目还将绿色环保理念贯穿始终，由汪艳娟女士等3人作为环评专家，在分类开展乡村产业研究时充分考虑政策建议对环境的潜在影响，提出了河南乡村产业向低碳、生态、绿色、品牌转型发展的前瞻性建议。

本项目将河南省乡村产业细分为高效种养业、农产品加工业、乡村现代服务业三个专题展开深入研究，首先形成了53个具有一定代表性的模式案例——《河南省乡村产业振兴案例研究》，并于2021年4月在社会科学文献出版社出版。在此基础上，梳理提炼出河南省乡村产业发展的10种地域模式，即平原农区确保粮食安全模式、丘陵山区全域旅游模式、乡村集体经济发展模式、特色种养加产业链延伸模式、地方特色农产品规模化种植加工模式、以"巧媳妇工程"为依托的服装产业集群发展模式、特色产业小镇建设模式、普惠金融试验发展模式、农村电商发展模式、乡村土地资源盘活模式，并对其探索实践、进展成效、典型意义和政策启示等进行全方位剖析。

本项目研究的重点，是对河南省乡村产业发展现状进行系统梳理，对其阶段性特征进行分析研判，探讨其发展规律和产业演进的前沿形态，在提炼实践模式和借鉴发达国家及地区经验的基础上，结合乡村产业发展"三产融合""三链同构"趋势，总结发展模式及路径，提出有针对性并切实可行的政策措施。

本项目研究的创新之处，一是注重现实问题导向和政策设计相结合，立足全省乡村产业振兴的现状和发展趋势，针对各地实际探索乡村产业振兴的模式，提出区域性的可复制可借鉴的模式与政策建议，助力河南省乡村振兴战略规划的更好落地实施；二是厘清河南省乡村产业内部的种养业、加工业、服务业这三个产业发展过程中亟待破解的体制机制问题，并在借鉴国内外乡村产业振兴先进经验的基础上提出切实可行的解决方案，这将丰富河南省乡村产业振兴的理论，同时也因河南农业是全国的缩影，其研究成果亦可为全国其他传统农区推进乡村产业振兴提供参考，从而更具借鉴应用价值。

项目启动以来，课题组克服新冠疫情和河南洪涝天气影响，先后对河南省南阳市、驻马店市、洛阳市、信阳市、焦作市、商丘市、三门峡市、济源市等15个市近60个县开展调研，赴上海、山东、四川、安徽、山西、重庆、江苏、湖北等省市进行了分产业的专题调研，与村镇干部、农业产业化企业负责人、农民专业合作社理事长及广大群众进行了广泛的座谈交流，收集了大量一手信息，感受到乡村产业发展的蓬勃脉动，开阔了研究视野，受到了教育启发，进一步深刻领会到"民族要复兴，乡村必振兴"的重大战略意义。

此项目研究成果丰富：先后获得7次省部级领导批示，出版2本专著，形成3项省级乡村产业发展政策，发表11篇核心期刊论文，应邀赴地市举办7次讲座，开展9次项目成果培训，为河南省制定乡村产业政策提供了理论支撑和决策参考，对推动河南由农业大省向农业强省转变，促进乡村全面振兴具有积极意义。

在研究报告撰写过程中，世行TCC6项目官员及专家、财政部国际财金合作司、调研地各级领导及企业家给予了我们大力支持与帮助，河南省财政厅、河南省发展改革委、河南省社会科学院、河南省城市绿色发展协会、河南省农科院等单位直接或间接参与了研究，提供了大量第一手信息，在此表示诚挚的感谢！

当然，这是一个以实际部门为主开展的改革促进与政策研究，由于河南省地域类型多样，各地资源禀赋和经济社会状况存在较大的差异，在乡村产业振兴的道路与模式选择上呈现不同的地域特点，加之我们研究水平有限，本研究必定存在诸多不足之处，真诚希望相关专家与领导不吝赐教，帮助我们进一步完善提高，谢谢！

编　者

2022 年 10 月 21 日

Foreword

Nowadays, the World is undergoing great changes that have not been seen in a century, and China is in a critical period of great rejuvenation of the Chinese nation. General Secretary Xi Jinping stressed in the report of the 20th National Congress of the Communist Party of China: "Comprehensively promote rural revitalization. Adhere to the priority development of agriculture and rural areas, adhere to the integrated development of urban and rural areas, and smooth the flow of urban and rural factors. Solidly promote the revitalization of rural industry, talents, culture, ecology and organization. " Rural revitalization, as an important mission for the great rejuvenation of the Chinese nation, is a strategic plan made by the CPC Central Committee in the new era to resolve outstanding social contradictions of unbalanced urban and rural development and insufficient rural development in China. Rural industry revitalization, with "industrial prosperity" as the basic requirement, is the key and core for the implementation of rural revitalization strategy and the premise of solving all rural problems. Without industrial prosperity, rural revitalization is a castle in the air.

Henan, as a typical agricultural province in China, ranking first for years in the output of wheat, peanuts, edible fungi and beef cattle, not only feeds over 100 million people in this Province, but also transfers out 40 billion Jin of raw grain and finished grain product, equivalent to solving the food ration problem of hundreds of millions of people and making great contributions to maintaining national food security of China. The agroprocessing industry, as the core of rural industry in Henan, has developed into one of the two trillion-level industries in this Province, produced 1/2 ham sausage, 1/3 instant noodles, 1/4 steamed bread, 3/5 dumplings and 7/10 boiled dumplings of China. Shineway, Sanquan, Sinian,

Haoxiangni and the like corporate brands become well-known at home and abroad, export product to 130 + countries and regions, and play an important role in promoting rural industrial revitalization, broadening channels for increasing farmers' income and accelerating agricultural and rural modernization. Henan is rich in rural cultural tourism resources. In recent years, a large number of leisure agricultural attractions and projects have emerged, focusing on recreational vacation, sightseeing, farming participation, farming culture, efficient agriculture and folk customs. The Year 2020 witnessed 16, 000 leisure agriculture business entities, 372, 000 employees, 100 million tourists and an annual operating income of RMB 16 billion. Leisure agriculture and rural tourism are becoming powerful drivers of modern agriculture. In addition, rural e-Commerce in Henan has developed rapidly, with an annual turnover of over RMB 160 billion, and the rural modern service industry has become a new growth pole of farmers' income.

However, on the whole, Henan, just like the whole country, has a prominent problem of insufficient and unbalanced agricultural and rural development, and rural industrial revitalization is facing many deep-seated contradictions and problems: from the perspective of food production, extensive production methods consuming water and fertilizer heavily have not been fundamentally changed, and non-point source pollution is caused by excessive application of chemical fertilizers and pesticides; the varieties of agricultural product are wide but not optimized, in huge quantity but not strong, and the structural contradictions are more prominent. From the perspective of agroprocessing industry, agricultural enterprises are characterized by "large group and small scale", and the shortcomings of low industrial concentration, poor varieties, unattractive brands and vulnerable market competitiveness have become increasingly prominent. From the perspective of integration of primary, secondary and tertiary industries, the level of leisure and sightseeing agriculture is low, and the new form of rural e-Commerce has not yet taken shape. In addition, rural industrial revitalization is still facing bottlenecks such as single financing channel, serious shortage of fund and manifest financial repression. Through study on the present situation of rural industrial development in Henan, exploring the path of rural industrial revitalization, proposing the relevant policy framework of rural industrial revitalization, and enhancing the capacity of governmental functions to promote rural industrial revitalization are sure to play an important role in promoting agricultural efficiency, increasing farmers' income and driving rural development in Henan.

As an umbrella project, the World Bank Loan Project of Technical Assistance for China Economic Transformation and Institutional Capacity Building (TCC6) is intended to promote the deepening of economic system reform and strengthen the construction of institutional and personnel capacity through the implementation of a series of sub-projects. In 2019, with the strong support of Henan Provincial Department of Finance, we took Henan, a typical Agricultural Province, as our research sample, and grasped the key point of rural revitalization-industrial revitalization, which was recognized and affirmed by the World Bank, and successfully initiated the project to perform our research. The PIU is Henan Provincial Department of Agriculture and Rural Affairs. Liu Baocang, the Project Outcome Confirmer, has served as the main leader of the township, county and municipal government, is familiar with agricultural and rural work and has participated in the project selection design, research implementation and outcome promotion in the full process; Nie Bin, as the Project Manager, a Ph. D. in economics, has been engaged in agricultural and rural policy research for a long time and has deep thinking on the industrialization of traditional agricultural regions and strong project management and execution competence, all these have ensured the smooth implementation of the project research. This Project also runs through the concept of green environmental protection, with Ms. Wang Yanjuan et al as EIA experts, fully considering the potential impact of policy recommendations on the environment in classified rural industry research, and recommendation on the transformation and development of Henan rural industry to low carbon, ecology, green and brand.

Through in-depth study on the present situation of rural industrial revitalization in Henan, based on the characteristics of all parts of the Province, we explore and summarize some models of rural industrial revitalization, and carefully sort out the current policy and mechanism factors hindering rural industrial revitalization, propose targeted measures and policy recommendations to solve problems, enhance the capacity of governmental functions to enforce rural industrial revitalization policies, and promote Henan's rural industries to accelerate their growth from big to strong, and march toward a new stage of high-quality development. The innovation of research under this Project lies in: first, focusing on the combination of practical problem orientation and policy design, based on the current situation and trend of rural industrial revitalization in the whole province, we explore the model of rural industrial revitalization in view of the actual situation from place to place, and propose regional model and policy recommendations that can be replicated and used for reference, this is not only a survey of rural industrial revitalization in the whole province, but also contributes to the better implementation of the strategic plan of rural revitalization in Henan; secondly, we clarify the system and mechanism problems that should be solved urgently in the development of rural industries in Henan, and by reference to the state-of-art experience of rural industrial revitalization at home and abroad, we propose practical solutions, which will enrich the theory of rural industrial revitalization in Henan, in addition, since Henan's agriculture is the epitome of China, the research result obtained in Henan can provide reference for other traditional agricultural areas in China to promote rural industrial revitalization, thus having more value of policy application.

Since the Project was commenced, the Research Group overcome the impact of COVID-19 pandemic and flood in Henan, and have investigated nearly 60 counties in 15 cities including Nanyang, Zhumadian, Luoyang, Xinyang, Jiaozuo, Shangqiu, Sanmenxia and Jiyuan in succession; visited Shanghai, Shandong, Sichuan, Anhui, Shanxi, Chongqing, Jiangsu, Hubei and the like provinces and cities for special investigations on different industries, where extensive discussions and exchanges were held with village and township officials, heads of agricultural industrialization enterprises, directors of farmers' professional cooperatives and the People, in this way, we have collected a lot of first-hand information, felt the vigorous pulse of rural industrial development, broadened the research horizon, was inspired by education, and further deeply understood the great strategic significance of "the Chinese nation could not be rejuvenated without the rural revitalization".

In the specific implementation, this Study subdivides rural industries into three subjects: efficient breeding industry, agroprocessing industry and rural modern service industry, conducts in-depth research, and has formed 53 representative model cases—*Case Study on Rural Industry Revitalization in Henan*, which was published in Social Sciences Academic Press in April 2021. On this basis, we comb and refine 10 regional modes, that is, ensuring food security in plain agricultural areas, all-for-one tourism in hilly and mountain regions, rural collective economic development, characteristic planting, breeding and processing industrial chain extension, large-scale cultivation and processing of local characteristic produces, clothing industry cluster development based on "Smart Wife Project", characteristic industrial town construction, Inclusive Financing experimental development, rural e-Commerce development and rural land resource revitalization, and have analyzed her exploration practice, progress and effect, typical significance and policy enlightenment in an all-round way.

In the specific research, the research group has systematically combed the development status of high-efficiency breeding industry, agroprocessing industry and rural modern service industry, analyze and judge their periodical characteristic, discussed their law of development and the frontier form of industrial evolution, explored the mode and path of rural industrial revitalization in Henan on the basis of refining the practical mode and drawing on the experience of developed countries and regions, in combination with the trend of "integration of primary, secondary and tertiary industries" and "co-building of industrial chain, value chain and supply chain", and put forward targeted and practical policy support measures.

In the process of making this research report, the project officials and experts of the World Bank, the International Financial Cooperation Department of the Chinese Ministry of Finance, leaders and entrepreneurs at all levels in cities, counties and villages in the survey regions gave us great support and assistance. Henan Academy of Social Sciences, Henan Macroeconomic Research Institute,

Henan Urban Green Development Association, Henan Agricultural University and so on directly or indirectly participated in the research and provided a lot of first-hand information. We would like to express my heartfelt gratitude.

Of course, this is a reform promotion and policy research focusing on actual sectors, due to the diversity of geographical types in Henan, there are great differences in resource endowments and economic and social conditions from place to place, there are different regional characteristics in the road and model selection of rural industrial revitalization and our research level is limited, so there must be many shortcomings in this Study. We sincerely expect that relevant experts and leaders will give more valuable opinions and suggestions for us to make further improvement.

Editor

October 21, 2022

目　录

Contents

1 河南省乡村产业振兴的
时代背景与重要意义

从中华民族伟大复兴战略全局看，民族要复兴，乡村必振兴。乡村振兴是包括产业振兴、人才振兴、文化振兴、生态振兴、组织振兴的全面振兴。乡村产业振兴是乡村全面振兴的物质基础。习近平总书记多次强调："实现乡村振兴，重在产业振兴。"只有奠定了坚实的物质基础，才能更好地实施乡村振兴战略，解决好"三农"问题。作为全国有担当的农业农村大省，河南要积极探索乡村产业振兴的地域模式和可行路径，为全省乡村振兴夯实物质基础，为全国乡村振兴提供"河南样本"。

1.1 乡村产业振兴的时代背景

推动乡村产业振兴，既是大势所趋，也面临着大好时机。应当抓住发展机遇，顺势而为。

1.1.1 推动乡村产业振兴是大势所趋

党的十九大报告指出，当前我国社会主要矛盾已经转化为人民日益增长的美好生活需要和不平衡不充分的发展之间的矛盾。其中，美好生活需要不仅包括物质层面和精神文化层面的，还包括生态层面的，不仅包括最基本的食品数量安全、质量安全，还包括对良好生产生活环境、更多优质生态产品的优美生态环境需要，以及对民主、法治、公平、正义等方面的诉求。乡村振兴关系我们能否从根本上解决城乡差别、乡村发展不平衡不充分问题，也关系是否能实现城乡统筹、城乡一体化的可持续发展问题。河南省是典型的农业大省和农村人口大省，尽管农村产业取得了快速发展，但是农业农村发展不平衡不充分问题仍然非常突出，实现乡村产业振兴仍然面临较大的挑战，如乡村产业发展缺乏特色、同质化竞争问题较为严重，乡村产业的层次低、规模小、布局分散现象比较普遍，乡村产业发展动力不足等。一些农村由于劳动力的流失开始走向衰败，有的农村甚至成了空心村。农业农村发展不平衡不充分问题制约了河南城乡和区域的协调发展。党的十九大报告提出要实施乡村振兴战略，首次将乡村振兴上升到国家战略的高度，紧紧抓住了当前我国经济主要矛盾变化的时机，不仅是对当前城乡二元结构的破题，也是解决我们目前区域、城乡发展不平衡不充分的关键举措。乡村产业振兴是激活乡村内生发展动力和实现乡村振兴的关键。没有产业振兴，农业就强不起来，农村就美不起来，农民就富不起来。作为乡村全面振兴的关键点，在乡村的广阔天地中，产业振兴应当发挥其应有的作用，筑牢乡村振兴的物质基础，为破解农村发展不平衡不充分问题探索路径。

1.1.2 乡村产业振兴面临大好时机

改革开放以来，河南城镇化速度保持快速增长。2020 年，全省常住人口城镇化率达到 55.43%，仍然处于人口向城市快速聚集的状态，也是城乡之间要素流动最为频繁的阶段。在大量农村人口流入城市的同时，进城务工人员、"城归族"等人群返乡下乡创业的愿望也越来越强烈。从越来越多的城市人口去农村养生养老的需求趋势来看，也表明了乡村是一个大有可为的地方，是一个孕育大量新需求和产生大量新供给的地方。目前，不少城市人口不愿意忍受大城市中的工作压力、社交恐慌、环境恶化，周末节假日前往乡村休闲度假的人群越来越多，甚至部分人群去乡村寻找灵魂的寄托，或者清修净化心灵；还有部分城市退休人口选择回乡村养老。因此，在当前城乡之间要素流动频繁的城镇化发展阶段，城市人口为乡村发展带来了大量的投资机会和市场需求，这正是乡村产业振兴的大好时机。

1.2 乡村产业振兴的重要意义

乡村产业振兴，是实施乡村振兴战略的首要任务，也是乡村振兴的根本动力。河南省是农业大省和农村人口大省，在城镇化高速发展的背景下，目前农村常住人口仍然有 4428 万人，推动乡村产业振兴对于河南全省经济社会发展具有非常重要的现实意义。

1.2.1　有利于重构乡村产业体系

乡村产业振兴既是农村产业规模和效益的大幅度增长，更是农村产业增长模式的转换，由以往要素投入带动规模增长转向以新产业新业态为驱动的发展。乡村产业振兴要求农业生产从过去单纯追求产量向追求质量转变、从粗放型经营向精细型经营转变、从低端供给向中高端供给转变，实现农业高质量发展，构建农业现代化经济体系。因此，推动乡村产业振兴将为乡村产业体系重构带来大好机遇。通过推动乡村产业发展，不仅有利于河南省深入贯彻国家粮食生产核心区战略，充分发挥粮食主产区优势，建设好"国人粮仓"和"中央厨房"，守护国家粮食安全，还有利于推动河南省农村的产业结构优化升级，推动一二三产业的融合发展。一是通过实施精准农业、智慧农业、绿色农业等现代农业产业项目，不仅有利于提升农业技术水平和农业供给质量，更有利于促进农村生产方式的变革和农业生产条件的改善，提升农业现代化水平。二是通过实施传统手工业、非遗产业、特色工业项目，有利于充分利用当地的劳动力资源、历史文化资源和自然资源，保护历史文化传承并挖掘乡村的传统文化价值，培育发展特色产业。三是通过实施乡村旅游、民宿、健康养生、中医药等产业项目，有利于适应城市人群下乡养生养老新需求，形成乡村产业新的增长点。近年来，河南省农村新产业新业态蓬勃发展，许多工商企业到农村投资兴业，大批农民、退役军人、大学生返乡下乡创业创新，为农业增效、农民增收、农村繁荣发展注入了前所未有的新动能，新产业新业态已经成为农业农村经济新的增长点。因此，乡村产业振兴将为农村的生产和经营活动注入新的活力，有利于加快全省农村生产条件的改善和生产方式的变革，有利于重构全省乡村产业体系。

1.2.2　有利于推动乡村全面振兴

产业兴则农村兴。乡村振兴必须要有兴旺发达的产业，这是乡村现代社会发展的物质基础。产业是农村各项事业健康可持续发展的保障，只有发展好产业，才能创造更多的就业机会和岗位，才能让农村成为具有吸引力的地方，让人留在农村，让城镇的人才愿意进入农村，激发农村的发展活力。只有产业振兴、经济发展，才能不断提高农民的收入水平，实现生活富裕的目标。因此，产业振兴是源头、是基础，有了产业的振兴，乡村振兴才有底气。离开产业的支撑，实施乡村振兴战略就无从谈起。推动乡村产业振兴将释放出巨大的潜力和活力，有利于乡村经济的快速发展，为乡村全面振兴奠定坚实的物质基础。通过乡村产业振兴，将激发生产者和经营者自觉地将绿色发展理念和现代经营理念运用到产业发展之中，并促进乡村生态振兴。乡村产业振兴不仅提高了当地农民的积极性和主动性，促进其向新型农业经营主体转变，同时也吸引了大量的农民工、高校毕业生、退伍军人、退休职工、"城归族"等能人群体返乡创业。大量的新型农业经营主体和返乡能人群体，本身就是乡村人才振兴的重要力量，其大多具有一定的号召力和影响力，为农村基层组织建设和乡村治理增添了新生力量，为乡村文化增添了活力，有利于乡村组织振兴和乡村文化振兴。因此，推动乡村产业振兴将为农村地区注入新的发展活力和动力，促进高质量的产业落地农村，促进高质量的人才回归乡土，促进高品质的农村生产、生活、生态环境建设，促进更加积极有效的乡村治理和乡风文明建设，从而实现河南省乡村的全面振兴。

1.2.3　有利于促进县域经济繁荣发展

郡县治则天下安。县域不仅是经济社会发展的重要单元，还是城市与乡村融合的重要载体，更是实施乡村振兴战略的主阵地。从河南县域经济发展情况来看，县域经济是河南经济的重要基石。改革开放 40 多年来，河南县域经济飞速发展，综合实力显著提高，涌现出一批实力强、发展势头好的经济强县和有一定示范带动作用的经济板块，极大地促进了河南产业门类的丰富和产业结构的升级，形成了以县域为基础、以城市为龙头的产业分工格局，有力地推动了河南由传统农业大省向新兴工业大省、现代服务业大省的转变，为全省经济社会发展作出了重大贡献。多年来，河南经济总量一直稳居全国第 5 位和中西部第 1 位，县域经济功不可没。从县域经济的构成看，河南县域经济的工业结构与农业关联度较高，以食品工业为代表的优势涉农工业的迅猛发展，是建立在优势乡村产业的基础上的。而乡村产业也是县域经济中的重要组成部分。因此，乡村产业的兴旺发达直接影响着县域经济的发展繁荣。推动河南省乡村产业振兴，不仅能夯实全省乡村的产业基础，增加农民收入和就业机会，改善农村生产生活条件，也将更加有力地促进全省县域范围内产业体系构建，带动县域经济的发展繁荣。而县域经济的发展繁荣，将为县域内带来更多的发展机会和就业岗位，有利于推动县域经济社会的均衡发展，实现全省城乡之间的协调发展。

1.2.4　有利于推动城乡融合发展

彻底解决乡村发展的不充分和城乡发展的不平衡，实现城乡融合发展是实施乡村振兴战略的重要目标之一。虽然河南省城乡居民收入比基本呈下降趋势，改革开放之初，河南城乡居民收入比为3.01，此后经历下降和稍有上升再下降等的过程，河南省城乡差距逐步缩小，2020年河南城乡居民收入比下降至2.16（见图1-1）。但是，目前河南省城乡发展差异仍然较大，这种差距不仅表现在城乡居民收入差距，还表现在城乡产业结构脱节，很难实现城乡之间公平有效的对接，农村地区社会公共服务体系还不完善，农民的基本生活保障水平还不高。只有通过大力发展乡村产业，利用市场的力量，通过产业的联通，才能打破相互分割的壁垒，逐步实现生产要素的合理流动和优化组合。乡村是城乡融合发展中重要的一极，如果想充分发挥乡村在整个现代体系中的功能，必须要有旺盛强大的产业作支撑。推动乡村产业振兴，坚持乡村振兴和新型城镇化两手抓，把城市和乡村作为一个整体进行规划和发展，按照多规合一的要求，统筹谋划全省城乡产业发展、基础设施建设以及能源开发与环境保护等格局，构建与资源环境承载能力相匹配、生产生活生态相协调的农业农村空间发展格局，有助于形成河南的田园乡村与现代城镇各具特色的空间形态，推动全省城乡融合发展向更深层次推进。

1.2.5　有利于脱贫攻坚成果的巩固

2020年，河南省脱贫攻坚战取得全面胜利，已累计实现718.6万贫困人口脱贫、53个贫困县全部摘帽、9536个贫困村全部出列，交出了一份沉甸甸的河南答卷。然而，虽然全省已经整体上实现脱贫摘帽，但是脱贫摘帽不是终点，目前巩固脱贫攻坚成果的压力仍然较大，相对贫困的问题仍将长期存在，尤其集中在广大农村地区。2021年中央一号文件明确指出，要坚决守住脱贫攻坚成果，做好巩固拓展脱贫攻坚成果同乡村振兴有效衔

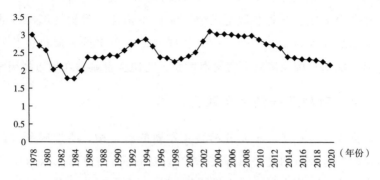

图 1-1 1978~2020 年河南省城乡居民收入比

资料来源:《中国统计年鉴》。

接,工作不留空档,政策不留空白。推动乡村产业振兴不仅能够有效带动当地农户参与到各种农业或非农业生产活动之中,同时也吸引了大量的返乡能人群体积极到农村及周边地区创业,将有利于激发当地劳动力自觉主动提升自身技能和综合素质,从而推动农村的文明进步,甚至能带动当地农民也加入创业创新的队伍,自发形成产业集聚,由此将带来大量的就业岗位,有利于脱贫攻坚成果的巩固,并促进经济发展和社会稳定。乡村产业振兴还将通过助力产业脱贫,为巩固脱贫成果提供长效的内生动力,吸引乡村劳动力回归。更值得一提的是,由于乡村产业振兴的推进,带动周边的农村劳动力就近就地就业,有利于解决农村"三留守"(留守儿童、留守妇女、留守老人)的现实问题,促进社会和谐稳定。从更深远的意义上来说,也只有通过乡村产业振兴,盘活农村集体资源资产,拓宽农民增收渠道,才能让农民不仅能脱贫致富,还能在全面建成小康社会和全面建设现代化国家的新征程中使钱袋子鼓起来、日子好起来,让广大农民在共同富裕的道路上不掉队、赶上来,让全体人民在共建共享的发展过程中收获更多、享受更多,才能真正从农业供给侧、产业结构和区域布局上,为全省打造形成一个美丽富饶农村的坚实经济基础,夯实河南经济社会发展的根基。

1.3　乡村产业振兴的科学内涵

乡村产业振兴内涵丰富，在具体的操作层面主要体现在以下几个方面。

1.3.1　坚持以绿色为"底色"

绿色发展是乡村产业振兴的必然内涵之一。良好的生态环境是乡村宝贵的无形资产和难以复制的竞争优势。只有生态环境好了，才有可能改善农副产品的质量，提升其附加值，才有可能吸引人们去乡村休闲游憩。因此，只有树牢绿色发展理念，坚持把"绿色"作为乡村产业发展的"底色"，才能不断夯实绿色发展基础，推动生态资源和生态优势转化为产业优势和核心竞争力。乡村产业振兴以绿色为"底色"，意味着要高质量实施蓝天、碧水、净土和生态修复行动，以更高标准和更严要求推进农村生态环境建设，积极改善农村生产环境和农村人居环境。以美丽乡村、生态乡镇创建等为契机，抓环境修复保护促进"生态美"，抓人居环境整治促进"生活美"，抓土壤污染防治促进"生产美"，加大农村基础设施建设力度，着力提升农村整体环境质量。按照"产业生态化、生态产业化"的原则，重点发展绿色高效农业，促进产业绿色化、低碳化发展，大力发展生态经济林，构筑乡村的绿色生态屏障，并积极利用生态优势大力发展生态旅游、健康养生、生态农业等优势产业，把生态效益转化为经济效益，真正把绿水青山转化成"金山银山"。

1.3.2　坚持走乡村经济多元化的发展道路

乡村经济的多元化至少有三个方面的好处：一是满足农民多样化的需求，二是有利于降低市场风险和自然风险，三是有利于充分利用乡村的各种资源。因此，乡村产业振兴要避免产业单一化，实现多业并举。鉴于农户经营规模的限制，一个理想的选择是农户的"专业化"与村落经济的多元化构成的嵌合型产业类型，即以农户专业化为基础的乡村多元化经济结构。每一个农户有一个优势产品，农户之间形成互为补充和相互依存的关系，从而构成乡村整体产业的多样化格局。从全省各地乡村产业发展的实际来看，乡村经济的多元化使得各地能够充分利用其乡村资源，降低了产业的市场风险和自然风险,丰富了乡村产业类型,专业化和多元化相结合,使各乡村优势互补、错位发展,有利于全省乡村产业的全面振兴。因此,推动乡村产业振兴无须刻意追求某种模式,而应当尊重乡村特点,尊重乡村的固有价值,尊重自然规律、市场规律和乡村产业发展规律,充分发挥市场在资源配置中的决定性作用,不搞"一刀切"和强迫命令,走乡村经济多元化的道路。

1.3.3 坚持走乡村产业提质增效之路

产品质量优良、产业高效是乡村产业振兴的基本特征之一。推动乡村产业振兴,必须走乡村产业提质增效的道路。一方面,乡村产业振兴要求我们要切实抓好国家粮食生产核心区建设,着力扛稳粮食安全重任。确保重要农产品特别是粮食供给安全,是实施乡村振兴战略的首要任务。2019年全国两会期间,习近平总书记在河南代表团参加审议时指出,要扛稳粮食安全这个重任。2020年5月23日,习近平总书记在看望参加全国政协十三届三次会议的经济界委员并参加联组会时又强调:"对我们这样一个有着14亿人口的大国来说,农业基础地位任何时候都不能忽视和削弱,手中有粮、心中不慌在任何时候都是真理。这次新冠肺炎疫情如此严重,但我国社会始终保持稳定,粮食和重要农副产品稳定供给功不可没。"特别是在全球新冠疫情持续流行,国际政治经济形势严峻的情况下,粮食安全就更为重要。2021年的中央一号文件明确提出,要牢牢把住粮食安全主动权,粮食生产年年要抓紧。要严防死守18亿亩耕地红线,采取"长牙齿"的硬措施,落实最严格的耕地保护制度。要坚持藏粮于地、藏粮于技,建设高标准农田,真正实现旱涝保收、高产稳产。要守住耕地保护红线,提高土地质量,用好现代化手段增加农业产出,稳步提升粮食产能,打造全国重要的粮食生产核心区,为中国人的饭碗牢牢地端在自己手中贡献力量。另一方面,乡村产业振兴要求我们要大力推进农业供给侧结构性改革,不断提高农业质量、效益和竞争力。要着力优化农业产业结构,提升农业供给质量。积极塑造农产品品牌,提升农产品知名度、美誉度和附加值。要坚持龙头带动,不断壮大农业生产主体和经营主体,提升农业的整体竞争力。要以乡村产业链延伸带动价值链提升和供应链构建,三链同构,打通产业堵点,提升整体效能,促进产业集聚,带动产业升级。要抓住粮食这个核心竞争力，延伸粮食产业链、提升价值链、打造供应链，提高农业质量效益，实现粮食安全和现代高效农业发展相统一。

1.3.4　坚持以特色产业为主导

乡村产业振兴的另一个特点是要综合利用农业资源和乡村社会文化资源，充分挖掘农业和农村的多种功能和价值。这就要求在乡村产业发展中，要找准当地的特色和优势，以特色产业为主导整合其他优势资源促进乡村产业发展，不仅特色鲜明，也能丰富乡村产业的内核。全省各地的自然地理和人文条件差别较大，但都有自身的特色资源和比较优势，有的乡村交通区位优势明显，有的乡村位于城市周边，有的乡村历史人文资源丰富，有的乡村具备发展某种特定产业的独特自然地理条件，等等。当然，这些优势可能会叠加，如果同时具备多种优势资源，也就具备了多产业融合发展的客观条件，这也更需要选取特色产业作为主导。因此，乡村产业振兴的基本内涵之一就是要因地制宜，或依托人文、自然资源，或依托区位优势，或依托产业基础，通过科学规划和合理引导，优化乡村产业布局，因地制宜发展优势明显、特色鲜明的乡村产业，并以特色产业为主导整合优势资源，形成功能叠加的产业融合体。此外，要积极培育新兴业态，大力发展农村电商、现代民宿、乡村旅游、养生健康等新业态、新模式，充分拓展乡村产业发展的多种功能和形态，形成符合市场需求、功能多样、产业融合的乡村产业体系。

1.3.5　始终体现农民的主体地位

乡村产业振兴是立足于乡村的产业振兴，而广大农民是乡村的主体。因此，乡村产业振兴要始终体现农民在乡村振兴中的主体地位，这也是乡村产业振兴的基本内涵之一。只有通过组织创新把农民有效组织起来，提高农业规模化组织化程度，真正让农民成为产业振兴的发展主体和受益主体，激发乡村产业发展的内生动力和自觉性，才能实现乡村产业的真正振兴。无论是产业+扶贫，发展村级集体经济，还是发展专业合作社和推动行业自律，农民的主体地位都应得到充分的体现。而在推动乡村产业振兴的过程中，农民也应获得实实在在的利益。农民真正受益，更有利于实现乡村产业振兴。河南省是农业农村大省，目前农村常住人口仍然有较大规模，如何充分调动农民的积极性是推动乡村产业振兴的重要内容，乡村产业也只有植根于当地群众中才能保持其生命力。因此，要尊重农民意愿，建立起农民和乡村产业之间的合理有效的利益联结机制，通过品牌塑造、龙头企业带动、发展集体经济等方式，将农民与农业合作社、农业龙头企业、销售渠道等有效结合起来，把小农户与现代农业发展有机衔接起来，真正激发农民参与乡村产业发展的主动性和自觉性，真正让农民成为乡村产业振兴的发展主体和受益主体。

1.4 发达国家乡村产业振兴的基本做法

荷兰、美国、加拿大、日本、韩国等发达国家和地区在乡村产业振兴方面采取了较好的做法，如构建完整的现代化农业产业链、现代科学技术融入现代农业产业体系、发展特色化产业、设置专门的乡村振兴机构、设置跨部门的农村工作小组、提供信息咨询服务、促进农村一二三产业融合、提供适合农村的创业就业岗位等，对乡村产业振兴具有一定的启示与借鉴作用。

1.4.1 荷兰的做法

荷兰乡村产业振兴的一大特色是构建高度发达的农业产业化体系。作为地少人多、国土面积小、农业资源匮乏的国家，荷兰在发展农业方面采取了比较优势的原则，进口国内不具备生产优势的粮食、饲料等，大力发展能够集约使用土地的园艺业、畜牧业。同时注重强化农业产业链整合和分工协作，并将计算机信息技术和生物技术等高新技术植入农业产业领域，用现代化的农业生产经营方式，构建了"从农田到餐桌"的高效、完整的产业链。在高度集约化的农业生产模式和高效、完整的产业链支撑下，荷兰深入挖掘农业的多种功能，将文化创意、旅游观光与农业产业结合，大力发展现代化农业新兴业态。荷兰政府的农业管理体制也为农业产业的一体化融合发展提供了组织支撑。荷兰农业部实行一体化行政管理，职能涵盖了农产品的生产、加工、销售、国际贸易、农业环境保护、农业教育、科研推广等全产业链方面，构建了针对农业的完整的社会化服务体系。此外，荷兰政府重视市场体系建设，制定了严格的市场准入制度和公平的交易制度，形成了农产品产前、产中、产后的营销链。为了解决农业产业化发展中的资金约束问题，荷兰高度重视农业发展中的合作金融制度。早在1896年，荷兰就成立了世界上较早的农民合作银行，目前荷兰农民90%以上的信贷都来自农民合作银行。在此基础上，荷兰形成了花卉、奶业、蔬菜、水果等产业的一体化经营。通过构建高度发达的农业产业化体系，荷兰实现了乡村产业振兴，也在国际上打响了荷兰农业的品牌。

1.4.2　美国的做法

围绕振兴乡村经济、实现城乡共生的长期目标，美国政府设立了专门的乡村发展管理机构，以多种手段助力乡村发展。农业部乡村发展署作为美国推进乡村发展的主要责任机构，在以财政手段帮助乡村经济发展的同时，还注重鼓励社会与市场力量的参与，以"信贷支持+政府担保"的形式促进乡村经济多层次和多元化增长。而美国推动乡村产业振兴的亮点是通过现代科学技术构建发达的现代农业产业体系。美国的现代农业完全建立在现代科学技术的基础上，以现代工商业和新科技为依托，形成了一种高科技含量、高资本投入、低劳动投入、高消耗、高产出、高商品率和高度社会化的农业，涉及农业的产前、产中和产后部门，包括农业生产、工业制造、商业流通、信息服务、金融支持等诸多产业部门，凸显了农村一二三产业融合发展的特点。现代农业机械、现代管理技术、通信和信息技术，特别是计算机得到普遍采用，现代生物（包括遗传育种）技术也已广泛应用于农业，自动化技术、精准农业技术开始走进大农场，对农业进行渗透性融合，使农业生产效率进一步提高。美国发达的农业产业化体系主要通过三种方式来实现和完善：一是由一个企业完成农产品的生产加工和销售的全过程的纵向一体化，二是不同的企业按合同分别进行农产品的生产、加工、销售的横向一体化，三是不同的企业各自根据市场价格"信号"分别进行生产、加工和销售的个体化。通过这些发展模式来保证生产、加工和销售各环节的充分竞争，发挥市场对企业或对产业体系的纠错功能，提高其竞争力，化解各类经营风险。

1.4.3　加拿大的做法

加拿大作为世界上最发达的国家之一，经济社会非常发达，但也存在着城乡之间分化的情况，乡村社会发展动力不足。为了扭转城乡贫富差异分化这一现象，提升乡村社会的活力，加拿大政府于 1998 年颁布实施了《加拿大农村协作伙伴计划》，加大对农村基础设施建设、公共事务治理以及村民的就业教育问题的解决力度。加拿大的农村协作伙伴计划是在互相交流和充分沟通的基础上，通过跨部门之间的协商合作形成战略伙伴关系，最终共同致力于乡村善治目标的实现。该计划采取了不少支持措施，通过乡村善治来提升乡村发展的内生动力，从而促进乡村产业振兴。一是在全国建立专门的跨部门的农村工作小组，专门处理乡村问题，降低政府行政成本。二是建立农村对话机制，定期举办农村会议、在线讨论、交流学习等活动，及时掌握了解情况，为农民解决生产发展的各种难题。三是构建农村透镜机制，使各级政府部门官员站在村民立场上，时刻牢记服务宗旨。四是积极推动和组织不同主题的农村项目，激发企业和个人到农村创业的激情。五是在欠发达的农村地区建立信息服务系统和电子政务网站，为村民提供信息咨询服务和专家指导建议。通过农村协作计划的实行，政府改变了以往高高在上的形象，通过协调各部门之间的关系，与村民形成了新型的合作伙伴关系，积极帮助农民改善生活，促进农村现代化的快速实现。政府成了维护村民利益、提高农民生活水平的好伙伴，极大地推动了乡村地区的发展和社会的繁荣。

1.4.4　日本的做法

日本农村在经历了 1946 年至 1960 年的战后粮食增产期和 1961 年至 1975 年的经济高速增长期后，农村经济得到很大发展，但仍有一些问题并未根除。因此，日本开始了以造村运动为代表的促进农村产业转型的系列举措，以促进乡村的产业振兴。为进一步扭转农村人才短缺、资本外流、产业萎缩的局面，1979 年，日本大分县发起了"一村一品"运动。"一村一品"运动意在引导农民立足本地的资源优势，发展具有地方特色的主导产品和主导产业，因地制宜推动农村建设，振兴农村经济，并最终实现乡村的可持续繁荣。随着"一村一品"的推广和深入，大分县农民的收入持续增长，农村面貌不断改善。自 1993 年起，日本政府开始在全国范围内推进休闲观光农业的发展，以此提振当地经济。在"一村一品"的推广过程中，日本政府着力提高农民的农业知识和综合素质，不断完善教育指导模式，开设各类农业培训班，建立符合农民需求的补习中心，以此提高农民的"软实力"。此外，政府对农业生产给予了补贴和投入，支持农村发展。可以说，造村运动不仅振兴了日本的农村经济，也是日本实现农业现代化的有效方法。

此外，日本政府在推动乡村产业振兴的过程中提出农业应该保持自己的主体性，把第二产业和第三产业剥夺的附加值尽可能地内留在农业领域、内留在农村，促使传统生产性农业向现代综合性农业转变。日本政府吸收了著名农业问题专家今村奈良臣的有关农业"六次产业化"发展理念，注重将农产品生产与加工、销售、消费及相关服务业结合起来，形成经营多样化、链条化和规模化发展格局。日本的农业"六次产业化"的战略核心是促进农产品的"地产地销"，强调基于农业后向延伸，立足于当地农业资源利用的工商业活动内化于农村的地域网络，构建以"地产地销"为主导的农工商合作体系，促进农产品在产地直接加工、利用和销售，让农业生产者能够分享农产品加工、流通和销售环节的增值收益。2009 年 11 月，日本农林水产省制定了《农业六次产业化》白皮书，该书提出了增加农产品在产地的附加值、帮助农户实现经营多元化、促进销售符合消费者需求的产品、发展农工商合作、扩大出口、缩减农业成本等诸多措施来支持农业"六次产业化"。日本政府还设定了推进农业"六次产业化"的发展愿景。日本各地方政府也非常重视发展农业"六次产业化"，纷纷制定了推进农业"六次产业化"的措施，通过培训等方式，培养了一大批农业骨干人才，成立了专门负责的部门。日本在推行农业"六次产业化"之后，农业活力得到增强，农民收入也得到明显增加。

1.4.5 韩国的做法

为推动农村发展，增加农民收入，韩国政府在 20 世纪 70 年代初在全国范围内开始推行以"勤勉、自助、协同"为宗旨的"新村运动"。"新村运动"包括改善生活环境项目、发展生产和增加收入项目、精神启蒙项目。改善生活环境项目包括改善农村公路、住房条件，农村电气化等，以此提升农村生活环境和农民生活质量。发展生产和增加收入项目通过推广水稻新品种，增种经济类作物，建设专业化农产品生产基地，转变了农业生产方式，提高了农民收入。精神启蒙项目主要是在各乡镇和农村建立村民会馆，广泛开展文化活动和国民教育活动，提高农民的文化知识，激发农民的积极性，让农民自觉管理乡村和建设农村。"新村运动"改变了韩国农村的面貌，焕发了乡村的活力，实现了农业现代化的目标。

值得一提的是，韩国支持乡村产业振兴的新意在于，一是将农业和农村中所产生的附加值内部化。近年来，农业或在农村地区所开展的食品制造业、食品流通业、户外饮食业、观光等产业正在引起社会关注。但是，这样的产业在过去基本都分布在城市的制造业或服务业的领域，致使农业中所发生的附加值均被流出到农业的外部，结果使农业和农村经济陷入了萎缩或停滞状态。因此，以地区农村和农民为主体设计六次产业，将流出到城市等外部的就业岗位和附加值内部化。为了创造出新的价值，开拓新产品或新市场。以地区农村为中心开发农业和与之相互联系的食品制造业、食品零售业等其他新产业和新市场，创造出新的价值。二是着重调动乡村发展的内生动力。比如，考虑到乡村劳动力的变化，有针对性地提供适合老龄者或女性的就业岗位。为了振兴地区农业，提高农村的活力，考虑充分利用农业内部老龄者或女性丰富的人力和物力资源的商业化方案，为老龄者或女性开发并提供适合的就业岗位，为充分利用地区资源，提高附加值，引入除生产以外的加工或销售模式。又如，着重发展各类社团组织，培育和发展互助合作型农协，出台了扶持奖励措施，大力发展乡村金融业、流通业，加大力度调整农业产业结构，改善乡村生产生活环境，促进城乡共赢发展。

2 河南省高效种养业发展模式与政策支持重点

乡村振兴战略的实施为农业农村发展带来了重大机遇。高效种养业是乡村产业发展的基础，发展粮经饲统筹、种养加一体、农林牧渔结合的高效现代种养业，有利于加快构建现代农业产业体系、生产体系和经营体系，有利于提高农业综合生产能力和市场竞争力，有利于提高农产品质量效益、增加农民收入，有利于推动农业绿色、安全、可持续发展。

2.1 河南省高效种养业发展的特点

2017年11月，河南省人民政府办公厅《关于印发河南省高效种养业和绿色食品业转型升级行动方案的通知》明确指出，河南省要以"四优"为重点，以"四化"为基本路径，加快构建现代农业产业体系、生产体系、经营体系，通过调结构、提品质、转动能、促融合、强带动、创品牌，推进河南种养业向高端化、绿色化、智能化、融合化方向发展，走出一条质量更高、效益更好、结构更优、优势充分释放的发展之路，实现由种养业大省向种养业强省转变。该方案实施四年来，河南高效种养业转型升级取得了明显进展，优质中高端农产品供给明显增加，产业绿色发展和信息化水平明显提升，化肥、农药利用率达到40%，秸秆综合利用率达到90%，粪污综合处理利用率达到80%以上，农膜回收率达到80%，农业科技进步贡献率达到63%，主要农作物耕种收综合机械化率达到85%，产业融合发展程度明显提高，农产品加工转化率达到70%左右，加工增值率提高到1∶3左右，产业竞争力和综合效益明显提高，种养结合明显加快，畜牧业产值占农业总产值的比重达到40%以上。

2.1.1 种养业结构持续优化

一是粮食生产能力稳步提升。河南是粮食生产大省,用占全国 1/16 的耕地,生产了全国 1/4 的小麦、1/10 的粮食,不仅解决了河南 1 亿多人口的吃饭问题,每年还能调出 400 亿斤原粮和加工制成品,为保障国家粮食安全奠定了坚实的物质基础。近年来,河南粮食种植面积持续稳定在 1.5 亿亩以上,2019 年全省粮食面积 1.61 亿亩,总产 1339.08 亿斤,单产 415.8 公斤/亩,总产和单产均创历史新高;其中夏粮总产 749.08 亿斤,单产 436.63 公斤/亩,总产和单产均居全国第 1 位,夏粮增产对全国夏粮增产的贡献率达到 44.9%,粮食生产结构不断优化,2019 年全省优质专用小麦播种面积达到 1350 万亩,占小麦播种面积的 15.8%,居全国第 1 位。全省千亩以上单品种片区 2609 个,面积 1258 万亩,占全省优质专用小麦面积的 93.2%,订单率达到 86.4%,2020 年河南粮食生产再获丰收,粮食产量达到 1350 亿斤。截至 2020 年,河南粮食总产量已连续四年超 1300 亿斤,也是连续 15 年超千亿斤,为保障我国粮食安全提供了强力支撑,初步实现了布局区域化、经营规模化、生产标准化、发展产业化。

二是生猪生产恢复势头持续向好。近年来,生猪存栏和能繁母猪存栏均实现环比增长,2020 年 6 月末全省生猪存栏和能繁母猪存栏分别比 2019 年末增长 3.0% 和 7.3%,全省生猪存栏量、能繁母猪存栏量、外调活猪及猪肉量均居全国第 1 位;同期全省牛出栏 98.17 万头,牛奶产量 58.19 万吨,羊出栏 899.93 万只,家禽出栏 4.50 亿只,禽肉、禽蛋产量分别为 60.67 万吨、196.28 万吨。奶业生产稳中向好,规模养殖发展不断加快。全省百头以上规模奶牛场达 334 个,其中 1000 头以上 35 个,规模养殖比重达 85.0%,比全国高出近 10 个百分点,规模奶牛场机械化挤奶率 100%。加工能力不断增强。伊利、蒙牛、君乐宝、光明等全国知名乳品加工企业均在河南投资布局,花花牛等本地乳企不断发展壮大,全省乳品加工能力达 350 万吨,居全国第 3 位。质量安全水平不断提升。在全国率先建立了省、市、县和乳品企业"三级四层"监管平台,构建了生鲜乳质量安全信息化追溯体系,基本实现了实时监控、精准监管、全程追溯,全省生鲜乳检测合格率连续十年保持在 99.9% 以上,平均乳脂率、乳蛋白率、体细胞数等主要指标达到或超过欧盟水平。

2.1.2 "三链同构"加速推进

农业发展动能不断增强。优质小麦、优质花生、优质林果、优质草畜占比持续提高，2020 年全省优质专用小麦达 1533 万亩，占全部小麦面积的 15.9%，优质花生种植面积 1893 万亩，其中高油花生种植比例达到 50%。"四优四化"取得预期效果。优势特色农业发展持续提速。2020 年 1~6 月，十大优势特色农业产值达到 2352.40 亿元，占全省农林牧渔业总产值的比重达到 58.9%，农产品精深加工业发展势头良好。以"粮头食尾""农头工尾"为抓手，突出抓好面、肉、油、乳、果蔬五大产业，全省农产品加工业产值稳居全国第 2 位。品牌培育和打造成效显著。近年来，河南省十分注重加大农业品牌建设力度，持续开展品牌创建活动，全省农业品牌数量不断增多、质量不断提升。自 2017 年全国农业品牌大会在郑州召开以来，河南更加重视农业品牌建设，围绕"调品种、提品质、创品牌"工作主线，呈现出加速发展、稳步提升的良好势头。特别是在扶贫攻坚工作中，以农业品牌扶贫为主要内容的"河南模式"在全国得到推广。截至 2020 年 9 月，河南全省在有效期内的"三品一标"（无公害农产品、绿色食品、有机农产品和农产品地理标志）农产品共 4679 个，居全国第 12 位。在省级农业品牌的基础上，"国字号"农业品牌不断扩大。其中信阳毛尖等 7 个产品被评为中国特色农产品优势区，新乡小麦等 4 个产品入选中国百强区域品牌，正阳花生等 16 个品牌入选首批中国农业品牌目录。从总体数量上看，目前河南的国家级农业品牌总数有 16 个，仅次于山东的 17 个，居全国第 2 位，特别是涌现出了双汇、牧原、三全、思念等一批享誉全国的河南农业品牌"顶级名片"。

2.1.3 "五大产业"从分散经营向规模经营转型初见成效

面、肉、油、乳、果蔬五大产业转型升级持续推进。目前，河南生猪、肉鸡、蛋鸡规模养殖比重分别达到 69%、76.1%、68.8%。在生猪产业上，规模养殖占比高出全国 20 个百分点，其中万头以上猪场发展较快，其出栏量占全省总量的比重由 2016 年的 20% 提高至近 30%。在奶牛产业上，全省百头以上规模奶牛场比重达到 85%，高出全国 25 个百分点。在规模化养殖发展的同时，小散养户加快退出，全省各类畜禽养殖场户由两年前的 508.6

万户减少到目前的 332 万户。

区域布局进一步优化。重点在洛阳、南阳等豫西、豫南浅山丘陵地区建设肉牛生产基地，在沿黄区域和豫南、豫东、豫西南"一带三片"30 个奶业大县建设奶源基地，在"三山一滩"（大别山、伏牛山、太行深山区和黄河滩区）建设肉羊新兴优势产区，在汝州、宁陵等 41 个县（市、区）传统区建设肉羊规模养殖基地，在邓州、荥阳等 69 个牛羊养殖大县建设饲草基地。

2.1.4 科技支撑作用持续增强

近年来，河南种养业科技水平明显提升，以生物技术为载体的化肥在粮食生产上广泛应用，小麦、玉米等主要粮食作物生产基本实现全程机械化。全省粮食作物良种覆盖率达到 97% 以上，耕种收综合机械化率达到 82.6%，农业科技进步贡献率达到 60.7%，高于全国平均水平 2.4 个百分点。多年来，河南省坚持走依靠科技提升单产的内涵式发展道路，粮食单产水平由 2011 年的 373.1 公斤提高到 2020 年的 423.2 公斤，增幅达 13.43%。重点实施了种子工程、植保工程、基层农业科技服务体系、农业气象防灾减灾与保障、河南现代农业研究开发基地、粮食技术研究与应用、测土配方施肥、高产创建、良种繁育基地、河南农业大学粮食作物协同创新中心等 10 项工程。先后选育了矮抗 58、浚单 20、郑麦 9023 等一大批优良品种，主要农作物良种覆盖率达到 98% 以上。郑麦 9023、矮抗 58、郑单 958、浚单 20 获得国家科技进步一等奖，百农 207、百农 419、豫单 9953 等优良新品种不断涌现。基层科技服务体系基本形成，规划建设了 1031 个乡镇（区域）农技站，集成推广了一大批先进农业技术，粮食主导技术到位率达到 95% 以上，化肥农药利用率达到 38% 以上。

农技研发推广力度持续加大。小麦、玉米品种选育水平名列全国前茅，花生远缘杂交育种跻身世界先进行列，主要农作物良种覆盖率超过 97%，良种在农作物增产中的科技贡献率达到 45% 以上。畜禽良种覆盖率达到 90% 以上，生猪、肉羊核心种源自给率达到 80%。基层农技推广体系建设不断完善，全省农业主推技术到位率稳定在 95% 以上。农业机械化加快发展，农作物耕种收综合机械化水平达到 84.2%，大中型农机保持快速增长态势，无人驾驶拖拉机在我国智能拖拉机研制领域处于领先地位。

在功能食品、生物能源、植物纤维、中草药活性物质提取等技术上取得了新突破，秸秆乙醇、功能乳酸、生化药品、大豆蛋白纤维等新产品层出不穷，产品结构日趋多元化，产品和产业的功能不断拓展。

2.1.5　新型经营主体等新模式逐步形成

近年来，河南省围绕财政、金融、基础设施建设等方面，构建完善的政策支持体系，培育壮大新型农业经营主体。同时坚持质量、数量并重原则，更加注重新型农业经营主体的规范和提升。截至 2020 年 6 月底，全省培育各类新型农业经营主体 23.6 万家，其中农业产业化龙头企业、农民合作社、家庭农场、种粮大户分别达 6835 个、14.9 万个、3.7 万个、4.3 万户。初步建成了以承包农户为基础，以家庭农场为骨干，以农民专业合作社为中坚，以农业产业化龙头企业为引领，以农业社会化服务组织为支撑的家庭经营、合作经营和企业。

经过多年发展，河南农业产业化经营利益联结模式已经从"公司＋农户"的初始阶段发展扩充为农产品行业协会、批发市场、农产品加工企业、农民专业合作社、"一村一品"村镇、农村经纪人、家庭农场、农户等产业链条上中下游多方主体共同参与的农业产业化生产经营链条。结合当地资源禀赋环境和社会经济条件，根据经营主体形态，河南省主要探索出了龙头企业带动型、公司农户合作型、农业专业合作组织抱团型、家庭农场特色发展型等多种产业化利益联结模式。营造出了各就其位、相互配套、有机一体的新型农业经营体系。

2.2　河南省高效种养业发展的主要模式

河南省是传统农业大省，也是现代农业大省。近年来，全省种植业呈现蓬勃发展的良好态势，新模式竞相涌现，新科技不断应用，新业态方兴未艾，推动传统的农业生产持续进发勃勃生机，不断焕发新的活力。各地或依托资源禀赋，或依托区位优势，或依托历史传统，或兼而有之，在推动农产品特色种植养殖、推动农业产业链延伸发展、推动传统农业向现代化进军的征途中各显神通，形成了诸多的宝贵经验与典型模式。

2.2.1 农牧结合构建生态养殖新模式

在生态环境保护约束加剧、质量型发展要求的前提下，种植业的副产物与养殖业废弃物的资源化利用成为关注的重点，种植与养殖功能融合发展的路径成为最经济、最有效的方式。农牧结合型种养模式是一种结合种植业和养殖业的生态农业新模式，畜牧养殖业是该模式的核心支撑。其主要做法是将禽畜养殖产生的粪便、有机物作为有机肥的基础，为种植业提供有机肥来源，同时种植业生产的作物又能为畜禽养殖提供食源。该模式具有"可复制、可推广、可持续"的特点，不仅有助于拓展养殖业发展空间，解决养殖用地不足难题，而且对提升土壤质量、改善农产品品质、提高农业产出效益具有重要作用。作为一二三产业融合模式的典型代表，种养循环模式不仅为种养业提供了多功能融合性发展的空间，形成了"产消一体"的发展格局，而且对于实现农业适度规模经营，继而推进农业现代化具有重要意义。

近年来，宝丰县坚持"绿水青山就是金山银山"的理念，按照"农牧结合发展现代生态循环农业"的发展思路，不断创新体制机制和发展模式，由宝丰县康龙集团探索建立的"百亩千头生态方"种养结合循环发展模式，以生态高效养殖为目标，以农牧结合、循环发展为导向，重点发展高效、绿色农业，在全域内探索出一条以畜牧业为龙头，种养结合、农牧循环、全面发展的现代生态循环农业新路子。该模式不仅打通了粪污资源化利用的"最后一公里"，而且以其独特的优势，在非洲猪瘟肆虐的情况下，"百亩千头生态方"没有发生一起疫情，实现了生猪的绿色养殖，保障了猪群健康，探索出一条农业内部绿色高效融合发展新模式，实现了农村土地、人力等资源的高效利用、生态环境大保护、农民增收致富多方共赢，为全国类似地区提供了可复制、可推广、可持续的资源化发展模式。

2.2.2 农产品全产业链延伸发展模式

2017年，农业部印发的《关于推进农业全产业链开发创新示范工作的通知》明确，要打造一批现代农业产业集群，激发产业链、价值链的重构和功能升级，推进一二三产业深度融合、上中下游一体，探索农业全产业链再造新模式。产业链的延伸与垂直化不足意味着乡村的主要收入来源于第一产业，如果叠加加工业、流通业建设也不完善，输出的农产品将为初级化产品，产品附加值不高，产品盈利空间有限。在双循环新发展格局下农业结构和生产效率仍有很大的调整和提升空间的背景下，拓展农业产业链延伸程度并加速一二三产业融合成为发展现代农业的重要抓手。产业链的延伸实质上是将一条已经存在的产业链尽可能地向上、下游拓展延伸，以农民增收、农业增产为目标，通过农产品产供销全链条的延链强链补链、企业与农户等经营主体的利益紧密联结，构筑出农业细分领域的"产业高地"，进而探索出一条单一特色农产品产业链延伸新模式。

河南杞县大蒜种植面积常年稳定在 70 万亩以上，年总产量超过 96 万吨，种植面积和总产量均居全国首位，销售量约占全国的 1/3。在杞县的带动下，杞县及周边地区大蒜种植面积近 200 万亩，已成为我国大蒜的重要产区、国内外大蒜的主要供应地。近年来，杞县紧紧围绕"种植规模化、品种优良化、基地产业化、营销市场化"，大力实施"大蒜富民"战略，以提升农民增收能力为主线，通过基地种植、大蒜保险政策扶持、龙头企业带动、电商扶贫助力、自媒体销售等方式，打造从种植到储藏，再到研发、精深加工、运输、销售等全产业链条，带动了杞县餐饮、住宿、运输、包装、通信、信息、物流、金融等多行业的发展。特别是在下游精深加工领域，针对大蒜深加工能力不足、产业链不强、附加值不高等问题，近年来杞县加大招商引资力度，大力推动大蒜延链、补链、强链工作，依托县产业集聚区集聚发展大蒜深加工龙头企业，截至 2019 年底，全县大蒜加工企业达到 80 多家，年加工大蒜能力超过 10 万吨，主要产品包括大蒜素、纤蒜、蒜油、蒜粉、蒜片、蒜氨酸等 10 多种。在销售领域，通过创新交易模式，大力发展电子商务，打通线上线下通道，推动"市场+电商"一体化发展，打造出了全国最大的大蒜现货交易基地。目前金杞大蒜国际交易市场拥有各类大蒜贸易企业 130 余家，专业经纪人超过 1 万人，每年大蒜交易量达到 120 多万吨，其中出口贸易量 20 多万吨。规划建设的杞县电子商务产业园，目前已入驻 70 多家企业，每年通过电商销售的大蒜突破 10 万吨。2020 年，在实体交易市场受新冠肺炎疫情影响的情况下，通过"网红直播带货"等新型社交平台为优质大蒜卖不出去问题的解决提供了新的思路，实现大蒜销量超过 2 万吨，新增 1000 多个就业岗位。此外，大蒜产业带动了当地文化旅游、餐饮住宿、仓储物流、保险金融等相关产业的迅猛发展，创造了更多的就业机会。

2.2.3 打造"新载体"赋能种养业高效发展模式

在搭建新平台新载体方面，河南省以建设优质小麦、花生、草畜、蔬菜、食用菌、中药材等十大优势特色农业基地为抓手，以培育优势特色产业集聚、现代农业产业园、农业产业强镇等为载体，大力培育发展家庭农场，推动家庭农场成为特色农业的重要生产者、基地建设的重要参与者。目前，全省建设的省级现代农业产业园 60 个，园内家庭农场数量达到 8000 多家。

现代农业产业园是围绕当地优势特色农业，以规模化种养为基础，以农业产业化龙头企业为带动，以农业发展和农民增收为目标，集聚现代生产要素进行集生产、加工、科技、营销于一体的全产业链条开发，实现一二三产业融合发展的农业发展平台和载体。同时，设立现代农业产业园区，还可以通过利用物联网、大数据、人工智能等现代技术手段，实现种植业、养殖业、加工业、零售业、旅游业等向多元化产业相结合的方向发展，进而实现一二三产业联合发展，培育开发高附加值的特色农业产品，带动农产品销售与创新。河南省委十届九次全会强调，加快构建现代农业产业园建设体系，实现粮食安全与现代高效农业发展相统一，这为全省现代农业产业园的发展指明了方向、提供了遵循。

近年来，河南省贯彻落实党中央、国务院及省委省政府决策部署，高度重视现代农业产业园创建工作，相继制定出台了《河南省乡村振兴战略规划（2018～2022 年）》《河南省省级现代农业产业园建设工作方案（2019~2022 年）》《河南省省级现代农业产业园建设指引（试行）》等一系列重要指导性文件，并不断加大现代农业产业园建设扶持力度，国家、省、市三级现代农业产业园体系梯次推进的格局基本形成，为加快推进全省农业农村现代化建设和乡村振兴提供了有力支撑。在国家级现代农业产业园创建方面，2017 年，正阳县围绕花生资源优势，成为首批国家现代农业产业园和全国唯一一家以花生为主导产业的国家现代农业产业园创建县。2018 年，温县依托优质小麦育种、四大怀药的特色产业优势成为国家现代农业产业园。2019 年，泌阳县获批创建以夏南牛产业集群为核心的国家现代农业产业园，延津获批创建以优质小麦为主导产业的国家现代农业产业园。2020 年，灵宝市、内乡县分别围绕苹果、生猪全产业链入选国家现代农业产业园创建名单。在省级现代农业产业园创建方面，2019 年，河南省委省政府启动省级现代农业产业园创建工作，建设包括扶沟县、清丰县、西峡县、柘城县、卢氏县等 30 家省级现代农业产业园。2019 年，为加快建设现代农业产业园，省农业农村厅与国家开发银行河南省分行签订战略合作协议，支持延津、温县、正阳、泌阳等县建设现代农业产业园。在市级现代农业产业园创建上，各地高度重视、积极谋划，规划建设市级现代农业产业园 221 个，涉及优质小麦、中药材、果蔬等 15 个主导产业。

林州市位于河南省西北部、太行山东麓，晋、冀、豫三省交界处，86% 的土地是山地和坡地。近年来，以坡地经济、特色产业为重点，以推进全市"一镇一业"布局为主线，把地方土特产的小品种做成带动农民增收的大产业。围绕"种、养、销、体、旅"一体化发展思路，在生猪、家禽、中药材、小杂粮、核桃五大产业集群基础上，坚持市场导向，突出规模化、产业化，高质量、高标准打造了东姚小米、茶店菊花、横水红薯、桂林辣椒、姚村蔬菜五大农业产业基地。以红旗渠农业产业园为依托，培育壮大龙头企业，延长农业产业链条，打造农业产业化孵化基地，规划建立了 1 个市级仓储冷链物流中心和 4 个镇级仓储冷链物流副中心，建立起了高效的县域冷链运输机制。初步形成了山区林果、太行休闲、农产品深加工等一二三产业立体化产业格局，打造了一批主业强、百业兴、宜居宜业的乡村产业发展高地。

温县 2018 年获批创建国家现代农业产业园，主导产业为优质小麦、四大怀药。产业园内集中连片建设有 10 万亩小麦种子基地，辐射带动全县和周边县种子基地达到 45 万亩，年外销种子 4 亿斤，四大怀药种植面积 3 万亩，辐射带动建成四大怀药基地 8 万亩，主导产业农产品加工业产值与农业总产值比值为 4:1，产业园年总产值达到 159 亿元。其空间布局为"一核三区两带"，"一核"即科技创新与技术集成核心区，"三区"即农产品加工物流产业集聚区、小麦—怀药轮作标准化种植区、生态种养与休闲养生区，"两带"即科普观光带、休闲养生带。产业园建设期内投资 35.9 亿元，重点投向农产品精深加工、一二三产业融合，推动小麦种子产业"育繁推"一体化体系建设，推进"怀药大健康"全产业链构建，培育了"麦乡""铁棍山药"等全国知名商标品牌。引进培育龙头企业 60 家，吸引 462 家新型经营主体入园，吸纳 4.8 万人就业，农民人均可支配收入达 2.56 万元，高于当地平均水平 33%。

2.2.4 龙头企业引领农业产业化联合体模式

习近平总书记指出，培育新型农业经营主体，是建设现代农业的前进方向和必由之路，这也是破解"未来谁来种地"问题的迫切需要。目前，在河南省种养业领域，一大批新型经营主体正在向全产业链、全价值链方向发展，通过股份合作、农业产业化联合体等新型模式建立起紧密型的利益联结机制，形成了龙头企业引领、以新型经营主体为主、广大农民广泛参与的融合发展格局，逐步走出了一条龙头企业引导乡村振兴的新模式。这种模式的主要做法是以龙头企业为主导，在政府的引导下，通过兼并、重组、参股、联合等方式加快种养业龙头企业转型升级、做大做强，并充分释放"磁铁效应"，推动上下游配套企业、生产要素加快聚集，形成完整的产业链条，进而实现产业集群化发展。

河南涉农龙头企业数量在全国居于前列，而合作社是全省发展速度较快、经营态势较好的新型农业经营主体。近几年，在各级政府的引导和支持下，充分发挥新型农业经营主体资金、管理与技术优势，积极引导土地向合作社集中、生产向机械化集中、管理向专业化集中、经营向市场化集中，围绕产业链、价值链、供应链"三链同构"，大力推广"家庭农场+农民合作社""家庭农场+龙头企业""农业产业化联合体"等合作模式，建立产销对接关系，形成龙头企业带动、农民合作社和家庭农场跟进、小农户参与的利益联结机制，实现共赢发展。全省加入家庭农场联盟、协会等的家庭农场近 1 万家；270 家省级农业产业化联合体，带动了 1.5 万家家庭农场迅速发展。在构建龙头企业和新型经营主体的联结机制上，河南省有以下三种比较成功的模式。

一是"龙头企业+合作社+农户"模式。该模式属于强强联合型产业发展模式，是河南目前广泛采用的一种有效的发展模式。其主要特点是，龙头企业担任生产者和组织者角色，采用股份帮扶、委托代管、资产收益模式，引领农户投入生产经营；合作社发挥与企业、农户的纽带作用，帮助小农户抱团投入市场；农户作为最基本的生产经营单元，是直接的生产参与者和受益者。在具体的实践过程中，各地结合区域资源禀赋，创造出一系列独具特色的细分模式，典型做法如滑县"2+5"模式、内乡县"5+"
模式等（见表2-1）。

表2-1 河南省"龙头企业+合作社+农户"产业发展模式典型案例

模式细分	主要做法及成效
滑县"2+5"产业模式	即依托县域农业和光伏两类龙头企业，以种植、养殖、加工、劳务服务、金融五类合作社为纽带，建立起"公司+合作社+贫困户"的联动联利机制，统筹推进全县产业，目前已实现全县8860余小农户增收致富
内乡县"5+"模式	即"龙头企业+合作社+基层组织+金融+贫困户"模式。该县建立起由龙头养殖企业春牧公司统一建设供牛、防疫供料，合作社组织农户代养的产业模式
潢川县"名企"带动模式	该县华英、黄国粮业等全国知名粮食龙头企业，联合本地各类养殖、种植合作社，对参与合作社的农户实施"统一种养、统一管理、统一回收、统一分红"一条龙服务模式
濮阳县"汇源公司"带动模式	该县以汇源（濮阳）羊业有限公司等为主体，联合当地专业养殖户共同发起成立肉羊养殖合作社，由汇源（濮阳）羊业有限公司统一建设标准化羊舍，提供养殖启动资金、优质羔羊、高品质饲料、养殖全过程技术指导、保护价回购等一系列保障措施，确保养殖户养殖成功
嵩县"旅游业造血"模式	成立旅游开发公司，实行"龙头企业+合作社+农户"方式，让农户以农舍、林地、苗圃等资源作价入股，推进企业扶贫。通过土地流转，全县860户农户获得每亩700~1000元不等的地租收入，同时农户还可以从事旅游经营，获得稳定的薪金收入

二是"龙头企业+基地+农户"模式。这种模式的主要特点是以公司或
集团企业为主导，以农产品加工、运销为龙头，围绕一种或几种农产品的
生产、加工、运销，公司与当地分散的农户签订生产原料提供、技术服务
支持、农产品回购包销等合同，形成利益共享、风险共担的经济联合体，
促使贫困户广泛参与、如期脱贫，同时也使其他农户受益。典型做法如洛
宁县"五金"产业模式、林州市"4+N"基地模式等（见表2-2）。

表2-2 河南省"龙头企业+基地+农户"产业模式典型案例

模式细分	主要做法及成效
洛宁县"五金"模式	即以"金鸡""金果""金牛""金叶""金融"为内容的"龙头企业+基地+农户"。由县政府与知名农业产业化集团签订战略合作协议，配套相关金融服务，建立特色禽畜、高质量果品、品牌经济作物产业基地，实现全县种养业收益全覆盖

续表

模式细分	主要做法及成效
林州市"4+N"模式	即依托本地建筑、种养、旅游、工商业四类有实力的经营企业，在全市广泛建立产业基地，形成公司—基地—贫困户稳定利益联结机制。近年来全市培育建设80个产业基地，其中每个乡镇不少于5个，每个街道办事处不少于1个，截至2017年至少带动6500个农户实现稳定增收
泌阳县"十大"模式	依托亿健食品、恒都食品、大地菌业、绿谷农业科技等龙头企业，围绕牧、林、菌、烟、油、菜、茶等优势资源，打造禽畜养殖、林果种植、食用菌生产、烟叶种植等300个产业基地，探索出股份帮扶、转移就业等十大产业模式，不仅丰富了"龙头企业+基地+农户"产业内容，而且辐射带动了全县4万多名群众脱贫致富
淮阳县"两园工程平台"模式	将全县具有相对规模的工业企业和新型农业经营主体进行全面整合，形成以工业企业产业园和农业产业园为核心"两园工程"带动主体，走出了一条以"两园工程"为平台，促进贫困人口就业增收的"龙头企业+基地+农户"乡村产业振兴之路
淮滨县弱筋小麦模式	围绕"弱麦强县、食品惠民"战略，采取"龙头企业+基地+农户"模式，形成"基地种植—面粉初加工—食品精加工—仓储物流—电商销售"的一二三产业相融合的完整产业链条，实现从种子供应、技术指导到直接收购一条龙服务

　　三是"龙头企业+家庭农场"模式。河南省"龙头企业+家庭农场"产业发展起步较晚但发展很快，主要是以家庭农场为核心，但在生产经营上突破了传统意义上种养大户以家庭为基本单元的做法。家庭农场上承龙头企业战略指导，下启周边群众积极参与经营，是河南省新型农业经营主体产业扶贫的一大亮点。其主要做法是，由资本实力雄厚、市场眼光超前、技术经验丰富的乡村"能人"在工商部门注册"家庭农场"，吸纳同一行政村或同一村级集体经济组织的农民家庭为生产单元，围绕龙头企业、大型农超订单式采购需要，统一安排农户从事种养、旅游、服务等多种生产经营活动。信阳茅屋冲家庭农场、南阳方城县裕隆家庭农场是这一扶贫模式的成功案例（见表2-3）。

表2-3　河南省"龙头企业+家庭农场"产业扶贫模式典型案例

模式细分	主要做法及成效
信阳茅屋冲家庭农场模式	信阳新县茅屋冲家庭农场依托毛冲农业集团，大力发展水产家禽家畜养殖、水稻蔬菜瓜果种植、园林绿化苗圃、特色农作物培育、仓储物流配送、田园观光休闲及餐饮等，农场将总面积5000多亩的田园租给500多户农民经营，统一品种、统一技术、统一收购、统一品牌、统一销售，实现了5000余人脱贫致富

续表

模式细分	主要做法及成效
南阳裕隆家庭农场模式	南阳方城县裕隆家庭农场依托河南瑞彩农业科技有限公司打造 3000 亩蔬菜种植基地，对纳入农场的贫困户实行"四统一"管理：统一安排生产计划、统一机械化耕作、统一生产技术标准、统一市场销售，员工人均月收入达 3000 元
商丘华梦家庭农场模式	商丘民权县华梦家庭农场依托现代产业园农头企业，打造集养生保健、农产品深加工、农耕文化、休闲、观光等于一体的现代农业综合体，有 20 多家建档立卡贫困户在农场从事种植、养殖、采摘、娱乐服务，每户年收入增加 1 万元左右

2.2.5 农业知名品牌引领种养业高效发展新模式

农业品牌建设是农业高质量发展的重要抓手，是构成河南农业市场竞争力的主要因素，只有深入实施品牌强农战略和大力发展品牌农业，才能够让更多的河南农产品品牌进入全国市场，真正实现河南农业高质量发展。近年来，河南注重加大农业品牌建设力度，持续开展品牌创建活动，全省农业品牌数量不断扩大，质量不断提高。2020 年 9 月，确定全省农业整体品牌名称、宣传口号和 logo 标识，将"豫农优品"作为全省农业整体品牌名称，宣传口号为"沃野中原 生态农业"。全省已创建 16 个"国字号"、600 个"省字号"农业品牌，河南农业品牌知名度和影响力持续提升，同时在带动产业发展、促进农业提质增效、助农增收、推动乡村振兴等方面发挥了重要作用。

河南世纪香食用菌开发有限公司位于河南省许昌市建安区，是一家集食用菌科研、培训、生产、加工、销售、进出口、休闲观光于一体的科技开发型国家农业产业化龙头企业，下设河南省食用菌工程技术研究中心、河南省博士后研发基地、食用菌精深加工基地、俄罗斯绿色庄园等实体，是国家标准化食用菌示范基地、全国精准扶贫先进民营企业、省农产品加工示范企业、省出口食品农产品质量安全示范区、省食品工业高成长企业。公司充分发挥与中国农科院、福建农林大学、河南农业大学、河南省农科院等 50 家大专院校和科研单位建立的广泛的技术合作优势，发挥世纪香国家高新技术企业和国家级星创天地的技术创新优势，发挥公司"百珍"牌、"世纪香"牌产品等品牌优势，着力打造白灵菇等珍稀食用菌工厂化生产示范基地、食用菌精深加工和出口基地、一二三产业融合发展的世纪香食用菌产业园。

以市场需求为导向，依托全国最大的香菇交易市场，西峡强力推进香菇标准化、规模化、品牌化、国际化，实现了"菇农"到"菇商"、"菇商"到"菇企"的三级跳，探索出了一条特色产业引领乡村振兴、助力产业结构升级的路子。

邦杰食品股份有限公司是以清真肉类食品综合加工为主的现代化食品企业，是周口市重点扶持的大型清真食品企业。"邦杰"品牌作为国内清真食品行业的排头兵，"邦杰"牌产品在国内及信仰伊斯兰教的国家有着很高的知名度。随着"邦杰"系列清真食品产销量的迅速扩大，科研创新、产品质量及广告宣传的大量投入，"邦杰"牌的影响力不断提升，更好地满足了市场和客户需求，成为清真食品产业及农业产业化龙头企业的引领者。

2.2.6 农业科技改变传统农业发展模式

党的十九届五中全会明确提出，要强化农业科技和装备支撑，建设智慧农业，为助推数字经济与农业农村经济融合发展指明了方向。农业数字化转型在农业生产环节、流通环节、金融系统、物流系统等方面潜移默化地发生。农产品价值的提升主要依赖于提升农产品精深加工等各个环节、各个领域的生产效率和价值创造能力。物联网、大数据、人工智能、全球定位系统、地理信息系统、遥感系统等新兴技术将为农业数字化转型发展提供新动能。

农业农村部发布的《关于2018年度全国县域数字农业农村发展水平评价先进县及创新项目和优秀组织奖单位的通报》中，鹤壁市浚县、淇县、通许县荣获"2018年度全国县域数字农业农村发展水平评价先进县"称号。鹤壁市三县获此荣誉称号，得益于农业现代化的"鹤壁模式"。长期以来，该市高度重视农业农村信息化建设工作，强力推动数字农业、数字农村发展，以提升信息服务水平和应用能力为重点，以信息进村入户为抓手，着力构建农业智能、农村电商、农业监管、农村创业四大体系，探索走出了一条农业现代化发展之路，粮食高产创建和农业机械化、信息化、标准化等走在全省全国前列，成为全省唯一的基本实现农业现代化的城市。

2019年以来，鹤壁市以"产业数字化、数字产业化"为导向，大力发展农业农村数字经济，加快农业信息化向农业农村数字化升级转型，探索示范"农田数字化、园区数字化、村庄数字化、政务数字化、数字产业化"引领"乡村振兴"实践模式，促进互联网、大数据、人工智能与农业农村实体经济深度融合，推动鹤壁市农业农村高质量发展。

在推动"农田数字化"发展基础上鹤壁逐步实施了"数字农田"工程，已基本建成"市有平台、县有中心、乡有信息站、田有采集点"覆盖全域的信息网络，基本建成的"一平台七系统"（鹤壁市粮油绿色高效生产物联网综合服务平台，农田生态环境监测系统、叶面积指数监测系统、农田视频监控系统、病虫害监测及预警系统、农田智能灌溉系统、大田生产专家远程指导系统、智慧农机服务系统）实时监控农业生产各个过程，以达到合理利用资源、降低生产成本、改善生态环境、提高农作物质量的目的。

农作物种子关乎粮食增产和粮食安全，鹤壁市作为全国整建制推进粮食高产创建试点市，紧紧围绕"藏粮于技"国家战略，培育优良作物品种。国内的行业专家曾评价："全国玉米看河南，河南玉米看鹤壁。"该地区采用鹤壁市农科院的分子育种技术，通过利用分子标记技术对控制玉米各性状基因信息进行检测鉴定，挑选含有目标基因的优良种质材料，通过对基因含量的选择，代替田间对种质材料本身的直接选择，从而在很大程度上减轻了种质材料的选择工作量，实现优中选优，提高育种效率。

2.3 河南省高效种养业发展存在的突出问题

当前，河南省种养业高质量发展取得重大进展，但多年以来传统的小农经济造成的行业集中度低、产业链条短、规模效应低、产品同质化严重等现状，农业发展方式不适应、供给质量不优、效益不高、竞争力不强的现状仍未根本改变，距离农业高质量发展的要求还有较大差距。

2.3.1 种养业结构不合理问题仍然突出

河南是农业大省，自然资源丰富，小麦、大豆、玉米、花生等农产品在国内占据重要地位。虽然经过几次调整与优化农业结构获得很多成就，但因为调整农业结构具有复杂性、艰巨性、长期性，调整过程中出现的诸如农产品需求与供给失衡、供给结构无法满足需求结构的变化、传统产业结构没有从根本上得到改善等问题，从深层次上影响着河南种养业的高效、可持续发展。河南省种养业仍旧存在的结构性矛盾具体表现在以下几个方面。

一是产销不衔接。与一般商品和服务不同，农产品生产具有季节性、周期性、自然约束性、生产资料较难跨地区转移等特点，而需求刚性相对较强。各地对能生产出什么大都摸得比较透彻，但对市场需求的把握不够，导致不论是低档的还是高档的产品，都出现了不同程度的过剩滞销问题，如农户盲目跟"风"种植西瓜、桃子、蒜薹等农产品，由于品质相似、成熟同期，加之冷藏保鲜恒温库及冷链运输设施设备不健全，鲜销压市，农产品滞销现象时有发生。

二是粮经饲比例仍不合理。全省粮经饲比例为 65.9∶33.0∶1.1，效益较低的粮食作物占比仍然偏高，高效经济作物及饲料作物发展相对滞后，其中玉米等非口粮面积仍有 6000 万亩，调减空间仍然很大。

三是畜牧业占比偏低。畜牧业是现代农业的标志性产业，河南省畜牧业产值占农林牧渔业总产值比重多年保持在 30% 左右，而发达国家一般能达到 50% 以上。

四是优质专用产品少。强筋、弱筋等专用小麦只占全省小麦的 1/7，真正达到"专种、专收、专储、专用"要求的比例更低，高油酸花生仅占全省花生面积的 1.8%，牛羊肉占肉类总产量的比重仅为 9.3%，远不能满足市场消费结构升级的需要。

2.3.2　发展方式不适应问题依然突出

近年来，全省农业综合生产能力持续提升，粮食、棉花、油料、蔬菜、肉蛋奶、水果等主要农产品产量均居全国前列，但发展方式不适应问题依然突出，粮食生产能力基础并不稳固，耕地面积吃紧、质量下降等问题也日渐凸显。其主要表现，一是基础设施建设总体仍然比较薄弱，在农田水利、信息化等方面提档升级任务依然繁重。二是种植业生产成本持续上升，以小麦为例，2019 年全省亩均生产成本仍然维持在 563.6 元的高位（见图 2-1）。三是资源环境约束持续趋紧。农村环境和生态问题依然比较突出，化肥、农药施用量虽然已实现负增长，但农业面源污染、耕地质量下降、地下水超采等问题仍然凸显，水资源利用效率和秸秆、粪便、农膜、生活污水等综合治理利用还有较大提升空间。

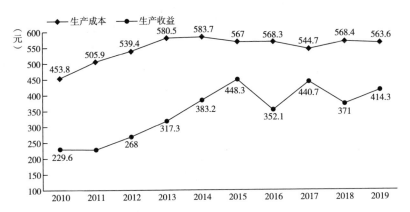

图 2-1 **2010～2019 年河南省小麦生产亩均成本和收益变动情况**

资料来源：河南统计网。

2.3.3 供给质量不优问题依然突出

近年来，全省以"四优四化"为重点的农业结构调整取得明显成效，优势特色农业发展提速，高效种养业加快转型升级。但与此同时，供给质量不优的问题依然突出，产品供给仍然以大路货为主，优质绿色农产品占比较低，尚不能满足市场需求。绿色食品、有机农产品生产面积仅占全省耕地面积的 9%，有效期内"三品一标"产品 4679 个，是名副其实的名、特、优农产品大省，但数量仅居全国第 12 位，其中绿色食品排名全国第 15位、中部第 4 位，不仅落后于山东、江苏，而且落后于同属中部的安徽、湖南、湖北；有机农产品排名更是靠后，居全国第 22 位。

2.3.4 产业效益不高问题依然突出

近年来，全省着力推进农业产业延链补链，农产品加工业发展迅速，贡献了全省规模以上工业营业收入的 26%、利润的 35%，提供了 150 余万个就业岗位，但农业发展质量效益不高的问题仍然比较突出。一是链条不长。多以供应原料为主，资源综合利用率低，农产品粗加工和一般加工品占比高达 80% 以上，加工能力弱、产业链条短、增值比例低的问题仍然突出，与广东等发达省份能够实现农产品"吃干榨净"相比，差距不小；休闲农业、乡村旅游等普遍存在同质化现象；农业装备产业仍以农机装备为主，在食品精深加工方面发展有限。二是效益不高。种植业亩均产值仅2000多元，农民种粮亩均收益不足1000元，仅相当于外出务工三五天的工资收入。三是品牌不响。全省农业品牌多而杂、小而乱的情况尚未得到根本扭转，目前河南农业仅有"中国驰名商标"78个，面粉、油脂、奶制品等缺乏全国知名品牌，与农业大省地位很不相称。

2.3.5 竞争力不强问题依然突出

近年来，全省新型农业经营主体加快培育，家庭农场和农民合作社发展势头良好，返乡创业持续加快，成为乡村振兴的重要力量。但同时，新型经营主体发展仍处于成长阶段，市场竞争力偏弱，带动作用有待加强。全省省级以上龙头企业854家，比山东少153家；营业收入亿元以上农产品加工企业2070家，仅占规模以上企业总数的29%；规模以上农产品加工企业7259家，不到山东的60%。同时，抵御风险的能力不强，受经济下行和信贷政策紧缩影响，一些龙头企业生产经营陷入困境。

2.3.6 农产品销售通道不畅问题依然突出

河南省大部分地区信息化建设相对滞后，大部分农业从业者没有品牌意识，加之农业产业化水平不高，河南特色优势农产品销售依然以量取胜，价格低、利润低进而无法形成品牌效应，使得河南省的优势农产品无法在外部市场打开局面。

农产品物流体系特别是冷链物流不完善，是河南种养业高效发展的另一制约因素。终端物流网点和运输线路覆盖不足，致使特色农产品优势区仍然存在"最初一公里"衔接不畅的问题。此外，冷链运输体系发展薄弱、物流信息化水平滞后等短板，也阻碍了河南特色优势农产品外销变现的步伐。比如，河南有代表性的农产品主要有蔬果、肉类、蛋奶和五谷等，目前这些生鲜农产品多数仍处于常温流通状态。同时农产品流通过程中的配送成本较高，据有关机构测算，农产品的物流配送成本占电子商务交易额的25%~40%，物流配送成本高昂制约着农产品电商的发展。因此，建设大型冷链物流体系仍是企业发展的重中之重。另外，品牌分散、市场认知度不高是河南省特色优势农产品外销不畅的另一主要制约因素。"肉、面、油、乳、果蔬"等河南省重点发展的五大产业中，除肉制品的双汇、众品、正大等，面制品的三全、思念、科迪等一批全国知名品牌外，其他三大产业全国知名品牌非常少。从注册的农产品地理标志商标看，山东486个，而河南仅有57个，只有山东总量的11.7%。

2.3.7 金融服务供给不足问题依然突出

我国种养业相对工业的产业链条环节构成复杂，加之产业波动性强，信息难以完备不确定性较强且风险点不易识别，金融资本没有动力进入，导致本来就高风险、高投入、低收益的种养业只能依靠微薄的原始积累投入产业的转型升级中，势必发展缓慢，金融机构考虑到风险覆盖，对其发放贷款的利率往往会高于其他行业。另外，目前河南的农业资金需求主体主要是间接融资，直接融资比例和融资手段少，涉农企业利用资产证券化、期货等手段缺乏，农业产业发展基金、风投基金等投融资平台建设滞后，导致种养业难以吸引工商金融资本的进入，尽管新一轮的关于农村产权制度改革正在推进，但是与真正的盘活农村资源，解决农村融资瓶颈还有一定的距离。

2.4 河南省高效种养业可持续发展的政策支持重点

2021年中央一号文件提出全面开启从完成脱贫攻坚战向乡村振兴战略的转移。在此过程中，特色种养业是一大助力。粮食安全永远是重中之重，1.3万亿斤口粮问题的底线绝不能突破，要发展青贮玉米等优质饲料，稳定大豆生产，发展油菜、花生等油料作物，保障国家的油料安全。加强种业发展以及坚守耕地红线，从种子基础到农田种植，全面保障国家粮食安全。根据河南目前的发展阶段与状况，着眼于中央一号文件要求，未来种养业要向规模化、标准化、品牌化和绿色化方向发展，延伸拓展产业链，增加绿色优质产品供给，不断提高质量效益和竞争力。巩固提升粮食产能，全面落实永久基本农田特殊保护制度，加强高标准农田建设，加快划定粮食生产功能区和重要农产品生产保护区。加快构建现代养殖体系，保护生猪基础产能，健全生猪产业平稳有序发展长效机制，积极发展牛羊产业，继续实施奶业振兴行动，推进水产绿色健康养殖。

2.4.1 以科技创新驱动河南种养业转型发展

农业结构的优化调整少不了农业科技的创新，强化农业科技与物资装备支撑是推进农业现代化建设的基本保障。"十四五"期间，河南科技创新的着力点主要在以下几个方面。积极培育推广地方特色良种，健全农技推广网络，推行"科研试验基地+区域示范基地+基层推广服务体系+农户"的农技推广服务新模式，强化农业科技和装备支撑，推动农业由增产导向向提质导向转变。加快推进国家生物育种产业创新中心、国家农机装备创新中心建设，加快现代种业发展，建设现代种业强省。加强种质资源保护和利用，加快省级种质资源库建设，建成国家区域性（河南）农作物种质资源保护利用中心库。实施省级现代种业提升工程，加强良种繁育和南繁基地建设，优化良种繁育体系，在稳固小麦、玉米、花生等大宗农作物育种优势的基础上，以粮食作物、经济作物、林果花草和主要畜禽为重点，培育突破性新种质、新品种。加快国家生物育种产业创新中心建设，努力打造全球生物育种新高地、全国种业发展体制机制创新"试验田"和具有国际竞争力的种业"航母"集群。创建以种业为主导产业的国家现代农业产业园，建设一批省级种业现代农业产业园。培育大型育繁推一体化企业，加快推进商业化育种、新品种推广和产业化应用。创建国家农业高新技术产业示范区。加大农业水利设施建设力度，全面改善农业基础设施条件。加快推进农业机械化全程全面发展，持续加大农机补贴力度，持续做好主要农作物生产全程机械化示范县创建工作，提升主要农作物生产全程机械化水平。

注重信息化平台的打造，以信息化、数字化、标准化为基础进行基于规模化的农资农艺农械匹配、基于技术集成系统的创新成果高效转化，实现跨环节全链条的多主体协同融合发展。依托现代农业产业园、优势特色农业集群、农业产业强镇等平台，推动5G、北斗卫星导航、农业遥感技术和物联网等在农业中的应用，大力发展智慧农业，打造一批智慧田园、智慧果（菜、茶）园、智慧牧场和智慧渔场，提升智慧农机水平。以上都是河南省种养业现代化发展瓶颈突破的关键。

针对河南农业科技创新能力不足的问题，政府可以通过与当地科研单位、高校、技术型企业等社会主体合作，加强农业科技社会化服务体系建设来解决。在合作中政府通过搭建适当的合作平台、建立合作机制，共同推进农业科技创新成果的转化，以此提高农业的经济效益，促进农业结构转型升级。各地方政府还可与地方高校共建科技型农作物研究院，协助高校进行农业试验，实验成果不仅有利于推进当地农村农业的进步，同时研究院内还可以为农民进行先进、专业的农业知识培训，从而带动农民改良落后的农业种植生产技术，带动农村地区向农业高端化发展。

2.4.2 建设现代农业产业体系

做强三大产业。粮食产业方面，建设新时期国家粮食生产核心区，努力把河南省建成全国重要的口粮生产供给中心、粮食储运交易中心、绿色食品加工制造中心、农业装备制造中心和面向世界的农业科技研发中心、农业期货价格中心，打造国家粮食安全产业带。严格耕地保护，遏制耕地"非农化"、防止"非粮化"，实施优质粮食工程，重点抓好产粮大县和优质专用小麦示范县建设，培育壮大一批粮食精深加工企业，打造"豫麦品牌"。

现代畜牧业方面，稳定生猪产能，提高生猪养殖规模化、标准化、装备化水平。大力发展优质草畜，积极培育肉牛、肉羊养殖大县，壮大母畜种群数量，大力推广"户繁—企育—龙头带动"产业发展模式，打造豫西南伏牛山、大别山全产业链肉牛产业带。

特色农业方面，加快建设十大优势特色农产品基地，根据市场需求适度扩大种养规模，创建一批国家级、省级特色农产品优势区。加快优质专用小麦组织化标准化生产，发展单品种集中连片种植，推进"专种、专收、专储、专用"。加快优质花生绿色化发展，建设一批绿色高产高效示范基地，扩大高油、高油酸花生种植面积。加快优质林果标准化生产，加快产后储藏保鲜设施建设，发展优质食用菌产业和中药产业，提升中药材产业化水平。

鼓励工商资本重点围绕十大优势特色产业建设特色产业基地，构建产业链条，提升产业质量。在财政、税收、农业用地用电用水、基础设施建设、金融信贷、农业特色保险、开展经营等方面按规定对工商资本进行支持。要推进特色农产品全产业链开发，强化农产品加工企业规模化、集群化发展。在下游精深加工领域，通过扶持龙头企业，可以形成对中小企业的带动力，从而推动产业集群化发展。在促进产业融合方面，以休闲农业为媒介，可以实现果蔬变菜肴、产品变礼品、农房变景区的转化，并进一步优化河南特色农业的产业形象。推进农产品精深加工，壮大肉、面、油脂、乳、果蔬制品等产业集群，推动"大粮仓"迈向"大餐桌"。

从河南资源禀赋和发展实际出发，在耕地资源较丰富、潜力较大的地区持续开展高标准农田建设。科学确定高标准基本农田建设目标和任务，突出体现现代农业区域特点和农产品品牌价值，不仅要有生产功能，更要有生态景观功能、传承农耕文化功能。以国家农业"两区"和农业绿色发展先行先试支撑体系建设试点县为抓手，大力发展绿色农业、设施农业、智慧农业和品牌农业，提升农业发展质效。优化种植业结构，落实"四优六化"，采取"一乡一业、一村一品"战略举措，在农产品知名度、特色产品推广、聚集优质资源、积极探索和发展新产品和稀有农产品的培育种植、提高农产品质量、拓宽市场、提高产品的市场竞争力等方面发力，让农户真正感受到种植业结构调整带来的福利。同时，将十大优势特色农业基地建设纳入乡村振兴考核指标体系，考核先进的地方，省级在分配资金时给予适当激励，对考核落后的予以通报批评。

2.4.3 推进河南现代农业经营体系建设

突出抓好家庭农场和农民合作社两类经营主体，鼓励发展多种形式的适度规模经营。实施家庭农场培育计划，把农业规模经营户培育成有活力的家庭农场。推进农民合作社质量提升，加大对运行规范的农民合作社扶持力度。发展壮大农业专业化社会化服务组织，将先进适用的品种、投入品、技术、装备导入小农户。支持市场主体建设区域性农业全产业链综合服务中心。支持农业产业化龙头企业创新发展、做大做强。深化供销合作社综合改革，开展生产、供销、信用"三位一体"综合合作试点，健全服务农民生产生活综合平台。培育高素质农民，组织参加技能评价、学历教育，设立专门面向农民的技能大赛。吸引城市各方面人才到农村创业创新，参与乡村振兴和现代农业建设。

首先，强化农民合作社和家庭农场的基础作用。鼓励农民合作社发展农产品加工、销售，拓展合作领域和服务内容，支持农民合作社开展"农社对接""农超对接"。大力发展规模适度的家庭农场，鼓励其开展农产品直销。引导大中专毕业生、新型职业农民、务工经商返乡人员领办农民合作社、兴办家庭农场、开展乡村旅游等经营活动。支持符合条件的农民合作社、家庭农场优先承担政府涉农项目，落实政府涉农项目资金直接投向农民合作社、形成资产转交合作社成员持有和管护政策。引导发展农民合作社联合社，深入开展农民合作社、家庭农场示范创建活动，分级建立名录，健全管理服务制度。加强土地流转服务体系建设，完善县、乡、村三级管理服务网络，引导土地流向农民合作社和家庭农场。

其次，支持龙头企业发挥引领示范作用。培育壮大种养业农业产业化龙头企业，通过上项目、兼并、重组、改制、上市等方式，不断扩大企业规模，把现有的龙头企业做大做强；引进国内外知名企业，通过引进大资本、新技术、新理念，提高龙头企业整体实力。坚持"立足优势、突出特色、企业参与"的原则，支持龙头企业建立示范性生产基地，组织农民开展规模化、标准化农业生产。鼓励龙头企业通过订单生产、土地股份合作、土地托管等服务方式，形成"龙头企业+合作社+种养大户+农户"的生产模式，逐步探索建立与农民利益共享机制；鼓励龙头企业积极吸纳农村富余劳动力就地转岗就业，增加农民收入；引导龙头企业在加强与批发市场有效对接的同时，积极发展直营店、电子商务等，在农产品生产、加工和销售全过程中发挥引领作用。

最后，培育多元社会化服务组织。稳定基层农业公共服务机构，健全农技推广、农业信息、农产品质量安全监管、农业综合执法、农业科技创新"五位一体"的公益性服务体系，提升"一站式"乡镇农业区域推广站及村级服务站点的服务能力。大力培育合作服务组织、服务型农业企业和社会服务组织等经营性服务机构，重点发展全要素、全过程、全产业链的现代农业集团化服务企业。开展农业社会化服务示范创建活动，开展政府购买农业公益性服务试点，鼓励向经营性服务机构购买易监管、可量化的公益性服务。充分发挥行业协会自律、教育培训和品牌营销作用，开展标准制定、商业模式推介等工作。

2.4.4　打造种养业规模化发展新载体新平台

2021 年中央一号文件提出要"立足县域布局特色农产品产地初加工和

精深加工,建设现代农业产业园、农业产业强镇、优势特色产业集群"。规模化生产是构建现代农业产业体系的内在要求。一家一户的分散经营、农业企业的单打独斗已不再适应新阶段农业发展形势的要求。发展现代农业,必须打破区域界限,突破规模优势,走农业区域化布局、一体化经营、合作化生产的道路,这将成为壮大乡村产业的发展重点。河南各地可以根据自身资源禀赋条件和区位优势,坚持把三园(产业园、科技园、创业园)三区(粮食生产功能区、重要农产品生产保护区、特色农产品优势区)、一体(田园综合体)一镇(产业强镇)作为现代农业发展的大载体,优化县域和镇域产业链空间布局。

实施绿色食品业转型升级行动,以"粮头食尾""农头工尾"为抓手,围绕优质专用小麦、花生、草畜、林果、蔬菜、花木、茶叶、食用菌、中药材、水产品十大优势特色农产品基地,加快推进企业升级、延链增值、绿色发展、品牌培育、质量标准建设等重点工作,推进绿色食品业高端化、绿色化、智能化、融合化发展。开展田园综合体建设试点,完善配套设施,积极发展循环农业、创意农业、智慧农业,建设一批特色鲜明、潜力巨大的田园综合体。提升粮食生产功能区、重要农产品生产保护区和特色农产品优势区建设水平。

2.4.5 培育壮大种养业新产业新业态

近年来,河南在培育发展新产业新业态方面取得了一定的成绩,但和发达地区相比,甚至和中部的湖北、湖南等省相比,河南新产业新业态发展还有较大差距,高效种养业等战略性新兴产业占比仍然较小,"互联网+农业"等新业态培育依然缓慢,主要依靠传统农产品种养产业拉动的增长格局没有发生根本改变,这就使得河南省加快培育发展新产业新业态的任务显得异常紧迫。

要想有效推进农业经济结构优化调整和传统种养产业转型升级,尽快完成增长动力从要素驱动向创新驱动的转变,就要把加快培育以现代种养业为代表的新产业新业态作为河南实现"速度降档、结构优化、动力转换"、促进经济可持续发展的基本途径,打造经济增长新引擎,推动传统产业向中高端迈进。

所谓农业新产业、新业态是现代农业发展到一定阶段,通过产业创新和产业融合而产生的不同于传统业态的农业新型产业形态。最突出的特征表现在技术进步、农业多功能的拓展以及新要素价值的凸显。伴随着乡村振兴战略的逐步发力，乡村旅游、休闲农业、民宿经济、农耕文化体验、健康养老等乡村新产业、新业态加快发展，成为农村发展新动能的重要来源。

"十四五"期间，河南省应在推动种养业生产经营模式转变，健全培育机制上下功夫，把现代产业发展理念和组织方式引入现代农业，推动农业产业结构由"生产导向"向"消费导向"转变，延伸产业链、提升价值链、打造供应链。深度挖掘乡村多种功能，创新农村产业融合发展机制，推动产业创新和业态创新，培育创造新供给、引领新消费、形成新动能，拓展农民就业增收新空间。加快培育农商产业联盟、农业产业化联合体等新型产业链主体，打造一批产加销一体的全产业链企业集群。建设一批集现代农业、休闲观光、采摘康养于一体的复合型产业示范带，构建"现代农牧业—农产品加工—生态休闲旅游"一二三产业融合发展体系，让农村三次产业在融合发展中同步升级、同步增值、同步收益。重点培育产业关联度高、辐射带动力强的农产品加工企业。推进农业与旅游、健康、文化等产业融合，建设一批设施完备、功能多样的休闲观光园区、乡村民宿、森林人家和康养基地。依托"互联网+"和"双创"实施农村产业振兴行动，利用互联网提升农业生产、经营、管理和服务水平，培育一批现代"种、养、加"生态农业新模式。利用农业和农村丰富的生态和环境资源，为城市居民提供休闲、观光、健身等服务，大力发展休闲农业。通过创意设计把文化艺术、农业技术、农副产品和农耕活动有机结合起来，提升现代农业的价值与产值，积极发展创意农业。

2.4.6 支持国家级农业绿色发展先行区建设

绿色农业是农业现代化的要义，也是实现农业现代化的手段。现阶段，确立绿色农业发展战略，是河南推进农业供给侧结构性改革的重要途径，也是推动农业转型升级的必然要求。近十几年来，河南农业发展尤其是粮食生产取得了巨大成效，但与此同时，不少产粮大县由灌溉造成的地下水位连年快速下降，通过透支生态获得的农产品由于质量问题销路不畅、供需错配，农业结构性矛盾突出，农产品缺乏竞争力，农业生产效益低下。

新时期，随着经济发展水平的提高和五大发展理念的落实，消费结构升级，市场对绿色健康产品和良好生态环境的需求增加，这是河南推进绿色农业发展的根本动力。为此，要充分认识到绿色农业发展的现实需求和战略地位，利用农业供给侧结构性改革的契机，以绿色农业发展引领农业转型，实现从理念到生产经营方式全方位的绿色化转变。以建设农业绿色发展先行先试支撑体系建设试点县为契机，建立万亩以上绿色种养技术试验基地，建立农业绿色发展观测试验站。开展"百亩千头生态方"种养结合循环技术、农牧结合生态循环技术、秸秆基料化利用技术应用试验，建立农业数字化监测分析平台。

实现农业绿色化发展是一个系统工程，当前要结合中央政策及河南省实际需要，从点开始，形成支撑，最终实现以点带面。中央关于农业绿色发展出台了两类指导性文件，一类是目标明确、实施较为简单的政策，如粮食绿色增产模式攻关支持政策，测土配方施肥补助政策，化肥、农药零增长支持政策，耕地保护与质量提升补助政策等，这些政策重在执行；另一类是指导性较强的政策，如"藏粮于地、藏粮于技"、轮作休耕和传统农区的生态补偿机制等。对于这些政策，要紧跟中央的步伐，结合河南省实际，尽快研究并制定实施办法和细则，将政策落到实处。同时，要以有机农业、循环农业等为载体，加快有机农产品生产基地、生态农业建设示范区、出口农产品质量安全示范区、循环农业试点等建设，推进绿色农业发展。另外，要充分发挥以家庭农场、专业大户、农民合作社和工商企业为代表的新型经营主体在绿色农业发展中的示范带动作用，尤其要发挥农民合作社的作用，将绿色农业生产经营方式传导至分散兼业经营的小农户。

2.4.7 大力推进品牌强农工程

品牌化是农产品的一大机遇。大力发展绿色、有机、地理标志农产品生产，是河南由"大粮仓""大厨房"向"大餐桌"转变的重要支撑。对于农业生产者来说，品牌代表着高溢价；对于流通领域而言，品牌代表着稳定的采购货源；从消费者的角度来看，品牌代表着优质、安全、健康以及美好的生活享受。打造知名的农产品品牌，实现某一品类、某一品种、某一市场的成功占位，能够造福全产业链。目前河南省在电商平台上叫得响的品牌如宁陵县蒜薹，西峡的香菇、猕猴桃，信阳毛尖，新郑大枣，温县铁棍山药、怀姜，南阳黄牛等品牌的高溢价性，不仅能够给予这些单品更高的附加值，打响了县域特色名牌，更能进一步带动一二三产业综合发展。各地要持续深化品牌强农，创新手段形式，加大已有知名品牌的宣传推介力度，努力提升品牌影响力，助力产业做大做强。要大力开展市（县）品牌创建活动，积极构建"省+市+县"农业品牌梯次发展格局。要加强政策引导，浓厚创建氛围，充分发挥品牌引领带动作用，不断推动河南现代农业高质量发展，助力乡村振兴。力争到 2025 年，全省绿色食品发展到5000 个以上；农林牧渔业增加值达到 5974.18 亿元，接近 6000 亿元；第一产业劳动生产率达到 2.8 万元；培育高素质农民 100 万人以上；省级以上农业品牌发展到 1500 个以上。

加大宣传投入，强化河南省农产品区域品牌独有的文化内涵，从而区别于其他品牌的同类产品，是增强河南特色农产品市场竞争力的强有力的保障。

首先，找准不同农产品品牌宣传定位。不同属性的农产品适用的人群也不同，如果不加区别和比较，对于目标客户的定位失误会严重影响农产品品牌的实际宣传效果。以稻米为例，黄河地区稻米和东北地区的稻米因为土质和水源不同，含有的矿物质也不同，适宜的人群应该要有所区分。黄河地区稻米因微量元素更为丰富，更加适合老人和婴儿，但在品牌宣传推广中，并没有进行不同地区稻米的比较，导致目标群定位错位，影响了品牌宣传效果。

其次，创新品牌宣传手段。传统的口头和纸质宣传单的方式是目前我国农产品品牌宣传使用的主要手段，显然这种宣传手段有较大的区域限制，对于品牌的进一步推广极为不利。在"互联网+"的大环境下，这种地域性局限明显的弊端很容易通过网络宣传平台的建设得以解决，即把品牌宣传的重心投入互联网线上平台宣传，如通过品牌农产品的网上旗舰店或大家熟悉的第三方销售平台等途径进行宣传和销售，这有利于农产品品牌的推广。

最后，用好政府的引导力量。河南省地方政府对于地方有发展潜力的农产品品牌，一般都会有较大力度的资金和政策扶持。因此，可以由政府牵头，各农业生产经营者协办，在本地举办不同形式的农产品博览会，对区域农产品进行大力推广，拓展营销渠道。

2.4.8 加快完善县乡村三级农村物流体系

一是充分发挥省级电商运营服务中心及县、乡、村三级物流配送服务体系，扩大电商在农村的应用范围，引导更多的电商服务企业深入农村。支持农业龙头企业、合作社、种养大户与第三方平台、生鲜电商合作，构建多层次的农产品网上批发渠道，以淘宝、天猫优品店、京东、苏宁等第三方平台为载体拓展农产品网络零售市场，加快谋划建设各级农村电商产业园区。特别要注意提高农产品冷链仓储物流设施的集约化建设和利用水平，畅通农产品"上行"通道。要充分利用郑州航空港经济综合实验区、中原经济区、粮食生产核心区，依托省内便利的高速公路、铁路、高铁等优势，围绕农产品构建强大的交通运输网络。

二是积极促进省内第三方物流业发展。目前国内的物流巨头有顺丰、圆通、韵达、申通、中通、宅急送、汇通等数十家物流公司。各地政府要充分利用这些物流公司完整、便捷、成熟的物流服务体系，加强与农产品电商的合作，解决农产品运输难的问题，同时还要在政策上给予一定的倾斜，对物流企业给予税费适当减免等优惠政策，更好地促进第三方物流业的发展。

三是要加强本地种养业龙头企业的"电商化"和"本地化"电商平台的培育。

2.4.9 扶持种养龙头企业进军资本市场

推动河南多层次资本市场发展，引导中原股权交易中心创新运营模式和服务方式，提高多层次资本市场服务能力。建立河南龙头企业预备上市企业库，鼓励企业进入全国股转系统挂牌，在河南股权交易中心设立农业板，分层次分阶段推动龙头企业在市场内进行融资。引导鼓励种养业龙头企业用好"双创"债券、绿色债券优先审核政策以及上市公司并购重组小额快速政策，提高融资效率。推动农业保险"增品、提标、扩面"，积极发展针对生产龙头企业、农民合作社、家庭农场的保险产品。推动发展地方特色农业保险及"农业保险+小额信贷保证保险"，稳步发展目标价格保险、区域产量保险、收入保险，稳步推进农业大灾保险试点。

开展优势特色农产品"保险+期货"试点，让苹果、红枣等极具地域特色的品种在"保险+期货"的保障下得到充分的发展。推动发展地方特色农业保险及"农业保险+小额信贷保证保险",稳步发展目标价格保险、区域产量保险、收入保险,稳步推进农业大灾保险试点。支持金融机构创新涉农金融产品和服务,为新型农业经营主体提供有效金融服务。积极稳妥推进农村承包土地的经营权和农民住房财产权抵押贷款试点工作。

利用金融科技打破农村金融发展中的时间和空间限制,补齐农村金融网点较少的短板,解决农村金融"最后一公里"问题,有效延伸农村金融服务的地域和受众范围。推动金融产品与科技的深度统合,借助大数据、区块链等技术,将科技嵌入基础性金融服务,以金融科技创新思维,加快农村产品创新节奏,优化农村金融业务办理流程,缩短农村金融产品更新周期。

3 河南省农产品加工业发展模式与政策支持建议

河南作为一个农业生产大省和农产品加工业大省，历届省委省政府高度重视农产品加工业发展，将其作为强省富民的战略选择，制定优惠政策，加大扶持力度，营造舆论氛围，推动了以食品工业为代表的农产品加工业的快速发展，实现了由"国人粮仓"到"国人厨房"再到"世人餐桌"的历史性转变。

3.1 河南省农产品加工业发展特征

3.1.1 河南省农产品加工业发展规模较大

河南省发展农产品加工业具有坚实的基础和优越的条件。河南省是全国的"粮袋子"和"菜篮子"，担当着国家粮食安全的重要责任。2020年，作为国家粮食核心区，河南省粮食总产量为6826万吨，占全国粮食总产量的10.19%，对全国粮食增产的贡献率达23.07%，居全国第1位。河南省是我国小麦第一大省，2020年总产量为3753.15万吨，占全国小麦总产量的27.96%，是保障全国"口粮安全"米面自给的"面袋子"。在保障粮食安全的基础上，河南省也是油料、肉、蛋、奶等主要农产品产量大省。2019年河南省油料播种面积居全国第1位，花生和芝麻产量分别占全国总产量的32.92%和42.64%，肉、蛋、奶产量分别占全国总产量的7.22%、13.37%、6.32%。在农业现代化进程中，河南省逐步建设优质小麦生产基地、优质花生基地、优质肉牛和肉羊基地、优质奶源基地、优质林果基地、优质蔬菜基地和优质茶叶基地等，形成了布局区域化、分工专业化、生产现代化的生产格局，为农产品加工业发展奠定了坚实的第一产业基础，为农业产业升级和产业融合发展创造了优越条件。农产品加工业的发展，成为河南省由农业大省变为农业强省、从经济大省变为经济强省的基础、前提和关键。

近年来，河南省认真贯彻落实习近平总书记对河南农业发展的重要指示，坚持以"粮头食尾""农头工尾"为抓手，延伸产业链、提升价值链、打造供应链，走出了一条粮食安全和现代高效农业相统一的发展之路。一是壮大龙头企业，做大产业规模。坚持把龙头企业培育作为加快农产品加工业发展的重要举措，通过联合、兼并、收购等资本运作方式，实行"强强联手""强弱联合"，培育和组建一批资本结构多元化、产品科技含量高、辐射带动作用大、市场竞争力强的农产品加工龙头企业，提高产业的集中度和核心竞争力。二是培育优势品牌，提升产业层次。通过自主创新打造一批具有广泛影响力和持久生命力的国际知名品牌，原产地培育认定一批产品叫得响、质量信得过的区域知名品牌，强化技术攻关开发一批拥有自主知识产权、核心技术和较强市场竞争力的新品牌，真正树立河南制造、河南智造、河南创造的豫产绿色食品品牌。三是建好生产基地，夯实产业基础。围绕小麦、油料、果蔬、畜禽、茶叶和中药材等主导产业，建设一批资源优势和地域特色明显的生产基地，使基地建设与企业加工能力相匹配，与市场需求相衔接，形成完善的产业体系，使生产基地成为农产品加工业的"第一车间"，变农业生产优势为产业优势和经济优势。四是坚持"三链同构"，推动集群发展。推动前端向原料基地、后端向精深加工拓展延伸产业链，推动优势产业向高端化发展提升价值链，推动产业上下游之间精准对接打造供应链，实现由单个龙头企业带动向龙头企业集群带动转变。目前全省培育农业产业化集群520个，发展643家与产业集群相配套的农产品批发市场、冷链物流和电子商务企业，带动8481个协作单位抱团发展，农产品加工业产值达到1.23万亿元。五是加大政策扶持力度，构筑产业平台。把农产品加工业定位为富民强省的主导产业和乡村振兴的突破口，成立了由省长任组长、省人大和省政府分管负责同志任副组长的领导小组，各地也成立相应机构。制定了发展农产品加工业的一系列文件，从资金投入、人才引进、信贷服务、税收优惠、用地管理、电价优惠、改善流通环境等方面加大扶持力度，如河南农村整理出的建设用地指标优先满足农产品加工业，土地出让金地方留存部分优先支持农产品加工业等。同时,高标准建设中国(驻马店)国际农产品加工产业园,引入一批世界级农产品加工企业入驻河南,全力打造农产品加工产业国际竞争新优势。

近年来,河南省农产品加工业发展迅猛,目前已成长为具有五大优势产业的农产品加工业大省。河南农产品加工业产值连续 10 年居于全国第 2 位,是全国第一粮食加工大省和第一肉制品大省,生产了全国 1/2 的火腿肠、1/3 的方便面、1/4 的馒头、3/5 的汤圆、7/10 的水饺,农产品加工业已成为河南省发展速度最快、与"三农"关联度最高、对脱贫带动最大的行业。河南省已经形成面制品、肉制品、油脂制品、乳制品、果蔬制品等农产品加工业的五大优势主导产业,其中面制品中的小麦粉、方便面、速冻米面食品产能产量均居全国第 1 位,其中面粉产量占全国的 37%,速冻米面制品占市场份额的 60%;肉类加工能力居全国第 1 位,产量 669.41 万吨,占全国的 13%,代表性企业漯河市的双汇集团的鲜冻猪肉出口占全国的 1/4,品牌价值 606.41 亿元,位居中国肉类行业榜首。南阳市的牧原集团市值居全国畜牧类上市公司第 1 位、居河南省主板上市企业市值第 1 位。河南省的火腿肠、味精、面粉、方便面、挂面、米面速冻制品、休闲食品、食用菌等产量均居全国第 1 位。目前,全省规模以上农产品加工企业 6714 家,占全省规模以上工业企业总数的 32.48%;实现营业收入 1.18 万亿元,居全国第 2 位;实现利润总额 958.85 亿元,占全部规模以上工业企业的 34.71%,增速高出全省工业企业 3.6 个百分点;上缴税金总额 585.21 亿元,同比增长 3.7%,占全省规模以上工业企业上缴税金的 35.47%,增速高出全省规模以上工业企业 2.3 个百分点;从业人员数 145.3 万人,占全部规模以上工业企业从业人员的 31.67%,增速高出全省规模以上工业企业 0.5 个百分点。

3.1.2 河南省农产品加工业发展趋势较好

经过多年来的快速发展,河南省农产品加工业取得了显著成效,并表现出以下发展趋势。

一是产业规模不断壮大。农产品加工业增加值已占工业增加值的 1/3,是河南第一大支柱产业,2019 年粮食、肉类、乳品加工能力分别达到 3450 万吨、703 万吨、300 万吨,火腿肠、味精、米面速冻食品等产量均居全国首位。

二是科技水平明显提升。在功能食品、生物能源、植物纤维、中草药活性物质提取等技术上取得了新突破，秸秆乙醇、功能乳酸、生化药品、大豆蛋白纤维等新产品层出不穷，产品结构日趋多元，产品和产业的功能不断拓展。

三是领军企业大量涌现。形成了一批起点高、成长快、规模大的龙头企业，全省省级以上农业产业化重点龙头企业870家，其中国家级重点龙头企业76家，省级794家；年产值超10亿元的186家，超100亿元的4家；全省涉农上市企业18家，新三板挂牌企业36家。全国农产品加工业100强企业中，河南企业有河南双汇投资发展股份有限公司、辅仁药业集团有限公司、三全食品股份有限公司、河南华英农业发展股份有限公司、好想你健康食品股份有限公司、郑州思念食品有限公司等6家。双汇、南街村、金丝猴、十三香、好想你等被评为"中国驰名商标"，三全、思念、牧原、华英等16家企业的19种产品荣获中国名牌。

四是区域布局不断优化。由于资源禀赋和社会经济条件的差异性及历史和政策，河南省农业区域布局不断发生演化，形成豫北、豫中和豫东平原粮食区，豫西、豫西北和豫东南丘陵山地特色农业区，中原城市群都市设施农业区等的类型区域。在类型区内出现了滑县、延津等小麦大县，正阳花生大县，平舆芝麻大县，泌阳肉牛大县，新县和光山油茶大县，灵宝苹果大县，柘城辣椒大县等主导产业支撑的专业大县。在县域内以优势产品加工业支撑的主导产业发展，进一步强化了生产区域专业化。

五是优势集群快速形成。各地根据资源禀赋和区位优势，围绕特色加快发展，形成了一批农产品加工产业带和特色产业集群。漯河已成为亚洲最大的肉类加工基地和"中国食品名城"，南阳牧原集团已成为全球最大的生猪生产企业，信阳华英集团享有"世界鸭王"之称，焦作孟州市被誉为"中国皮革之都"，商丘永城市被命名为"中国面粉城"。2020年，全省已创建正阳（已认定）、泌阳、延津、灵宝、内乡5个国家级和30个省级现代农业产业园，获批中国（驻马店）国际农产品加工产业园。种植业、农产品加工业和现代农业产业园建设，为农产品加工业高质量发展奠定了坚实的基础。

3.2 河南省农产品加工业发展模式探索

3.2.1 虞城模式

虞城县位于豫、鲁、皖三省交界处，面积 1485 平方公里，管辖 10 个镇、15 个乡，132 万人。近年来，虞城县依托高新技术产业开发区，重点扶持河南科迪集团，通过龙头企业带动乳制品产业发展，走出了一条以园区为载体、以科技为支撑的保障产品质量、驱动企业发展的可持续发展道路，形成了"种养加"结合延伸产业链的工农一体化格局，探索龙头带动产业发展的"虞城模式"。

其主要做法，一是重点培育龙头企业。在 20 世纪 90 代中期科迪乳业开始探索乳制品行业之初，虞城县政府就把乳业作为虞城经济发展的一个新增长点，为科迪集团的发展提供全方位服务。第一，提供资金和土地支持。虞城县政府为了促进乳业发展，在土地出让、税收、金融等方面制定了优惠政策。政府无偿提供土地作为科迪奶牛养殖基地，利用产业集聚区内近 1/4 的面积建设科迪食品工业园，为科迪乳业拨付 20 亿元资金缓解债务压力，制定了详细可行的"十四五"乳业发展规划。第二，营造良好发展环境。虞城县与科迪集团联手建立了科迪食品工业园、高效农业园区、奶牛养殖基地，促进乳业发展资源要素集聚。产业集聚区建设了完善的供水、供电、排水及排污系统，完备的通信网络、良好的绿化环境、高效便捷的仓储物流中心等基础设施和配套服务，为企业营造了良好的发展环境。第三，提供全方位公共服务。良好的制度体系是企业发展的保障，虞城产业集聚区内设立"一站式"服务平台，改革审批制度，提高政府办事效率，降低了企业成本，提高了运营效率，促进了企业发展。目前，科迪乳业的良种奶牛繁育技术和现代化规模养殖水平都位居全国前列，其综合实力居于河南省第 1 位。

二是加强全面质量管理。经过 30 年的发展，科迪乳制品凭借过硬的质量享誉全国。第一，建设奶牛良种繁育中心。为了提升奶源质量，科迪公司建设奶牛胚胎工程技术中心，组建一支掌握牛体保健、疾病控制、超数排卵、人工授精、胚胎移植等专业技术的人才队伍，配备国际先进的仪器和设备，促进良种奶牛繁育，养殖高品质奶牛。第二，统一管理奶牛养殖基地。按照"四方投资"模式建立奶牛养殖基地，对基地实行"统一规划建设、统一饲养标准、统一育种繁育、统一集中挤奶、统一环保设施、统一技术保鲜、统一防病防治、统一物流配送"八统一管理，引导养牛户高起点、高质量、高标准建设牛舍，完善牛舍的配套设施。开展 TMR 全混日粮饲喂技术和 DHI 群体生产性能测定技术。借助畜牧科技项目，组建奶牛技术讲师团，入村入户进行技术讨论和指导，提升奶牛质量。基地建立"利益共享、风险共担"的经营机制，实现龙头企业与基地养殖户双赢共进。第三，严抓乳制品加工质量。科迪斥巨资从英国、瑞典、法国、美国等国家引进先进生产设备和生产工艺，严格按照国际乳业标准加工乳制品。同时，加强乳制品监督抽查工作，积极加入全国企业食品安全追溯体系，最大限度保障乳制品的质量安全。

三是探索产业融合。一方面，虞城通过科迪集团带动乳制品产业链纵向延伸，通过奶牛养殖基地向前延伸到饲料种植和加工，向后延伸到乳制品加工、销售、服务、绿色牧场、观光旅游，走出了一条从单一的乳制品加工向现代"种养加"全产业链的转型；另一方面，虞城以乳制品加工为核心，发展食品加工业，建设科迪食品工业园，开展速冻食品、休闲食品、面粉、罐头、蜂蜜等食品加工，推进以乳业为中心的食品加工横向一体化发展。同时，虞城建设高效农业园区和奶牛高产园区，高效农业园区建设集种植、养殖、加工于一体，为速冻食品加工提供原材料，为奶牛养殖业提供饲料、饲草；奶牛高产园区采用标准化养殖模式养殖奶牛，为加工企业提供奶源，同时牛粪还田，以农促牧，以牧养农，使高效农业园区种植—养殖—加工形成相互依存、相互增益、相互促进的产业链；在高效农业园区内创建"高科技设施农业小区"，作为高科技农业示范园，为高效农业园区发展提供现代科学技术，有利于高效农业园区健康持续发展，并对高科技农业和观光农业的发展进行探索。通过实施前、后一体化战略，通过产业间的协同效应，多业并举，共同助力区域经济增长。

四是构建利益共同体。科迪乳业积极探索现代化的畜牧业发展方式，采用"公司+基地+农户"的组织形式，以科迪乳业加工公司为核心，生产基地与奶牛养殖户在自愿、平等、互助互利的基础上建立稳定长久的合作关系，通过签订合同规定各自的权利和义务，既保证了奶牛养殖户的基本收益，也保障了科迪乳业供应链的稳定。政府免费提供建设用地，科迪集团高标准建设奶牛养殖基地，购牛款的 20% 由养殖户出资，剩余的 80% 由农行和信用社通过小额扶贫贷款提供，科迪与养殖户形成"利益共享、风险共担"的联结机制，以保证奶源供应和养殖户收益。同科迪集团对当地农民敞开大门，每年招聘大量农民，不仅能够保障企业生产运营，同时也能改变农民意识、提高农民技能。

五是促进可持续发展。虞城县在推动高效种养业转型升级的过程中，始终坚持尊重自然、保护生态环境的科学发展理念，以绿色发展为方向，推行绿色生产、清洁生产和循环生产，提升绿色优质农产品供给量，构建绿色供应链、价值链和产业链。根据河南省政府支持奶业发展和在沿黄滩区建设"一带一片"绿色奶牛基地的指示精神，扶持科迪乳业在黄滩区建设万头奶牛绿色养殖带工程，积极探索种养结合的生态循环模式，走环境友好型生态畜牧业发展之路。鼓励科迪、未来、众旺、星海、鑫鑫、乐为、古道园等大型养殖及乳制品加工企业以生态经济可持续发展为目标，发展循环经济，通过技术创新、制度创新、产业转型、新能源开发利用等多种手段，减少能耗和碳排放，实现了生产、生活、生态"三生共赢"的目标。虞城县乳业加工产业发展路径如图 3-1 所示。

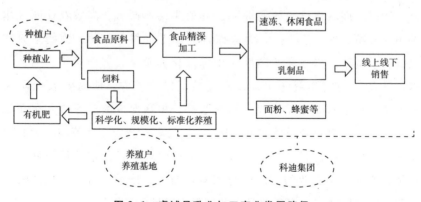

图 3-1 虞城县乳业加工产业发展路径

虞城模式促进了虞城乳制品加工业的大力发展，其主要成效如下。一是乳制品产业链已经形成。目前全县的奶牛小区已吸引了大量奶农，超过1.4 万户的各类养殖专业户进驻到奶牛小区中，发展各类养殖专业村 226

个，精准扶贫专业合作社增加至 601 个，建立省级以上标准化畜禽养殖场 3 个。科迪集团现代牧场被评为"国家级畜禽养殖标准化示范场"，同时虞城县也被评为"国家级电子商务进农村示范县"。奶牛高产园区纷纷建立，如科迪生物股份有限公司、科威奶牛养殖小区等，奶牛基地建设也有了区域化发展、规模化养殖、集约化经营的发展格局。全县乳制品加工市级以上农业产业化重点龙头企业 3 家，年产乳制品 90 多万吨。全县有 7.8 万头奶牛、37.2 万头肉牛、300 万只肉羊存栏。奶牛规模养殖比重超过了 90%。第一产业的生产总值高达 518068 万元，第二产业生产总值为 1521888 万元。

二是品牌影响力不断提升。虞城牛奶的产量高达 788712 吨，占商丘市的 87%，基本上产自科迪乳业。科迪乳业旗下的 20 多个单品、100 多种规格的系列产品都在销售中取得了优异的成绩，科迪乳业更是被授予"河南省名牌产品"称号。科迪采用差异化的营销策略，坚持渠道下沉，与全国性龙头企业错位竞争，采取一系列措施，做到了产供销、人财物等各环节严格把控，并积极运用现代数字技术扩大自身的市场影响力。科迪乳业的产品已经覆盖了全国 24% 的人口，其中农村人口占据全国的 31%。

三是产业园区建设持续增效。虞城建设了设施便利、服务优良的产业集聚区，为虞城乳业的发展提供了良好的营商环境。目前，虞城有科迪食品工业园、奶牛高产园区等平台，为虞城乳业的发展注入了活力。科迪企业建立的高效农业园区不仅探索出了观光农业发展的道路，更是保证了科迪公司原材料供应链的安全。科迪的高效农业园区把种植、养殖、加工融为一体，并实现了绿色循环利用，种植的初级农产品为速冻食品加工以及奶牛小区提供原材料，奶牛小区将鲜奶提供给公司的加工业，同时畜牧业的排泄物还田，做到以农促牧、以牧养农，使高效农业园区种植—养殖—加工环节形成相互依赖、相互提升的完善的产业链。科迪公司将现代化的科学技术运用到高效农业园区发展上，不仅加快了当地农业的发展和农业科技的传播，更是大幅增加了当地农民的收入。

3.2.2 温县模式

温县北依太行，南临黄河，位于山河两阳之地，土壤肥沃，土层深厚；黄河、济水、沁河穿境而过，千百年的河水冲刷淤积使这里的土壤沉淀了丰富的养分和微量元素；冬不过冷，夏不过热，春不过旱，秋不过涝，属干湿相宜的温带气候;太行山的岩溶水携带丰富的微量元素渗入地下,与地下水贯通相连,形成了独特的水质,特殊的土壤、气候、水质为温县怀山药生产蓬勃发展造就了得天独厚的条件。温县种植"四大怀药"已有近3000年的历史,其品质药效、加工等精细程度等方面均有口皆碑,远销国内外,被中医药界公认为道地药材,其中的铁棍山药因其"药食同源"的特性,倍受广大消费者青睐,已形成独具特色的一体化怀药产业链。

其主要做法,一是建设标准体系。参与制定了《怀山药》《怀地黄》《怀菊花》《怀牛膝》4个怀药国家标准,制定了《温县铁棍山药生产技术规程》《温县铁棍山药农药使用准则》等8项地方标准指导全县铁棍山药种植。结合品种提纯改良,病虫害防治、水肥运用等方面专家从气候条件、土壤条件、栽培管理、种苗、水肥应用、成分检测等方面着手,整理出一套更加科学规范,适合温县怀药的标准体系,目前已完成文稿整理。注重"三品一标"认证,截至2019年底,已认证怀药绿色产品12个11268吨、有机食品4个782吨,居于焦作市前列。

二是建设标准化园区。全县已规划建设4个怀药示范园区,面积近万亩。其中祥云镇2号园区投资建设了参观通道、田间气象站、田间木屋及农业物联网,多次迎接省市领导、外地客商和新闻媒体的参观调研,受到各方好评。

三是开展品牌保护。首先,积极开展地域品牌商标注册。以温县四大怀药协会为主体申请注册"温县铁棍山药"证明商标。其次,申请驰名商标。委托北京正理商标事务所代办温县铁棍山药驰名商标申报事宜,2018年7月通过司法诉讼方式申报成功。再次,设计统一包装箱。设计温县铁棍山药 Logo 和统一包装样式,并申请外观设计专利保护。最后,建立质量追溯系统。从2012年起每年对全县的铁棍山药种植面积进行逐地块摸底调查,登记每户的种植面积、具体位置、上市季节等,根据登记底册,向群众免费发放二维码防伪标识,有效规范了市场秩序。经过多年的推广使用,统一包装箱和二维码标签已得到市场的高度认可。

四是加强品牌宣传。近年来,与中央电视台合作,围绕温县铁棍山药拍摄制作了多期节目,分别在《健康之路》《致富经》《远方的家》《每日农经》等栏目中播出;引导企业、合作社积极参加全国各类农产品展销会、农交会、绿色食品博览会、有机食品博览会。温县铁棍山药连续多次荣获金奖，产品受到各方好评；从2011年起每年举办"温县铁棍山药展销节"或"新闻发布会"，邀请中央、省市媒体及各级领导参加，通过各大媒体进行集中宣传报道，不断打造品牌影响力。

五是打造产业龙头。近年来引进建设一批怀药项目，开发了铁棍山药粉、铁棍山药片、怀菊花朵菊等拳头产品。其中保和堂瑞祥怀药产业园项目总投资26亿元，已完成一期建设，达到年产中药饮片2万吨能力；新获怀菊茶、铁棍山药粉两个怀药食品文号；同仁堂中药配方颗粒项目计划投资10亿元，年产1万吨中药配方颗粒，预计年可实现主营业务收入30亿元，创利税近亿元，提供就业岗位300个；同时积极谋划推动怀药交易中心、怀药统产统购统销平台、怀药专业交易市场等的建设，引导怀药产业向专业化、标准化、规模化发展。

六是强化科研支撑。河南省四大怀药育种工程技术中心位于温县，是河南省唯一一家以怀药研究为主的省级工程技术中心。从国内外收集山药品种（系）49份、地黄27份、菊花16份、牛膝5份，已初步形成了省内首屈一指的怀药资源基地，为新品种的选育提供了较大的空间和丰富的基因库，培育了怀地黄85-5、金九、怀山药47号、新铁2号等怀药品种；同时大力开展茎尖脱毒研究工作，积极进行提纯复壮和地黄新品种选育。通过对地黄茎尖脱毒，培育脱毒种苗及种栽，实现平均亩增产15%~25%，大大提高了农民种植脱毒地黄的积极性。

温县怀山药加工业在以上做法的推动下，取得了长足发展。其产业发展逻辑和做法要点如图3-2所示。

其取得的成效，一是产品实力不断提升。2019年底，四大怀药在县域的种植面积达到8万亩，其中怀山药就达到3.5万亩，另外，怀地黄为3.6万亩，怀菊花为0.6万亩，怀牛膝为0.3万亩。目前全县有怀药农民专业合作社857家，怀药加工及销售企业696家，拥有怀山堂、保和堂、健国、鑫合等8家省市农业产业化龙头企业，培育3个省著名商标、2个省名牌产品，主要产品有鲜铁棍山药、山药粉、山药片、中药饮片、菊花茶、怀药饮品、保健品及休闲食品等。

二是品牌价值不断凸显。温县年产四大怀药约15万吨，年产值为20多亿元，其中怀山药产值占总产值的一半以上，常年从事山药种植、加工、销售的农户达5000户以上。2003年，温县铁棍山药被国家质量监督检验检

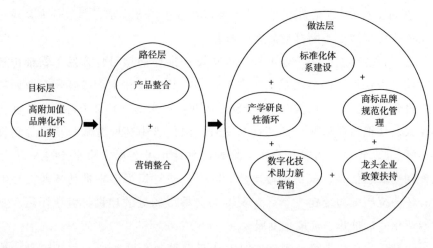

图 3-2　温县怀山药产业发展逻辑和做法要点

疫总局批准为"地理标志产品";2007年,温县被授予"河南省十大中草药种植基地"称号;2008年6月,四大怀药种植与炮制被列入国家级非物质文化遗产名录;2012年,注册"温县铁棍山药"证明商标;2014年,温县被评为"国家级出口四大怀药质量安全示范区";2015年,温县铁棍山药入选农业部《全国名特优新农产品目录》;2017年,温县铁棍山药及其制品获得"国家生态原产地保护产品"称号;2018年,温县铁棍山药获得农业农村部农产品地理标志登记;温县位列2020年度河南省中药材产业发展十强县。

三是销售渠道不断拓展。其一,电商销售快速发展。通过加强对电子商务平台的利用,建设乡村电商服务站点,进一步提升物流配送效率,使农产品和工业品更便捷地双向快速流动,特色农业及旅游产品电商交易额1.8亿元。县内鑫合实业、怀山堂等一批省市级农业产业化龙头企业电商发展风生水起,聚怀斋、爱家乡、温购网等一批本土电商企业加速壮大,温县怀药电商发展效果初显。其二,线下商超渠道不断完善。通过对防伪标签使用情况的追溯统计,结合商超上货要求,为商超渠道商家的散货及时提供防伪标签,进一步增强了线下商超渠道的可靠性,保证了消费者对产品的信心。近两年温县铁棍山药在北京、深圳等商超销售订单不断。

3.2.3　信阳模式

信阳市是我国长江以北地区最大的茶叶产销基地，信阳毛尖是我国十大名茶之一。信阳地处中国南北文化结合部，南北文化交融荟萃，楚风豫韵特色文化资源赋予信阳茶丰富的文化内涵。信阳茶精湛的制作技术和内外兼修的独特魅力，促进了信阳茶和茶文化的交流和传播，注定了科技和文化与信阳茶产业发展的融合关系。科技和文化成为推动信阳茶产业从传统向现代转型的"双引擎"。

2016年以来，信阳市围绕茶产业发展规划，以市场需求为导向，以开发茶叶消费群体为基础，以"建设基地、调整结构、创建品牌、培育龙头、文化带动"为重点，按照推进农业供给侧结构性改革的总体部署，强力推进茶产业不断做大做强，茶产业呈持续、健康、稳步发展态势，取得了显著的经济效益、生态效益和社会效益。

其主要做法，一是政策支持茶产业发展。第一，成立茶产业工作机构，强化组织领导。信阳市委市政府高度重视茶产业发展，市县两级都成立了专门的茶产业办公室，统筹茶产业的发展和升级，政府动员和引导茶农山上种茶、田里改茶，茶园面积迅速扩张。第二，出台政策文件，支持产业发展。信阳市2018年印发了《关于做好2018年春茶生产工作的通知》《关于做好全市夏秋茶生产工作的指导意见》，指导全市各县区春茶和夏秋茶生产工作。第三，召开专题会议，安排部署工作。为破解信阳夏秋茶和机械化采茶问题，信阳市政府召开了"全市夏秋茶生产工作座谈会"，研究部署阶段性重点工作；每年各县市还组织举办茶叶品质提升培训会、茶企座谈交流会等多种会议，宣传推介、学习交流茶知识、茶文化。

二是科技支撑茶叶品质提升。信阳已建立了从茶园管理、采摘、炒制、包装到仓储、销售各环节的技术标准体系，《地理标志产品信阳毛尖》国家标准已发布实施，信阳市作为河南省茶叶主产区，正在全面普及实施各项技术标准。第一，持续推进茶叶生产标准化建设。2018年信阳市兴建一批标准化茶叶加工厂，配套了先进的茶叶生产机械设备，全面提高了全市茶叶生产的清洁化、标准化、全程自动化水平。第二，加强专业技术人员培训交流。信阳市注重加强与中国农科院茶叶研究所的战略合作，通过举办"全市茶叶品质再提升培训会"和"茶树病虫害绿色防控技术培训班"，邀请中科院、信阳农林学院、市农科院等单位专家为全市茶办业务人员、重点茶企及合作社技术人员授课。每年组织"信阳毛尖传统手工炒茶大赛"，交流学习经验，提高制茶技艺。通过这些培训交流活动，有效提高了茶企茶农茶叶生产技艺和茶树病虫害科学防治水平，保证了茶叶品质提升和质量安全。第三，开展科技下乡。组建茶叶科技特派员服务团，实施"科技入户"，利用"新型职业农民培训工程"等扶贫项目，通过举办培训班对茶叶从业人员进行生产管理和技能培训，提高从业人员的茶叶管理及加工水平。通过召开现场会、观摩会，组织技术人员深入茶园地头对茶苗种植、修剪、肥水管理、茶籽直播、茶叶加工等关键技术开展现场教学，为茶叶标准化生产提供智力支撑。

三是以市场需求为导向开发新产品。为适应多元化的市场需求，以市场为导向，在生产绿茶的基础上，积极开发生产红茶、黑茶、白茶、花茶、黄茶、眉茶、乌龙茶等茶类，不断丰富茶叶产品种类，满足不同消费人群的多元化需求，实现了产量销量双增。如信阳蓝天集团和四季香茶叶公司等一批茶企，创新开发多样茶品，自主开辟国际销售渠道，使茶农增收、茶产业增效。

四是以茶文化增强茶产业软实力。为加快推进农业供给侧结构性改革，实施河南茶叶"走出去"战略，进一步拓展与丝绸之路经济带沿线国家和地区的茶叶经贸合作和茶文化交流，促进茶叶品牌文化传播，信阳茶文化资源挖掘整理和宣传保护工作稳步扎实开展，取得良好成效。第一，加大宣传推介力度，全力打造茶业知名品牌。1992~2020年，信阳市已连续28年组织举办茶文化节活动，邀请国家和省有关方面负责人、国外知名茶商代表、境内外新闻媒体参会，大大提高了信阳毛尖知名度，一大批茶叶品牌如文新、蓝天、其鹏越来越被人熟知。"第28届信阳茶文化节暨2020信阳茶业博览会"主题为"弘扬茶文化，发展茶产业，促进茶交流"，扩大了宣传，促进了交流。第二，积极弘扬普及茶文化。信阳市2020年4月举办了中国茶叶学会倡导的"全民饮茶日"活动，开展了形式多样的宣传普及活动，弘扬和普及茶文化知识。第三，营造产业发展良好软环境。通过宣传、引导和举办茶文化活动，着力营造全民饮茶、人人宣传茶的浓厚氛围。通过营造茶产业软环境，茶产业文化和茶文化产业相交融的信阳毛尖软实力显著提升。

信阳市推进茶叶生产基地建设、茶叶生产加工、茶文化旅游开发等，使信阳的茶叶品牌得到保护，茶产业不断发展壮大。

一是茶叶产销规模扩大。2019 年，全市茶园面积 213.8 万亩，茶叶产量达 7.2 万吨，总产值达 122 亿元。信阳市绿茶产量 50790 吨，红茶产量 11520 吨，黑茶产量 3660 吨，白茶、花茶、黄茶、乌龙茶等都有少量生产。茶产品主要销往华东、华北、东北、西北、华南等全国 28 个省区市，销售渠道有产地批发市场、连锁超市、加盟代理、直销专营及网络销售等多种形式。

二是品牌价值凸显。现有国家级农业产业化龙头企业 2 家、省级龙头企业 23 家、中国茶行业百强企业 9 家，拥有中国驰名商标 8 个，茶叶从业人员达 120 万人。茶农人均种茶收入超过 6000 元，成为信阳山区农民脱贫的重要收入来源，在全市脱贫攻坚中发挥着积极作用。信阳市被中国林业生态发展促进会授予"中国毛尖之都"称号，经浙江大学 CARD 中国农业品牌研究中心评估，信阳毛尖品牌价值以 63.52 亿元居全国第 2 位。

三是产品远销国外。通过自营出口和供货出口的形式销往欧洲、非洲、东南亚等多个国家和地区。信阳市全年茶叶自营出口量达 5898.8 吨，主要出口到蒙古国、俄罗斯、乌兹别克斯坦、捷克、塞内加尔、科特迪瓦、尼日利亚、韩国等 13 个国家和地区。信阳茶叶供货转口贸易达 3.8 万吨，货值达 5 亿多元人民币。

3.2.4　漯河模式

漯河市位于河南省中南部，食品工业是其传统优势产业之一，是一个特色鲜明、享誉四方的食品名城。漯河以食品工业发展的卓著成效，成为全国首家中国食品名城、全国食品安全信用体系和保证体系建设双试点市、全国首家农业标准化综合示范市、全省食品工业基地市、全省无公害食品基地示范市。肉制品加工作为食品加工业的支柱产业之一，在漯河市乃至河南省的乡村产业振兴中起着引领作用。

其主要做法，一是培育肉制品产业集群。大力发展经济开发区肉制品产业集群。大力推动漯河市内企业间的重组联合，推动肉制品、面制品等不同类别的食品企业跨领域进行合作，组建企业集团，盘活存量资产，提升竞争实力；加强园区与市外园区之间的协作，创新"飞地经济""园区共建""区区对接"等模式推动园区之间的合作，逐步形成漯河重点企业相支撑、中小企业相配套、产权明晰、权责分明的现代企业集团群体。

二是加大肉制品加工项目建设。着力抓好现有大企业的重大项目投资，加快项目进度，尽快形成产业能力，为肉制品加工产业发展注入新动力；加强与国家部委、省直厅局的对接，着力谋划、引进一批新项目、大项目，拓展肉制品产业发展领域，增强发展后劲；加大对肉制品产业项目的政策支持，倾斜财政政策、土地政策和电力政策，重点扶持一批有市场、有基础、有优势的肉制品产业项目，尽快成规模、上水平、见效益。政府引导企业均衡发展猪、牛、羊、鸡肉制品，增加高档产品和精深加工肉制品，不断研发新产品，既扩大西式肉制品的生产，又重视具有中国传统风味的中式肉制品生产。

三是加大招商引资力度。重点瞄准食品产业发达区域，积极依托当地商会、协会，开展有针对性的落地招商活动，建立长效对接机制，提高招商实效性。鼓励食品企业发挥好主体作用，主动出击，瞄准世界500强、国内500强和行业百强等重点食品企业集团，积极寻求合作，有针对性对接，通过嫁接改造，提升发展实力。充分利用食品博览会、产业转移大会、贸易洽谈会等平台，加强与海内外客商的沟通联系，加强宣传推介和项目对接，大力发展节会经济，打造漯河的产业品牌和城市品牌，特别是把食博会办成商务部、工信部与省政府共同主办的有影响、有规模的博览盛会。

四是科技推动产业发展。漯河作为"食品名城"，食品生产厂家集中，以双汇集团为龙头的肉制品加工企业奠定了漯河肉制品加工业的中心地位，还有豫汇集团、北徐集团、漯河汇通、正邦世汇等多家肉制品加工企业在蓬勃发展。对加工技术、新产品开发、科技成果的转化有着巨大的需求。依托漯河职业技术学院建立的漯河市食品科学研究所，其职能就是要为漯河市食品企业进行科技、技术支持。漯河职业技术学院、漯河市食品科学研究所联合鸡肉加工企业豫汇集团，建立了漯河市鸡肉制品深加工研究中心。为本地以豫汇集团为龙头的禽类加工企业提供有力支持，改变当前技术滞后、附加值低、效益不好的被动局面。

其取得的成效，一是培育了龙头企业。双汇是中国最大的肉类加工基地、农业产业化国家重点龙头企业，总部在河南省漯河市。双汇在全国18个省（市）建有30个现代化肉类加工基地和配套产业，形成了饲料、养殖、屠宰、肉制品加工、调味品生产、新材料包装、冷链物流、商业外贸等完善的产业链，年产销肉类产品近 400 万吨，拥有 100 多万个销售终端，每天有 1 万多吨产品销往全国各地，在全国绝大部分省份均可实现朝发夕至。休闲肉制品主要有双汇怡口肠、食想家、川透力、好劲道、萌宝、寻海记等系列，该类产品风味独特、包装精美，便于携带保存，食用方便，是居家旅行必备的休闲美食。双汇品牌价值 704.32 亿元，连续多年居中国肉类行业第 1 位。漯河依托龙头企业，先后实施了"双汇产业化工程""订单农业工程"，走出了一条"公司+基地+农户"的路子。在肉制品快速膨胀的同时，食品包装、食品辅料等配套产业加快发展，形成了从原料到终端，从研发到生产、检测、包装、物流、电商、会展等全食品产业链条，肉制品主导产业和食品包装、食品机械、食品辅料、食品会展四大配套产业，产业层次得到了进一步提升，产业体系更加完善，食品名城的影响力和竞争力更强。

二是提升了漯河知名度。食品工业的飞速发展，极大地提升了漯河的知名度，吸引了不同行业的企业向这里集聚，产生了强烈的产业集聚效应。现有 20 多个国家和地区投资漯河，美国杜邦公司、美国泰森集团、日本火腿株式会社、日本丸红株式会社、日本丰田通商株式会社等 7 家世界 500 强企业及金大地、新瑞、中旺、旺旺、康师傅等一批国内知名企业纷纷落户漯河，使漯河成为中西部地区令人关注的投资热点地区，掀起了新的发展热潮。这里正在成为全国乃至全世界名企、名品汇集的"百花园"。2016 年1 月 19 日，河南进口肉类指定口岸漯河查验区正式开通运营，首批装载 525吨美国冷冻猪肉的 21 个集装箱经青岛港卸船消毒后，通过陆路运输直抵漯河市。查验区为全国首家"不沿海、不沿江、不沿边"的肉类内陆口岸，是中部内陆地区唯一的进口肉类指定口岸，可满足每天 1200 吨每年 40 万吨的肉类查验业务。

三是增强了产品研发能力。食品企业在抢占市场的过程中，更加快了产品研发的步伐。漯河建有 2 个博士后科研工作站、2 家国家级企业技术中心、13 家省级企业技术中心，形成了食品产业技术推广应用体系、科技创新体系和产学研合作机制，企业的新产品开发能力、新技术推广应用能力和自主研发能力不断增强。目前，全市规模以上食品工业重点龙头企业 165家，其中国家级 5 家、省级 39 家、市级 121 家，培育形成了以双汇集团、雨润北徐、源隆肠衣、天味公司等为代表的肉类加工企业群体。双汇集团连续多年名列中国肉类行业第 1，是"世界肉类组织金牌会员"。2013 年 9 月，双汇国际收购美国史密斯菲尔德公司之后，一跃成为全球最大的猪肉食品企业。2014 年 1 月，双汇国际更名为万洲国际，拥有亚洲最大的肉类加工企业——双汇发展、美国最大的猪肉企业——史密斯菲尔德公司等知名企业，以及欧洲最大的肉制品企业——康博菲尔公司 37% 的股权，在猪肉产业链的肉制品、生鲜猪肉和生猪养殖等关键环节占据全球首位。

3.2.5　河南省农产品加工业发展的经验启示

河南省农产品加工业发展以种养业为基础，以加工业为龙头，以电商和文旅来提升，形成粮食加工、冷冻食品、油料加工、林果产品加工、肉类加工等产业，以永城市面粉加工产业、延津县优质小麦产业、郑州市三全冷冻食品业、正阳县花生产业、平舆县芝麻产业、柘城县辣椒产业、灵宝市苹果产业、新县山茶油产业、信阳市毛尖产业、西峡县食用菌产业、温县怀山药产业、泌阳县肉牛产业等为代表。河南省农产品加工业发展实践提供了可借鉴的一般性经验。

第一，以种植业为基础，发展养殖业和（或）加工业。永城市面粉加工产业、延津县优质小麦产业、正阳县花生产业和平舆县芝麻产业，都是依托日益规模化和专业化的种植业发展建立起优质原料基地，发展起来养殖业和加工业，拉长产业链条。

第二，以加工业为龙头，拉动种植业和服务业发展，逐步形成三产融合状态。新县通过山油茶加工，扩大油茶种植面积，建设优质油茶基地。平舆县通过发展芝麻加工业把优质白芝麻产品做成芝麻产业。信阳市以文新为代表的加工企业，在拉动优质茶叶种植的同时，也发扬光大和传播了茶文化。规模化种植基地的田园景观，成为发展旅游农业、观光农业和休闲农业的优质资源。

第三，以科技为支撑，产学研结合，形成支撑产业化的技术体系。在育种、种植、加工、分级、包装、储运、销售、装备机械等产业全过程，与科研院所和高等院校等机构合作，提供技术支撑和科研攻关。正阳县花生、平舆县芝麻、泌阳县夏南牛等产业和相关企业成为科研机构的实验和推广基地，实现成果转化。

第四、以产业园为载体，实现产业集聚，完善产业链，链接供应链，提升价值链。正阳县花生小镇、平舆县芝麻小镇、泌阳县肉牛产业园链接和集聚着育种、种植、加工、饲料、文旅、电商、装备机械制造等相关产业和企业。

第五，以政府为主导，加大产业规划和资金投入力度，引领产业发展。在政府产业规划和资金投入的引导下，新县油茶产业、平舆县芝麻产业、柘城县辣椒产业等，从传统种植业发展成为现代产业，产业链拉长，实现三产融合，科技支撑作用增强，提高了产业竞争力。

第六，以企业和农民为主体，建立完善的利益机制。在产业发展过程中，在龙头企业、基地、农民专业合作社、农户之间，形成不同的组织方式和合作模式，建立科学、合理、公平、有效的利益增进机制和利益分配机制，是产业发展的生命线。

3.3　河南省农产品加工业可持续发展遇到的困难

从全国来看，河南省是乡村产业大省，农产品加工业产值长期位居前列，在全国地位举足轻重；从自身来看，河南省乡村产业基础雄厚，势头良好，正处于转型发展的攻坚期。但是，我们也清醒地看到，在河南省乡村产业发展中也存在一些不容忽视的问题值得关注。

3.3.1　产业内部问题

河南省农产品加工业发展取得了积极的成效，但也面临一些突出的困难和问题，需要引起高度重视，并着力加以解决。从内部看，主要有以下六个方面的问题。

一是产业链条不长，成为产业化短板。农产品加工转化率仅有 67%，而发达国家一般在 80% 以上；农产品加工增值率为 2.5∶1，仅为发达国家的 1/3 左右；农产品加工综合利用率只有 50% 左右，而发达国家达到 90%；农产品及其副产物 60% 以上没有得到循环、高值和梯次利用，资源综合利用率较低。与外省相比，河南省乡村产业在经营管理、技术创新、人才培养等方面投入不足，创新能力不强，外延扩张特征明显，内涵提升相对不足。此外，加工企业生产的产品，大多以原材料、粗加工品为主，产品加工深度不够，附加值低。产品种类主要是粮食制品和肉制品，河南小麦加工量虽然占全省小麦总产量的 2/3，但主要还是以面粉加工为主，产品品种少，产业链条短，科技含量高、附加值高的"高、新、精、尖"产品不多，致使产品销售的市场不大，竞争力比较弱。规模较大的农业产业化龙头企业加工多布局在城市和销地，带动农民就地就近就业贡献较小。产业集聚度较低，仅有 28% 的乡村产业集中在各类园区。

二是龙头企业不强。目前，河南省农产品加工行业的组织主要有企业、农民专业合作社、家庭农场。龙头企业是农产品加工业发展的主要推动力量，农民专业合作社和家庭农场则是农产品加工业的新兴主体，三类组织的数量发展都比较快，但合作社和家庭农场的规模较小，发展水平不高，质量参差不齐，影响力较弱。龙头企业的数量偏少，规模和带动效应较弱。特别是农民专业合作社，以资金或土地入股的不多，大部分的农田仍处于分散经营中，一些农民专业合作社内部管理机制不完善，产权不明晰，财会制度和利益分配制度不健全。龙头企业中除双汇、三全、华英等企业之外，大部分农业龙头企业规模偏小，抗风险能力差，企业的生产经营不稳定，与农业大省的地位不相称。年营业收入亿元以上农产品加工企业仅占规模以上农产品加工企业的 29%，47.7% 的企业没有建立起现代企业制度；农业企业研发投入仅占销售收入的 0.9%，产品低档化、同质化现象严重；一些企业经营管理水平较低，高负债盲目扩张，在经济下行压力下生产经营陷入困境。作为对比，山东省已建立起各类农业生产基地近 8000 万亩，占全省耕地面积的 2/3 以上；全省 1/2 以上的农产品、2/3 以上的畜产品基本实现了产业化经营，而河南还远远达不到。如何培育规模大、带动力强的农业龙头企业是河南农业产业化发展的重中之重。

三是乡村品牌不响，成为品牌化短板。农业有产品无品牌、有品牌无规模、有规模无产业问题依然存在，农产品供给仍以"原字号"和"粗字号"的大路货为主，产业链条短、附加值不高，初加工严重不足。精深加工和综合利用与发达国家差距较大。乡村产业缺乏小众类、精准化、中高端产品，多数产品处在价值链低端，品牌溢价、规模溢价、科技溢价有限。河南省面业、油制品、果蔬制品等品牌不响，产业链条短、附加值不高，精深加工和综合利用与发达国家和江苏、山东等先进省份相比有差距。

"肉、面、油、乳、果蔬"五大优势产业中，除肉制品的双汇、牧原等，面制品的三全、思念等一批全国知名品牌外，其他三大产业缺少全国知名品牌，品牌数量较山东、江苏等有一定差距。在双汇、三全、思念、好想你等一波品牌强势崛起后，后续知名品牌企业成长缓慢。河南省的多数产品处在价值链低端，品牌溢价、规模溢价、科技溢价有限。

四是产业融合层次较浅，成为新动能短板。农产品加工企业大多规模小、技术水平低、设备陈旧落后，大部分农产品仍然基本上是"从农田到市场"，一二三产业融合度低、层次浅，产、加、销衔接不畅，农业产业链短，农业比较效益低。在延长产业链条、提高农业附加值上也还有挖掘空间，农业第三产业，包括文化创意农业和休闲观光农业的发展还显不足。多数农业园区规划层次不高，有的功能区单一，有的贪多求全，导致杂乱无章；农业多功能挖掘不够，高品位、多样性、特色化不足。此外，少数农村产业融合项目同质性强，雷同严重，缺乏差异化竞争和深度开发，纵向产业链条延伸不够长，先进科技要素间的横向渗透不强，限制了产业融合的增值空间，没能最大限度地发挥出"六次产业＝第一产业×第二产业×第三产业"的效益，从而限制了农民的增收空间。种养业链条较短，加工业前延后伸不充分，服务业发展不充分，仓储、冷链、物流、信息咨询等服务较为缺乏，休闲旅游等新产业新业态同质化问题突出，可持续性较差。

五是利益联结不健全，成为农民增收短板。农村股份合作发育不足，企农之间多是土地流转、劳动雇佣和产品买卖关系，小农户参与产业链分工分红不足。规模较大的农业产业化龙头企业加工多布局在城市和销地，带动农民就地就近就业贡献较小。小农户的组织化程度低，龙头企业和农户的利益联结机制不完善。在农业产业化经营过程中，农户和龙头企业在市场上的地位是不对等的。龙头企业由于自身强大的实力，在与小农户的合作交易中占据有利地位；而多数农户生产规模小，在与企业的交易中处于不利地位。当农户与企业签订契约进行合作，遇到合同利益纠纷时，农户由于组织化程度低往往难以保障自身的权益。另外，现代化的龙头企业与许多分散落后的小农合作，从签约、指导服务到事后的监督，需要花费的成本较高，同样面临合同风险，也不利于龙头企业提高效率和市场竞争力。

六是抗风险能力弱，成为市场化短板。受宏观经济下行和经营管理不善等影响，雏鹰、大用等部分行业龙头陷入困境；新冠疫情发生以来，企业经营成本急剧增加，对农产品加工业影响较大。

3.3.2 产业外部问题

从产业外部看，农产品加工业主要面临以下五个方面的问题。

一是理念落后于乡村产业发展实际，成为理念的短板。一二三产业融合发展是亿万农民创造的，但社会对它的认识滞后，尚未形成自觉，统计体系还未建立。一些地方认为乡村产业就是传统的种养业，没有认识到乡村产业体系的重要作用。另外，重视程度不够，存在认识偏差。一些地方仍习惯于大招商、招大商、招大项目，对乡村产业看不上，倾注的精力不够，发展乡村产业未摆上议事日程。

二是政策精准性差，成为政策落实的短板。产业发展政策难落实，支持措施不配套，有关部门和产业政策目标相冲突。不少政策分散在多个部门，缺乏指向性、精准性、协同性，出现"政策冲突""成效抵消"等现象。在政策落实方面，还存在"一刀切""变化快""标准多"等问题，影响企业对政策的预期。此外，公共管理服务水平和环境亟待提升。尽管近年来政府在转变行政职能方面付出了诸多努力，但是行政职能部门分割、多头管理仍然存在，不仅造成创业审批程序繁杂，也大大加重了创业者的负担，并且越落后的地区情况越严重。农产品加工企业"办事难""负担重"等问题仍然存在。政府部门和社会各界对乡村产业发展仍然重视不足，存在扶持政策滞后、流于形式、难以落实等问题。

三是融资保障能力弱，成为资金的短板。资金是创业活动的血液，目前农产品加工业面临的一大难题是财政资金和信贷服务不足。70%的企业存在融资难、融资贵，利率一般要6%基准利率基础上再上浮10%~30%。乡村企业在担保抵押上受限较多。银行业金融机构"去杠杆"、防范化解金融风险，龙头企业收购原料占用流动资金较多，抽贷压贷断贷影响正常经营。另外，乡村产业项目特别是农业类项目创业初期的特点是投入大、收益小。农产品加工企业创业之初的资金来源主要是个人投资及银行贷款。而根据对一些地市的调研发现，超过八成的创业群体认为创业的首要困难仍然是资金问题，融资难融资贵问题仍然没有得到彻底解决。创业的初始资金大部分来自原有工作积累和家庭自筹，难以满足后续的发展。虽然近年来中央和地方各级政府陆续出台了多项创业信贷担保贴息扶持政策，用以解决农产品加工企业融资难、融资贵问题，但由于乡村创业群体普遍缺乏有效抵押物和符合要求的担保或反担保条件，加上创业信贷额度小、管理成本高、回收风险大，金融机构贷款放贷普遍不积极，放贷审核严、时间慢、规模小、覆盖窄，难以满足大多数创业者的需求。此外，虽然目前的政策性创业信贷担保政策适当放宽了贷款的对象和条件，优化了贷款审核流程，降低了反担保要求，但创业人员和基层有关部门仍普遍反映办理流程烦琐耗时、门槛仍然偏高，要想获得担保难度仍然很大，部分创业群体因"嫌麻烦""等不起"而放弃。同时，相当部分创业群体反映贷款额度较小，虽然可以解决在创业初期的融资难题，但是当创业发展到一定阶段，则需要更多流动资金，往往无法满足资金缺口。

四是用地瓶颈较多，成为要素的短板。对农产品进行筛选、烘干、收储等初级加工，是保障农产品加工的基本条件。但是，由于相关政策规定，硬化场地，建设烘干、储存、加工厂房等初级加工用地欠缺，设施建设用地不足，农户经营土地规模小，流转土地成本高。乡村企业很难获得建设用地指标，受流转土地流转年限限制，投资强度低、投入回报少。乡村新产业新业态发展用地供给不足，农业设施用地建设标准低、审批手续繁杂，推动现代农业发展必要的配套设施用地和附属设施用地审批难度较大。农产品加工企业要扩大规模建设发展，却拿不到土地指标，这严重制约着农产品加工业的发展。农产品加工企业土地用途有扩建厂房车间、仓储用房等永久性设施，而目前设施农用地政策不符合农产品加工企业的土地用途。

五是人才、技术获得难，成为科技的短板。首先，创新源头创新不足。消费者对农产品加工业的优质化、营养化和健康化的要求越来越高，但河南省农产品加工行业的基础创新和应用创新能力都须提升，核心技术研发缺乏关键理论和科学基础支撑，导致自主发展方向和原创性创新基础不牢靠。为满足消费者需求，农产品加工企业不得不从外部引进先进技术。2019年，河南省农业企业研发投入仅占销售收入的 0.9%，比起发达地区的 1.4% 有很大差距，这也导致农产品加工制品低档化、同质化现象严重。其次，关键核心技术装备创新不足。河南省果蔬、肉类、奶类等冷链流通率分别为 34%、45%、56%，农产品物流损耗达 10% 左右，高能耗、高损耗问题仍旧是困扰农产品加工企业的难题，加工过程中的杀菌、均质、干燥、离心机、罐装、储藏保鲜等核心技术和装备主要从省外引进和购买，系统创新技术和装备先进性需要提升。再次，人才技术获得难。生产、管理和技术等专业人才不足。农产品加工产业地处偏远乡村，对于人才缺乏吸引力。激励引领规划、科技、经营管理等各类人才服务乡村产业的保障政策尚不完善。企业反映，专家难找，形不成技术和管理团队，是造成科技创新短板的主要瓶颈。最后，科技创新能力不够强。虽然河南拥有较强的粮食科技创新能力，但与河南粮食产业规模不相匹配，产学研用结合不紧密，主食加工装备研发不足，成果转化率提升空间较大。2019年度，全省粮油加工企业投入的科研费用仅为8.2亿元，占工业总产值的比重仅为0.6%，远低于其他行业的科研投入比例（全国科研投入占GDP的比例为2.0%以上），大多数企业缺乏自主创新能力，缺乏现代化的装备和具有现代经营理念的人才，制约了企业的生产经营和发展壮大。调研发现，一些大的面粉企业和主食加工企业，多采用从国外购买设备的做法，驻马店、信阳等多家企业对加工工艺、产品包装以及定制化设备需求得不到相应的满足。

3.4 河南省农产品加工业可持续发展的政策支持建议

3.4.1 打造农产品加工升级版

坚持"融"字当头、"加"字提升、"拓"字攻坚，发展产业集群，延伸产业链条，打造农产品加工业升级版。

加快农产品初加工发展步伐。针对农产品初加工问题，加大财政支持力度，扶持农户、家庭农场和农民专业合作社提高农产品初加工设施建设水平。加强产地加工包装、储藏保鲜、电商服务条件建设，完善线下冷链、物流设施，拓展线上销售渠道，促进产品顺畅销售。

推进农产品加工科技创新。以科技创新作为农产品加工业向"精""深"发展的根本驱动力，发挥农产品加工技术研发体系科技创新带头作用，强化产学研推用"横向合作"的创新平台建设，组织举办全省农产品加工科技创新推广活动，支持开展区域性、行业性科企对接活动。提前谋划"十四五"农产品加工技术研究专项。

做好行业标准制修订。加强标准的审定、报批、宣贯和国际标准的跟踪分析，制修订一批农产品加工技术规程和质量标准，健全质量标准体系，推动农产品加工业标准化、高质量发展。

做好加工统计监测。跟踪监测农产品加工业行业发展动态，按季度、年度编制农产品加工业发展动态报告，掌握行业运行情况。

加强加工模式总结。积极总结农产品加工业和农村产业融合的发展模式创新、联结机制创造、业态类型创建等方面工作成效，总结一批模式案例。

推介加工百强企业。进一步完善评选方法和标准，发布新一年农产品加工百强企业，为行业树立标杆和榜样。

3.4.2 实施绿色食品业五年行动计划

近期，河南要紧抓当前国内国际双循环新发展格局机遇，以面、肉、油、乳、果蔬五大食品产业为重点，实施绿色食品业五年行动计划，做大做强做优做精做特绿色食品业。

做优面制品。优化产品结构，加快专用面粉、功能性面粉研发，增加多元化、定制化、个性化产品供给，满足细分市场需求。加快推进精深加工，加大技术创新力度，巩固速冻米面食品优势，大力发展休闲食品、方便食品，开发中高档主食加工产品。支持面制品加工企业做大做强，打造一批行业龙头，培育一批知名品牌。到 2025 年面制品企业营业收入达到3200 亿元。

做强肉制品。加快"调猪"向"调肉"转变，引导屠宰产能向养殖集中区转移，鼓励养殖场自建屠宰厂，实现生猪养殖就地屠宰加工，不断提高猪肉深加工比例，力争到 2025 年生猪基本实现省内屠宰，具备分割加工能力的屠宰企业占比超过 50%。大力发展牛羊屠宰加工业，鼓励企业转型发展，不断提高精深加工能力，到 2025 年肉牛屠宰加工能力达到 130 万头，肉羊屠宰加工能力达到 500 万头，建成全国重要的牛羊肉生产加工基地。稳定发展禽肉加工，加快新品种研发，提高产品档次，扩大出口规模，到2025 年禽肉加工能力达到 12 亿只。充分利用河南丰富的畜产品资源，大力发展中央厨房等新型业态，做大做强肉制品产业。

做精油脂制品。支持油脂龙头企业在河南花生主产区加快产业布局，建立大型油料加工企业，提升花生产业化水平。加快高端花生产品开发，支持企业开展花生油深加工技术研究，培育有机、绿色高油酸花生油品牌，发展高附加值花生巧克力、花生酱、花生饮料等休闲食品和高端西点食品配料等调味品，不断拉长花生加工链条。发展特色油料，稳定芝麻油加工，加快双低油菜加工，大力发展核桃、油茶、杜仲、油用牡丹等木本油料。到 2025 年油脂制品企业营业收入 600 亿元。

做大乳制品。加快优质奶源基地建设，重点支持乳品企业自建联建2000 头以上现代化、标准化奶牛养殖场，提高奶源自给率。培育壮大乳品加工龙头企业，完善利益联结机制，增强带动能力，扩大产业集群规模。调整乳制品结构，积极实施优质乳工程，扩大巴氏奶等低温乳制品的生产供应，开发适销对路乳制品，满足不同消费群体的多样化需求。到 2025 年乳制品企业营业收入达到 400 亿元。

做特果蔬制品。推进果蔬产地初加工，提升产后净化、分类分级、干燥、预冷、储藏、保鲜、包装等初加工能力，降低产后损失率。发展果蔬精深加工，加快果浆、果酱、果干、果饮料和菌类系列深加工产品研发，培育一批果蔬产业集群。发展药食同源加工产品，发挥铁棍山药、山楂、银杏等特色农产品功能性特质，增加食药一体化食品多样性。到 2025 年果蔬制品企业营业收入达到 1300 亿元。

3.4.3　实施五大转型升级行动

下一阶段，河南要以面、肉、油、乳、果蔬五大食品产业为重点，实施五大转型升级行动，持续推进农产品加工业高质量发展。

一是企业升级行动。坚持绿色化、智能化、高端化、融合化方向，推动龙头企业实现装备升级、产品升级、业态升级和管理升级。开展龙头企业规模倍增计划、区域拓展计划、优势特色产业龙头企业培育计划，培育壮大龙头企业。支持发展潜力大的中小农产品加工企业延链补链、提档升级，加快培育一批细分领域龙头企业。积极引进龙头企业，支持龙头企业转型发展，鼓励龙头企业以资本、技术、品牌为纽带，通过兼并重组、参股控股、改组上市等形式实现强强联合，支持现有农产品加工龙头企业完善法人治理结构，建立现代企业制度。

二是延链增值行动。推动农产品加工业前延后伸拉长产业链条，推动优势产业向高端化发展提高产品附加值，着力开发营养食品、功能食品、休闲食品、保健食品等，满足人群消费升级需求。强化主导产业链培育，围绕小麦、玉米、花生、猪、牛、羊、禽、果蔬、食用菌、中药材等十大主导产业，延伸产业链、提升价值链、打造供应链，构建链条完善、循环畅通、运转高效的发展格局。坚持问题导向和目标导向，建立健全每个产业链发展图谱，围绕产业链布局创新链，解决产业链上"卡脖子"难题。

三是绿色发展行动。树牢绿色发展理念，加强农业资源保护和高效利用，推动生产、生活、生态协调发展。鼓励龙头企业加快建设标准化生产示范基地，推进原料基地绿色化，推进农产品加工副产物资源化利用；建立校企、院企技术和专家团队服务机制，重点培育100家绿色食品转型升级示范企业，推进加工环节绿色化。

四是质量标准行动。建立健全农业标准体系，支持龙头企业、农民专业合作社等规模生产经营主体按标生产。强化质量安全监测，加强检测能力建设，扩大检测覆盖面。加强质量安全追溯管理，以蔬菜、林果、肉蛋奶等"菜篮子"产品为重点，有序扩大农产品追溯管理范围。实行食用农产品合格证制度，推进绿色食品、有机农产品、农产品地理标志认证，加快建设绿色食品原料基地。引导企业抓好标准化生产，开展全程质量控制，建立产品质量追溯体系，严格质量安全监管。

五是品牌培育行动。重点围绕面、肉、油、乳、果蔬等产业，加快培育一批知名企业品牌、产品品牌。通过建立品牌创建激励机制，不断提升企业的品牌意识，引导企业形成创品牌、爱品牌、用品牌的浓厚氛围。实施品牌目录管理制度，发挥特色农产品优势区带动效应，大力发展农产品区域公用品牌，重点聚焦"豫农优品"整体品牌形象培育打造，全面提升河南农业品牌的美誉度和竞争力。精心呵护品牌，建立健全农业品牌监管机制，严格监测抽检和执法检查，加大对套牌和滥用品牌行为的惩处力度。积极推广品牌，支持企业在央视等媒体加强宣传推介，充分利用现代媒体和各类农业展会平台宣传河南农产品，挖掘文化底蕴，讲好品牌故事，塑造品牌形象，推动更多"豫农优品"抢占高端市场。

3.4.4 完善五大政策

第一，完善用地政策。要落实支持政策配套措施，解决农产品加工企业发展用地难问题。省、市、县国土资源管理部门在编制土地利用总体规划和计划时，在占补平衡的前提下，适当增加城镇和工业建设农用地转用指标。在符合土地利用总体规划的前提下，允许利用调剂、整理和置换等办法，优先安排农产品加工龙头企业及产品市场潜力大、带动力强、出口创汇企业的发展建设用地，简化土地审批手续，缩短审批时间，做到成熟一个审批一个。对成片开发"五荒"山地面积达 100 亩以上的用地，按所在地段使用权出让地价标准减征，五年内免征城镇建设配套费。对村镇和旧城改造中盘活存量的土地，可按盘整出来的面积置换建设用地。其盘活存量的土地和新征集体非农业建设用地的土地使用收入，要用于农产品加工示范区和工业园区的开发和建设。土地使用权在规定使用年限和用途范围内，经土地管理部门核准办理有关手续后，可转让抵押和继承。允许村集体经济组织和农产品加工企业依法以土地使用权作价入股，兴办农产品加工示范区、产业化经营基地和企业。探索农产品加工企业以银行按揭方式向工业园区购买土地。农产品加工业园区内创办企业占用土地，出让价格执行最低工业用地价格。园区的基础设施建设和公益事业项目建设用地，可以划拨方式取得。对国家和省级农业产业化龙头企业经营所需用地，优先安排，优先审批，其农用地转用、土地征（占）用各项费用按国家重点项目用地标准低限执行。允许农户在承包期内依法自愿有偿向龙头企业转让土地承包经营权，或以承包经营权入股参与经营。对以畜禽加工为主的重点农产品加工企业，其新办不进行非农建设的畜禽养殖用地，实行分类管理，凡不属于永久性建（构）筑物的，不需办理农用地转用审批手续。龙头企业用于农产品生产基地、加工、临时交易的用地，只要土地非永久固化，在税费征收上视为农业用地对待。

第二，加强科技人才培养。一是要加强科学技术人才支撑。科技人才是发挥科技创新动力的保障，为农产品加工业产业和企业进行技术改造提供支撑，促进引进、消化、吸收国内外先进的加工技术和设备，建立"企业技术创新中心"，开发新技术、新产品，特别是开发具有自主知识产权的产品，提高企业核心竞争力。充分发挥政府和行业组织的作用，积极组织科技力量，对影响河南特色优势农产品生产、加工的难点、共性问题进行技术攻关，开展"中试"试验，切实解决制约发展的技术"瓶颈"。实施"农产品加工企业素质提升工程"，对企业管理人员、专业技术人员和职工开展不同层次的培训，切实提高企业整体素质。针对河南农产品加工业技术需求，组织国内外专家开展企业技术对接活动。二是要加强经营管理人才培育。企业是创新力量，企业家是创新主体，培育农产品加工业经营管理人才，是提升农产品加工产业竞争力的关键。农产品加工业经营管理人才培育主要有两个层次：产业层次的企业家培育，主要是政府和社会营造农产品加工业企业家成长的环境和条件，在支持企业发展的同时，为企业家发展创造机会和氛围；企业层次的科层管理人才，主要是企业对管理人员开展岗位能力提升。结合农产品加工业的产业特点和企业需要，开展管理层培育教育，并加大资金投入，合理安排培训活动，为管理队伍提供专业的成长机会。三是要加强实用技术人才培训。农产品加工企业生产技术人员多来自农村，学历层次低，要根据农产品加工企业发展和生产需求，切实开展实用技术培训。技术培训要坚持"实际、实用、实效"的原则，充分发挥现有农业科技企业和农业技术推广部门的人才优势，组织科技人员深入车间和村组，良种良法直接到岗、到人、到户、到田间地头，技术要领直接到位。示范推广优良品种和先进适用技术，培育和造就一批思想观念新、生产技能好、既懂经营又善管理的农村生产经营管理者和农村科技示范户，带动其他农户增收致富；构建政府组织推动、市场机制引导、农业技术服务部门带动、农业企业拉动的农业科技网络，为农产品加工业和农村经济可持续协调发展提供有力的科技支撑。

第三，拓展农产品加工业发展空间。一是要提升农产品精深加工水平。加大生物、工程、环保、信息等技术集成应用力度，加快新型非热加工、新型杀菌、高效分离、节能干燥、清洁生产等技术升级，开展精深加工技术和信息化、智能化、工程化装备研发，提高关键装备国产化水平。适应市场和消费升级需求，积极开发营养健康的功能性食品。二是要加强农产品综合利用。重点地区、品种和环节，主攻农产品及其加工副产物循环利用、全值利用、梯次利用。采取先进的提取、分离与制备技术，集中建立副产物收集、运输和处理渠道，加快推进秸秆、稻壳米糠、麦麸、油料饼粕、果蔬皮渣、畜禽皮毛骨血、水产品皮骨内脏等副产物综合利用，开发新能源、新材料、新产品等，不断挖掘农产品加工潜力、提升增值空间。三是要创新产业模式和形态。将农产品加工业纳入"互联网+"现代农业行动，利用大数据、物联网、云计算、移动互联网等新一代信息技术，培育发展网络化、智能化、精细化现代加工新模式。引导农产品加工业与休闲、旅游、文化、教育、科普、养生养老等产业深度融合。积极发展电子商务、农商直供、加工体验、中央厨房等新业态。四是要加快农产品加工业园区建设，实现资源共享，降低产业发展成本。通过加工园区搭建招商引资和技术改造平台，集聚和培育龙头企业，发展上下游配套产业，带动基地建设。原则上新办企业都要进入工业园区。坚持"扶强龙、引外龙、兴小龙、育新龙"的思路，集中精力、财力着力打造行业"旗舰"和"航母"。确定的重点产业，每个产业每年重点支持若干个企业，突出解决制约发展的瓶颈问题。最大限度开放市场，引进战略投资者，实现企业跨地区、跨行业联合、重组，向集团化发展。积极引进知名品牌企业投资兴办农产品加工企业。五是要改善农产品贸易条件。支持社会资本依照相关规划和规定从事农产品加工、流通。鼓励引导符合条件的农产品加工企业开展对外合作，加大对其出口信用保险的支持，强化在融资和通关等方面的便利化服务。支持企业申请国际认证、专利、商标、品牌、标准等，鼓励使用人民币计价结算和收付资金。

第四，促进产业深度融合。首先，以加工业为龙头，促进一二三产业融合。河南省农产品加工业发展实践的成功经验表明，农产品加工企业是拉长产业链的龙头，是产业融合发展的关键。坚持以市场需求为导向，依照特色优势农产品区域布局和农产品加工业发展规划，调整优化产业产品结构，以"一优三高"为目标，建立规模化、标准化、专用化的优质原料基地和产业带、产业区。鼓励农产品加工企业通过定向投入、定向服务、定向收购等方式，兴办稳定的农产品原料基地，确保原料的有效供给。积极引导和帮助企业创新经营模式，培育和发展"企业+中介组织+农户"等的生产经营方式，重视协会、合作组织建设，提高农户组织化程度，建立企业、农户之间利益共享、风险共担的机制。其次，以粮食产业为基础，推进三链同构。要培育龙头，带动"三链同构"。发挥市场在"三链同构"中的主体作用，关键在企业。具备全产业链运作能力的核心企业应成为"三链同构"的主导者，它们应该既能快速响应市场需求，又能通过跨产业的供应链管理与合作伙伴的全面协同以及物流、资金流和信息流的全面融合，实现价值增值并将其在不同节点之间合理分配，从而提升整个产业链条的价值增值。鉴于目前河南缺乏实力雄厚、具有强大供应链管理能力的粮食企业的现状，政府应着力培育和壮大若干个具备资源、资金、资产集聚能力的优秀企业，让其作为粮食供应链条上的核心企业，以市场需求为驱动，延长产业链、打造供应链、提升价值链，从而带动"三链同构"，实现产业高质量发展。为此建议，一是要下大力气扶持一批具有核心竞争力和行业带动力的粮油产业化龙头企业，支持企业开展战略合作与重组，积极推动和重点扶持它们与金融资本深度对接，使具备条件的龙头企业尽快上市。二是由政府牵头，组织具有一定实力的粮油企业形成产业联盟或组建股份公司，实施大粮商发展战略，在上游生产资源整合和下游流通资源整合方面，发挥资本实力、人才实力、运营实力和资源整合能力优势。三是深化国有粮食企业改革，通过发展混合所有制经济，放大国有资本功能，提高国有资本运行效率，发挥国有资本优势引领粮食产业高质量发展。再次，集聚要素，促进"三链同构"。创新发展是"三链同构"的核心动力。在粮食精深加工、特色加工、技术装备等环节的技术创新和成果应用是延长产业链和提升价值链的关键，培育与现代信息技术紧密结合的现代粮食服务业是打造供应链的必然要求，没有技术、人才、信息等高端生产要素与粮食产业发展的深度融合，就不可能实现粮食产业的高质量发展。但创新是一种互动的学习过程，企业之间、企业与供应商及用户之间、企业与中介机构、企业与研发机构之间的紧密互动是创新产生的源泉，把创新的相关主体，包括高校、科研机构、中介机构在一定区域内群聚，形成集技术服务、信息共享、金融服务、物流中介于一体的产业集群，有利于形成促进"三链同构"的集聚优势。

目前河南省的粮食产业园区在功能上还主要是以粮食的收储和初级加工为主，不能适应"三链同构"对高端生产要素集聚的需求。为此建议，一是发挥中心城市的人才、技术、信息优势，在郑州建设集技术研发和咨询、信息服务、贸易中介、物流配送、金融服务等新型粮食服务业态于一体的新型综合产业园区，以高端要素的集聚带动高附加值加工业的集中，构建以高新技术为核心的高端粮食产业链，使其成为辐射带动河南甚至全国的粮油食品科技中心、信息中心、交易中心和粮食金融中心，成为带动全省粮食产业转型升级的"神经中枢"。二是对现有区域粮食产业园区进行升级改造，使现有的粮食产业园区从功能单一的原粮储存向现代物流业转变，从粮油初加工向精深加工和特色加工转变，从传统产业向高新技术产业转变。最后，协同联动，保障"三链同构"。"三链同构"体现的是"大粮食""大产业"观，需要对产业链条上各组成环节的价值增值潜力进行战略识别，需要加强上下游产业之间的供需对接和政策协同，从而有的放矢增强政策的针对性和有效性。比如，相关研究显示，河南省在粮食生产环节科技进步贡献率接近60%，但产后粮食加工业科技进步贡献率不到40%。河南省科技成果的30%左右是农业科技成果，而农业科技成果中的70%是在提升产量上的创新，在精深加工核心关键技术、高端装备、营养健康、质量安全方面的创新不足。"三链同构"更加强调全链价值增值的最大化，并通过利益分享机制实现增值的合理价值分布，这就要求打破部门界限、产业壁垒，以"大粮食""大产业"观，系统推进"三链同构"促进粮食产业高质量发展。为此，建议由省、市级政府牵头，建立由相关部门参与的联席工作制度，深入研讨现代粮食产业链的运作特点，统筹推进"三链同构"工作，加大对产业链条上最有增值潜力环节的政策扶持力度，最大限度发挥政策和政府扶持资金的政策红利作用，同时增强上下游产业之间的政策衔接，形成政策协同效应。

第五，支持政策协同配套。一是要推进管理体制机制创新。完善农产品加工业管理体制，理顺部门分工，明确管理权限，扎实推进各项工作的落实。完善政府主管部门工作机制，转变工作方式，切实履行农产品加工业宏观管理指导职责，为农产品加工业创造有利的发展环境；支持建立健全农产品加工行业协会等服务组织，鼓励其围绕农产品加工业需要，开展行业状况调查、产业规划制定、诚信体系建设、项目评估、技术咨询、人才培训、质量认证等方面的服务，加强行业自律，维护自身权益，助推农产品加工业健康发展。二是要加强部门和行业政策协同配套。财政投入、金融支持、税收优惠、用地用电等部门和行业政策，形成政策套餐，内容完备，措施有效，精准到位，全面支持农产品加工业健康发展。

4 河南省乡村现代服务业发展模式与政策支持方向

　　乡村现代服务业发源于乡村产业发展的需求，同时又反作用于乡村产业发展。近年来，在技术创新驱动、功能拓展聚势、产业融合赋能等多重作用综合下，河南省乡村现代服务业快速成长，发展规模迅速扩大，行业门类逐步健全，对外开放水平不断提高，在农村电商、批发市场、乡村旅游、休闲康养等方面涌现出具有一定代表性的实践模式，为推动农业规模经营、绿色发展、产业融合、品牌塑造等发挥了积极的引领和促进作用。但与此同时，也存在总体发展规模偏小、产业集聚程度不高、转型升级进展缓慢、要素保障能力不足等不容忽视的突出问题，仍面临基础支撑不牢、龙头带动不强、发展环境不优等突出制约，要抢抓机遇、乘势而上，加大财政投入，强化平台建设，夯实人才支撑，优化用地保障，加强金融创新，创新体制机制，推动乡村现代服务业高质量发展，积极促进乡村产业振兴。

4.1 河南省乡村现代服务业发展的特色

4.1.1 与乡村产业发展的融合程度不断增强

　　发展富民乡村产业是我国实施乡村振兴战略、实现农业农村现代化的关键。2020年中央一号文件明确提出，支持各地立足资源优势打造各具特色的农业全产业链，建立健全农民分享产业链增值收益机制，形成有竞争力的产业集群，推动农村一二三产业融合发展。作为乡村产业重要的组成部分，乡村现代服务业的发展不仅丰富了乡村产业类型，也催生出更多新产业新业态。在乡村产业融合发展的趋势下，农业生产性服务业可以作为推动农村产业深度融合的新引擎。从未来发展看，乡村现代服务业不仅要服务于生产领域，也应向服务于生活、生态领域方向拓展，不仅可以服务于农业农民，也可以服务于农村城市。现代农业与现代服务业交互影响、相互渗透，产生了较多新型农业产业，如乡村旅游业、休闲农业、创意农业等。近年来，新县全力发展全域旅游，成功创建4A级景区4个、3A级景区14个，2017~2019年，全县旅游综合收入、游客接待量均保持年20%以上的增长速度。2019年，全县一共接待游客1008.8万人次，实现旅游综合收入78.7亿元。

4.1.2 对农业农村发展的引领和支撑作用不断增强

随着河南省现代农业进程的不断深入，农业产业链中融入越来越多的乡村现代服务业要素，农业服务化程度提高显著，现代农业与现代服务业的融合发展更加明显。同时，这也表明，河南省乡村现代服务业对农业农村发展的引领、支撑作用不断增强，呈现乡村现代服务业向现代农业的渗透或者新型农业经营组织向乡村现代服务业渗透的双向互动局面。例如，一些大型超市、连锁店和便利店直接在河南建设农产品供应基地，郑州粮食批发市场从粮食交易向涵盖粮油、农资、农副产品收储、贸易、物流、种业、加工等全产业链供应商转型，致力于建设立足中原、辐射全国的一流粮农企业集团。在农业生产过程中投入大量的新兴技术手段，如将大数据、物联网、气象预测预报技术等应用于农业生产中，提高农业产出质量和品质。

4.1.3 对农业全产业链的赋能效应不断增强

乡村现代服务业也在发展中不断适应农业现代化发展的需求，推动各种生产要素的融合和创新，乡村现代服务业产业内涵不断丰富，服务领域基本上覆盖了农业全产业链。从纵的角度看，聚焦四类服务：一是为农业生产经营过程提供的中间服务，如耕、种、植保、收等；二是为适应新的科技和经营模式提供的人力资本服务，如农技推广等；三是为保障现代农业产业体系、生产体系和经营体系高效运转的服务，如金融保险、物流等；四是为整个农业经营者提供的管理服务，如财务会计等。从横的角度看，不仅可以服务于生产领域，也可以服务于生活、生态领域，不仅可以服务于农业农村农民，也可以服务于城镇。事实上，乡村现代服务业通过科技研发、农资供给、农机服务、农产品营销以及信贷保险、物流、市场营销和品牌塑造与全产业链打造，对农业各产业进行全面渗透，不断强化农业全产业链的支撑服务体系，在很大程度上模糊了农业生产性服务与农业生产经营的边界，不断催生出新的农业产业体系、发展形态、经营模式和内生动力。

4.1.4 农业综合生产能力的保障作用不断增强

保障重要农产品的有效供给，尤其是确保粮食安全，始终是河南省担负的重要责任。即便是在河南省近年粮食生产连年丰收的大好局势下，依然不能忽视那些影响粮食安全和农产品供给的不确定因素，仍然需要通过乡村现代服务业的支持来提升农业综合生产能力，强化粮食等重要农产品的供给。河南是农业劳动力流出大省，农业劳动力大量流出使农业劳动力的数量和质量下降，并对农业稳定可持续增长形成压力。乡村现代服务业的发展，特别是专业化农机或农技服务业的发展，使农户将农业经营的单个或多个环节外包给专业化的农机服务队和农业技术服务组织成为可能，从而使农业劳动力供给和投入由传统的全部依赖家庭内部劳动力转化为依赖农户内外两种来源的劳动力来承担。其结果是，农业劳动力数量减少可由农机替代，同时即使劳动力质量下降，农户对现代实用农业技术的应用并未受阻。这是河南省农业近年来虽然劳动力数量减少、质量下降，却能连续保持丰收高产的重要原因。

4.2 河南省乡村现代服务业发展的主要模式

4.2.1 农村电商模式

近年来，随着互联网的兴起，农村信息基础设施加快发展，农村宽带网络更加普及，电商平台和物流网点更加完善，乡村物流更加便捷，农产品加快"触电上网"，消费扶贫、直播销售、产销合作等多种模式不断涌现。农村电商实质上是以互联网技术为基础的商业模式在农业农村发展中的应用，它为农村引入数据要素和现代商业模式，通过低成本的交易、流通和组织等优势，形成网商集聚和集成创新，不仅驱动了产业结构调整，推动专业分工及跨区协作，也激发了社会创新和服务创新。自 2016 年起，大数据、人工智能、云服务技术的革新发展推动浅层决策智能走向成熟，新型商业智能时代逐步开启，新零售浪潮席卷大半个行业市场，新的科技和应用正在重塑整个零售行业，为传统零售业带来在底层技术驱动、消费结构分化与升级持续。随着一、二线城市流量见顶，各电商平台纷纷布局农村新零售，从线上线下竞争到线上线下融合，加速构建现代快捷便利的物流网络、运用大数据进行农产品消费分析，推动农业生产朝着标准化、绿色生态的方向迈进，农村电商也进入了全新的发展阶段。各大电商平台通过打造产、销、研、加工一体化的现代化农业产业链系统，实现了消费端"最后一公里"和产地"最初一公里"直连，探索出农业产业新模式，改变了小农户的利益分配格局，让产业利益变得更加平衡。因此，电商平台重塑了农产品供应链模式，通过打通农副产品线上销售渠道，实现与终端市场的更高效率更低成本对接，推动一大批特色农产品借助电商实现从卖产品到卖品牌的转变。

特别是在 2020 年初，面对疫情防控和脱贫攻坚双重考验，河南积极创新消费扶贫、直播销售、产销合作等多种模式，加快推进产销对接。一是充分利用农村电商解决由疫情带来的农产品卖难问题。为克服疫情影响，大力开展电商扶贫、消费扶贫、田园增收等行动，充分利用互联网拓宽销售渠道，截至 2020 年 4 月底，全省已组织 2500 多家农批市场、商超、电商企业与贫困地区开展农产品网上对接，累计达成意向采购 1.5 亿元，较好地解决了农产品卖难问题。二是依托农村电商创新产销对接载体。利用深化豫沪农业领域合作、中国农产品加工业投资贸易洽谈会等契机，创新农批对接、农超对接、农餐对接、直供直销、社区直送、电商销售等模式，积极打通河南农副产品线上销售渠道，让更多价廉物美的农副产品"触电上网"，实现与终端市场的更快对接，从而带动乡村产业，活跃城乡消费，2020 年上半年，全省农村产品网销额达 330 多亿元。三是加快完善农村电商配套设施建设。截至 2020 年上半年，全省乡镇快递网点覆盖率达 100%，累计建成村级以上电商服务站点超 2.5 万个。

如河南省宁陵县抢抓数字经济发展新浪潮，积极探索宁陵特色的电子商务进农村发展新模式，电商人才培训、质量保障与追溯体系建设、现代流通体系建设等多措并举，推动产业与电子商务、追溯体系建设融合发展，联合浙江天演维真网络科技股份有限公司积极探索"电商+追溯"扶贫新模式，加强农产品产销对接，助力精准扶贫和乡村振兴，被确定为国家级电子商务进农村综合示范县，有力推动了农民创业就业、开拓农村消费市场，从而促进农民增收、农业增效、农村发展。在发展电商中，宁陵县注重着力完善"四大体系"即物流体系、培训体系、农产品上行体系和质量追溯体系。

一是完善物流体系。对县内20余家快递企业进行资源整合，将原有分散的仓储、运力进行集约化整合，构建一个覆盖县、乡、村三级的高效物流共同配送体系，实现统一管理、统一仓储、统一调度，降低农村物流成本。建立县级物流信息分拨中心和物流信息共享平台，及时高效调配各类物流资源，进行定时、定点、定线路的乡村物流配送，开通了农产品上行配送专线，农资、家电等电商线上产品的下行也实现了及时配送，实现48小时内货物配送到村。

二是构建培训体系。在全县重点贫困村进行逐村入户培训，对有意愿、有能力参与电商就业或创业的贫困群体进行摸底排查，建立学员档案，持续跟踪培训。针对文化水平低、接受新生事物能力较差的贫困户，则开展生产技能培训，帮助其通过参与项目的生产、加工环节脱贫。通过参加培训获得技能认证的学员，该县积极引导其进入电商企业就业或选择自主创业。

三是畅通农产品上行体系。以"党建+电商扶贫"模式，创建了宁陵独有的党建乡村网货基地，即把老百姓田间地头的初级农产品变成标准化的好网货，同时带动贫困户参与农产品包装，带动就业增收。顺应直播带货的趋势，2020年9月22日，由宁陵县委宣传部主办、县电商服务中心承办的中国·宁陵第一届酥梨直播电商节举行，来自全国各地的50多位网络主播走进万亩梨园，开展以丰收节为主题的直播带货活动，面向全网展示、推介宁陵金顶谢花酥梨及特色农产品，促进宁陵电商产业升级，形成特色鲜明、规模领先的电商产业集群，并结合专业的培训体系，落地实战培养打造一批专业且有凝聚力的主播团队，提升电商服务乡村产业振兴的效能。

四是建设质量追溯体系。制定了农产品质量地方标准，并与浙江天演维真公司合作开发建立农产品质量追溯体系及溯源系统，选出龙头企业，配备相关检测设备，对宁陵农特产品实现全程追溯，实现标准生产、质量保障、安全监管、产品追溯、精准扶贫等功能，全县农特产品统一品质、统一标准、统一防控，打造宁陵农特产品的品牌影响力。

4.2.2 丘陵山区乡村旅游模式

乡村旅游是以提供服务产品为主的产业业态和商业模式，与乡村产业中的种养业相比，其产品特性和服务对象具有一定的特殊性，在产品生产和开发、产品管理以及经营管理方面等具有现代性，是现代农业发展的新业态新模式，其以农耕文化为魂、以美丽田园为韵、以生态农业为基、以古朴村落为形、以创新创意为径，开发形式多样、独具特色、个性突出的乡村休闲旅游业态和产品，让传统乡村变成"宜业宜居宜游"的特色（乡）镇，让乡村呈现出"农业+"多业态的融合发展趋势，最终要通过农业与现代产业要素的交叉重组，实现农商文旅体产业融合发展。以乡村旅游为代表的现代乡村服务业，已逐渐成为乡村经济体系中最活跃和最具创新力的成分，并成为推动乡村产业结构调整和乡村产业振兴的主要抓手。

如河南省栾川县依托生态优势和旅游资源优势，坚持"产业生态化、生态产业化"，以全域旅游引领乡村旅游发展，实施全域水系和全域绿化项目，全方位推进5A县城景观提升和生态修复项目，推出"奇境栾川"旅游目的地形象品牌，实现由景点营销向目的地整体营销的转型。对全县83个贫困村的资源禀赋进行全面调查，将旅游扶贫模式确定为景区型、景区依托型、生态农业型、无景点度假型、配套服务型五种类型，从中筛选出资源环境好、发展潜力大的40个村作为旅游扶贫重点村，编制了旅游发展规划，扶持发展以休闲农业、乡村度假、原始村落、特色民宿等为代表的乡村旅游新业态，着力把生态效益转化为经济效益，把绿水青山转化成"金山银山"，全域旅游目的地建设逐渐成型。

一是变资源优势为产业优势。近年来，栾川县全域旅游发展理念深入人心，发展成果逐渐显现，着力打造了2个5A级景区、7个4A级景区、5个A级乡村旅游景区，旅游专业村有51个。2019年全年接待游客1638.1万人次，旅游综合收入达到96.3亿元，同比分别增长10.1%和10.2%，旅游业占GDP比重达到16.5%，直接带动1.3万余名贫困群众脱贫致富。乡村旅游真正成为乡村产业体系中的有力支撑。在2018年首届河南休闲农业与乡村旅游产业博览会上，栾川荣获"河南省休闲农业与乡村旅游最佳示范县"殊荣。

二是变农副产品为旅游商品。在"栾川印象"的带动下，农民种植的一些特色农副产品通过规模化生产和市场化运作，变成畅销的旅游产品，并带动贫困群众在生产、加工、销售服务等各环节融入参与，实现共赢发展。"栾川印象"已培育出6大系列81款农产品，发展产业扶贫基地27个，带动1751户贫困群众实现增收，受益贫困群众5250人。

三是变贫困群众为旅游从业者。全县15个乡镇不同程度参与旅游发展，其中13个乡镇拥有景区，发展旅游专业村51个，星级宾馆12家。2016年以来，在全域旅游理念的倡导下，全县农家宾馆数量翻了近一番，由750户增加到1442户，直接从事农家宾馆的人员由2200人增加到3880人，间接带动从业人员由13.4万人增加到17.1万人，有31个贫困村1.3万名贫困群众通过发展旅游实现稳定脱贫。

四是变无序竞争为行业规范发展。为规范全县乡村旅游行业的发展，在重渡村、养子沟村、庄子村成立农家宾馆协会，开展"党员农家宾馆示范户"评选等活动，壮大了行业协会的力量，推动了行业自律。由旅游、物价部门联合制定栾川县农家宾馆星级定价实施办法，通过行业出台标准、景区参与村民评议、社会公示等工作程序，实行星级定价，既提升了农家宾馆的档次和服务水平，又有效遏制了旅游旺季农家宾馆乱涨价现象。

4.2.3　休闲康养模式

乡村休闲康养是依托乡村独特的生态环境和文化资源，以健康产业为核心，结合休闲、健康、旅游、养老养生等多种功能，集健康疗养、医疗美容、生态旅游、文化休闲、体育运动等多种业态于一体的康养产业模式，同时也是以田园为生活空间，以农作、农事、农活为生活内容，以农业生产和农村经济发展为生活目标，回归自然、享受生命、修身养性、度假休闲、健康身体、治疗疾病、颐养天年的一种生活方式。特别是随着近年来我国人口老龄化的不断加快，加快养老实业和养老产业协同发展，探索培育养老服务消费新业态，构建居家社区机构相协调、医养康养相结合的养老服务体系，正日益为社会各界广泛关注，并在实践中加快发展，其主要呈现以下主要特征。一是以纵向延伸和多元化延伸为重点，形成康养产业多要素集聚、多模式发展、核心产业与衍生产业相互支撑的康养旅游产业体系。二是以"康养+"为方式推进产业融合发展，实现产业间的资源共享和功能互补综合效应，最终形成康养产业系统性大格局。三是以基础设施建设为保障，通过建设公共设施、旅游基础设施、专业人才教育培训等方式，为康养产业发展提供良好的硬件，以此保障康养产业深度挖掘与开发，实现康养产业的规模经济效应。

如河南省鄢陵县依托唐宋以来花木种植的天然优势和历史传统，充分发挥"天然氧吧""中原之肺""中国长寿之乡""中国健康城乡创建示范县"等优势，将康养服务业纳入全县经济和社会发展的总体规划，以开发优势生态资源培育特色主导产业为依托，以建立健全城乡基本公共服务普惠共享的体制机制为突破口，以构建医养结合为重点，探索出了康养产业发展的"鄢陵模式"。

一是推动"康养+"产业融合发展。康养产业是现代服务业和幸福产业的重要组成部分，鄢陵借助"文旅+""生态+"等打通了医疗、养生、养老、文化、旅游、体育等诸多业态，形成了"康养+农业""康养+旅游""康养+文化"等特色产业和康养产业融合互动局面，赋予康养产业更多文化内涵和趣味，同时还让与康养相关的有机农业、中草药、养生运动等传统产业注入新的生机。如在"食、住、行、游、购、娱"六大旅游要素基础上，鄢陵县把康养产业作为新兴旅游要素，在此基础上形成了以旅游本身所包含的行业为基础，关联康养农业、康养制造业及康养服务业等相关行业的泛旅游产业结构，进而实现了旅游相关配套产业与农业、文化、运动等非配套性产业之间的深度融合发展，形成了以康养为核心的新兴旅游业，实现了康养产业链和价值链的延伸。

二是推动城乡康养资源优势互补。鄢陵在康养资源和环境方面有着得天独厚的优势，具有花木、温泉、农产品和中草药等自然资源，在发展休闲康养中打造了优质的康养基地和康养小镇，推动了以健康、养生、养老为目的的城乡居民消费双向流动，即城市居民康养度假消费流向乡村，农村居民医疗治疗消费流向城市。鄢陵在预防为主、防治结合的康养理念下，推进城乡康养优势资源双向互补与共享，从供给侧方面提升康养产业的品质，打造出康养全景产业链，同时吸纳数量更多的就业人口进入农村，推动了乡村康养产业升级发展。

三是推动区域康养产业融合发展。鄢陵结合自身区域特征和经济发展优势，积极探索区域内部融合式的发展模式。根据省内康养产业发展布局，构建以高端康养服务为引领、以社区居家养老服务为基础、以综合型养老服务为支撑的多层次、立体式康养产业体系。同时，结合产业特色和地域特点，形成了由点及面的全域康养产业发展态势。此外，在省内进行优势产业分工与互补，将食品、医药、生物等上游研发产业链与健康、养老、医疗等中游服务消费产业链和文化、艺术等下游产业链紧密结合起来，有力推动了区域康养产业的融合发展。

4.2.4 农村金融模式

在实施乡村振兴战略的过程中，无论是产业的壮大升级，还是农村三产融合，都必须有强有力的金融支撑。由于我国农村地区农业经营主体具有多和杂的特征，农村地区的金融需求以碎片化、多样化为主，特别是在农户产业发展、农村产业融合和转型升级等方面存在严重的金融供给不足，金融资源向农村地区的聚集效应不明显，无法对乡村产业振兴形成有力的支持。为此，必须积极创新农村金融服务，有效满足乡村产业发展的资金需求。在实践中，涌现出以农信社、扶贫小额贷款、普惠金融等为代表的模式。

农信社服务乡村产业振兴。作为全省机构网点最多、服务区域最广、员工数量最多、存贷款规模最大的银行业金融机构，河南省农信社坚持支农支小支微定位，充分依托基层网点分布多、覆盖广的优势，持续加大对农业农村重点领域的信贷投放，截至 2020 年末涉农贷款余额 8603 亿元，占自身各项贷款的 83.26%，占全省银行业金融机构涉农贷款总额的近 40%，切实发挥了金融扶贫和金融服务乡村振兴的主力军作用。第一，强化职能定位。省农信社作为全省脱贫攻坚专项责任单位，近年来围绕"加大扶贫小额贷款投放、加大产业扶贫贷款投放"两项专项责任，聚焦建档立卡贫困户和带贫企业融资需求，双轮驱动，加大扶贫贷款投放力度。第二，强化产品创新。省农信社积极顺应大数据分析、互联网金融等发展趋势，强化产品创新，积极参与"普惠通"App 建设及推广，加载"普惠授信贷""产业发展信用贷""三位一体贷"等数十款产品，开发"金燕 e 贷""金燕融易贷""金燕快易贷"等系列线上贷款产品，积极创新"两权抵押"扶贫贷、"产业链接贷"等金融扶贫产品，以满足多元化信贷需求。第三，强化服务创新。织密普惠金融服务网络，搭建了"营业网点+自助银行+农民金融自助服务点+数字普惠金融服务站+移动银行"五位一体的普惠金融服务体系，提升金融服务覆盖面，广泛开展普惠授信，通过上门服务、逐户走访等方式，深入开展以送政策、送资金、送技能、送知识、送服务、送关爱"六送"为内容的进村入户大走访活动，积极落实减费让利政策。第四，强化机制创新。强化制度规范，注重发挥制度对扶贫工作的推动作用，以制度明导向、严制度促合规。强化督导考核，将金融扶贫纳入对基层行社及其班子的绩效考核体系，并建立尽职免责制度，提高扶贫贷款不良容忍度3个百分点，充分激发员工工作积极性，确保敢放贷、愿放贷。

小额信贷服务创新。2017年2月，河南卢氏县以创建金融扶贫试验区为契机，通过构建"四大体系"，探索出了金融助力产业发展的金融扶贫"卢氏模式"，破解了小额扶贫信贷政策落地难题。第一，构建金融服务体系。成立县金融服务中心、乡金融服务站、村金融服务部三级金融网络，明确三级网络各自分工，建立了三者有序衔接的制度流程，形成了有机构牵头推动、有人员负责办理、有流程发放贷款的工作格局，有效解决了银行服务不足、金融服务难以保障的难题。第二，构建信用评价体系。为了给小额信贷提供信用评价基础，卢氏县依托人行郑州中心支行的农村信用信息系统，按照一定的定性标准和13类定量指标采集农户信息，建立起覆盖全县的信用信息数据库。并对数据库信息进行定时和及时的更新维护，确保信息的准确可信，为每个农户都建立信用档案。依据信用档案的不同分值，对农户的授信划分为四个等记，给予5万~20万元的信用额度。全县共采集了8.9万户农户信息，采集率为96.7%，有信率达86.3%。卢氏县同时与中农信公司联合开发了金融扶贫贷款科技系统，实现了信贷人员信用评级全程参与、授信结果银行认可、三级体系互联互通。第三，构建产业支撑体系。卢氏县按照积极发展绿色农业、特色工业和现代服务业的思路，形成多种产业扶贫的经营方式。建立"金融+特色产业""金融+产业扶贫基地""金融+新型经营主体""金融+产业项目"多种产融结合机制，将金融扶贫与产业深度结合发展，小额信贷全产业链条深入参与，化解贫困户单打独斗发展产业带来的市场风险。第四，构建风险防控体系。基于小额信贷业务风险高的现实，卢氏县建立了服务体系监控、项目资金监管、保险跟进防范、风险分担缓释、诚信文明激励、惩戒约束熔断六大机制，实现对风险的把控。同时，信用信息的建设与文明诚信、基层党建实现了融合发展，对守信行为进行激励，对失信行为进行惩戒，推动了社会诚实守信良好风气的形成。

数字普惠金融。普惠金融是填补金融资源配置洼地的良方，是缓解农村金融服务需求和金融供给矛盾的重要途径，更是服务乡村产业振兴的关键支撑。自 2016 年 12 月兰考县普惠金融改革试验区获得国务院批准以来，兰考县立足县域发展需求和普惠金融的内涵，稳妥有效地推进各项普惠金融改革措施，将政府引导与市场协调有机融合，推动传统金融与数字金融协同发展，探索出了以数字普惠金融为核心、以"一平台四体系"为主要内容的"兰考模式"，有效解决了农村金融发展中的融资难、信用体系不完善、风险防控机制不健全等问题，提升了金融服务的可能性、覆盖面等，为助力脱贫攻坚和乡村振兴提供了金融支持。第一，打造综合服务平台。兰考运用数字化技术赋能普惠金融的发展，先是推出普惠金融微信公共服务号，并于 2017 年 10 月升级为"普惠通"App，打造数字普惠金融服务平台，为金融需求主体提供一站式"金融超市"，推动了农村金融发展的多元性、开放性和竞争性，提升了农村金融需求主体获得金融产品和服务的效率，有效降低了金融服务的成本，打通了金融服务在县域的"最后一公里"，实现了农户对金融服务的触手可及。第二，建立健全普惠授信模式。兰考把信贷业务的授信环节前置，将传统信贷业务中的"信用+信贷"流程变更为"信贷+信用"，打破了银行和农户信贷约束，创新了信贷业务的普惠授信模式。在这种模式下，按照"宽授信、严启用、严用途、激励守信、严惩失信"原则，为每户提供 3 万~5 万元的基础授信（目前授信额度提升至 8 万元），只要农户能够满足"无不良信用记录、无不良嗜好、有产业发展资金需求"，便能申请资金的使用。普惠金融贷款可实现一次授信、三年有效，在资金使用方面可随借随还，且年利率比正常农户的贷款加权平均利率要低，有效实现了农村信贷业务的"普"和"惠"。第三，建设乡村普惠金融服务站。兰考将普惠金融的发展与县域行政层级相融合，分别设立县金融服务中心、乡普惠金融服务站和村普惠金融服务站，内嵌于县、乡镇和村级党群服务中心。在该层级模式下，实现了金融服务半径的延伸，提高了农村地区基础金融服务的可得性，同时解决了农村金融服务中人员不足和成本高的问题。第四，构建"信用信贷相长"的信用体系。兰考县成立信用信息中心，以省农户和中小企业信用信息系统为基础，对农户的社会信用信息进行采集和录入，并组织开展信用户、村、乡镇及信用企业的评定。兰考县开展"信用信贷相长行动"，实施了相应的守信激励和失信惩戒措施，旨在促进信用信贷的相互促进，引导农户增强守信诚信意识，不断提升农村的信用环境建设。第五，健全新型风险防控体系。兰考除了出资设立风险补偿基金、周转还贷金之外，还探索了"银行、政府、保险公司、担保公司"四位一体的分担机制，对出现的贷款不良率进行分段责任划分，2%以下的不良损失由银行全部承担，随着不良损失的上升，政府风险补偿基金的分担比例也随之上升，由此减轻了银行的运营成本和风险，解除了银行支持乡村发展的后顾之忧，也压实了地方政府优化农村信用环境建设的主体责任。此外，兰考还创新建立了信贷"隔离"机制，根据其对风险承担的能力设定普惠授信不良贷款的"隔离"容忍点，对普惠授信不良率超过一定比例的乡镇和行政村暂停新增授信，实现对农户信贷的约束和对乡镇的信用建设的劝勉，有效防控和消除普惠授信业务中不良贷款的发生。

4.2.5　批发市场带动模式

批发市场为促进农产品产销对接提供了重要的渠道，自1984年我国第一个农产品批发市场——山东寿光蔬菜批发市场成立以来，全国各地农产品批发市场如雨后春笋般成立，并在市场经济大潮中发挥了重要作用。在推进乡村产业振兴的新时期，批发市场依然发挥着重要作用，并借势发挥电商平台作用、推动适度规模经营、打造优质农产品品牌等途径，为乡村产业振兴提供了不竭动力。

其典型代表是河南省沈丘县李寨村探索的"批发市场+公司"双轮驱动乡村产业振兴模式。该村地处河南、安徽两省三县交界，是一个有着3000多人、耕地3000多亩的偏僻小村，曾是国家级贫困村，2012年人均收入不足2700元。自2012年12月新一届村两委成立以来，李寨村依托黄淮农产品批发市场、成立农业发展公司等，开启了脱贫攻坚和乡村振兴的探索实践，乡村产业发展加速，2019年全村人均收入达到14000多元，彻底甩掉了贫困的帽子，成为全国美丽乡村建设试点村、全国改善农村人居环境保障基础示范村。

依托批发市场强化产销对接。黄淮农产品批发市场位于周口市川汇区，成立于 2009 年，总投资 10 亿元，总占地 500 亩，总建筑面积 50 万平方米。建设内容及功能包括蔬菜、水果、水产、肉食、蛋奶、干鲜调味品、米面粮油、副食 8 大交易区和信息发布中心、检验检测中心、品牌研发中心、物流配送中心、电子交易中心、安全监控中心和指挥调度中心 7 大功能区。批发市场隶属于李寨村党支部书记李士强创办的亿星集团。依托黄淮农产品市场优势，李寨村积极推进农业结构调整，确保产销对接。

发挥批发市场功能，实行村企共建。截至 2020 年 11 月底，市场入驻商户 3000 多家，经营品种 3000 多种，市场交易额突破 200 亿元，实现交易量 350 万吨，产品辐射周边十多个省市。批发市场积极推进产销对接，与全市 200 多家规模种植基地、专业合作社签订长期购销合同，带动了扶沟、西华等蔬菜大县大型绿色种植基地规模化、标准化、品牌化发展。与湖北、海南、四川、新疆等瓜果蔬菜产地建立长期供销关系，成为全国"南菜北运""西果东送"重要节点市场。发挥批发市场带动功能，李寨村强化产业带动，并发挥亿星集团在资金、技术、管理、营销、品牌和市场方面的优势，结合村里土地资源、劳动力资源等优势，实施"造血"式引导农业结构调整，实行产业扶贫、村企共建。

培育乡村产业，振兴四类主体。第一，组建李寨农业发展公司，推动土地全部流转，既能让优质农作物规模化生产，又能让农户每年得到每亩 1000 元土地流转费用，贫困户年底得到 2500 元分红，参加务工的村民再获得务工收入。第二，成立苗圃、果园、蔬菜等 7 个专业合作社，可提供就业岗位 1100 多个，远远超过李寨村 680 人的劳动力；采用村民自愿入股合作社的形式，确保每年都拿到分红；建起 60 座温室大棚，组建亮剑种植合作社，吸纳贫困户就业 98 人。第三，建设服装加工厂、三粉加工厂、支前粮包装厂等 4 个集体经济企业，在进一步壮大集体经济的同时，拉长了村里的农产品产业发展链条，并使得更多的村民包括邻近村的村民也能拥有上岗就业、增加收入的机会。第四，引导进城人员返乡创业。通过实施"架起回乡创业桥梁、提供创业优惠政策、优化回归创业环境"三项针对性强的激励政策措施，先后吸引了村里 26 位打工能人、创业成功人士返乡创业，为李寨村乡村产业振兴注入新的活力。

4.2.6 托管服务模式

为破解"谁来种地、怎么种地"的难题，农业生产托管应运而生。这是近年来出现的一种新产业新业态，已经成为农业社会化服务的一个突出亮点和重点。农业托管服务是农户等经营主体在不流转土地经营权的条件下，将农业生产中的耕、种、防、收等全部或部分作业环节委托给农业生产性服务组织完成的农业经营方式。基于我国人多地少的基本国情，在当前和今后很长一段内，小农户家庭经营依然是我国农业经营的主要方式，但小农户的弱质性使得其在对接市场、融入现代农业发展中存在诸多问题，为加快推进农业农村现代化和夯实乡村振兴基础，需要实现小农户与现代农业发展的有机衔接。小农户对接现代农业发展需要解决如何对接社会化大生产、如何对接现代化的生产要素以及如何提高小农户融入现代农业的积极性等问题。为破解这些难题，大力推进农业生产托管是一个重要路径。推进农业生产托管服务，可以将分散的小农户组织起来，提高农业生产的机械化、规模化、集约化管理，提升农业的综合效益和促进农民增收，实现小农户与现代农业的有机衔接，是迈向现代农业的有效形式。在具体探索实践中，托管服务又有多种实现形式，如大田全程托管、"全程机械化+综合农事服务"、"准股田制"土地托管等。

大田全程托管。合作社在组织小农户生产中具有天然的优势，能够充分调动和组织小农户"分"的积极性，赋予农村基本经营制度"统"的功能新内涵。以农民合作社为载体开展土地托管，可以发挥合作社在组织小农户方面的聚合优势，为土地适度规模经营创造有利条件。如河南省荥阳市新田地种植专业合作社，其成立于 2011 年，由 6 家农户发起成立，历经10 年发展探索，走出了一条农村土地托管服务的高产增收道路，即用产业化理念全程托管强筋小麦和角质化玉米的生产，实现粮食生产的优质高效。合作社现有成员 200 余户，辐射带动周边 5 个乡（镇）60 个行政村的 1.2万户农民，统一种植新麦 26 强筋小麦 4 万亩。合作社还在巩义、兰考、鄢陵、太康、武陟、新郑 6 个县（市）成立了合作社分社，种植新麦 26 强筋小麦 6 万余亩，带动农户 1.4 万余户，2014 年合作社被评为国家农民合作社示范社。具体托管模式又有三种，其一，代耕代种、代管代营模式。针对部分具备劳动能力的社员、家庭农场、种粮大户等，采取将联产承包责任制的土地加入合作社，由合作社全程负责农业生产资料代购，土地深松、耙地的服务，飞防除草及植保服务，以及与下游企业订单的签订并统一销售，通过分散式适度规模经营，提高农户参与的积极性，实现合作共赢。其二，土地银行模式。由县委县政府、银行共同成立农业投资发展有限公司（简称"土地银行"），农户将土地流转至"土地银行"，"土地银行"根据土地性质每年支付给农户"固定收益"（900元/亩）和"变动利息"（100～200元）；"土地银行"将连方成片的土地"托管"给新田地种植专业合作社生产、管理、经营，并由"土地银行"支付相关的全程垫资的托管费用，托管土地的粮食收入归"土地银行"所有。新田地种植专业合作社根据当地农业产业发展的需要，采取"耕、种、管、收、销"集中式闭环运作。其三，联耕联种、联管联营模式。对于村两委班子凝聚力较强的村，将农户确权后的土地全部集中，筹建"新田地农场+农业生产要素车间"。由新田地种植专业合作社全程垫资托管农场的土地，采取"破边、破渠、破埂"的方式，进行联耕联种、联管联营的"集中式"单一产品种植，并按照农户社员确权的土地亩数乘以平均亩产，由"新田地农场"分配粮食、粮款。此外，新田地种植专业合作社每年支付30元/亩的看护费作为村两委集体经济收入。

"全程机械化+综合农事服务"。针对农业机械化的发展趋势和现实需求，一些有实力的农机社会化服务组织以提供高质量的农机服务为基础，将农机服务与农艺相融合、与农资供给相融合，向农业生产全过程及农民生活领域延伸，创新推出"全程机械化+综合农事"服务模式，在为农户提供全程机械化的同时，也提供农业生产全过程、全产业以及农民生活领域的各项服务活动，形成了产前产中产后的"一站式"服务平台。如河南省博爱县长继农机专业合作社，其于2014年7月成立，注册资金500万元，是一家以农机作业为主，同时开展土地流转、农机配件经营、农机维修、农业生产资料购销、粮食仓储、烘干等多种经营的合作社，先后被确定为"全国农机推广科技示范户""全国农技推广农业科技示范基地"，2019年被农业农村部命名为第一批全国"全程机械化+综合农事"服务中心典型案例。合作社在夯实装备基础、开展规模经营的基础上，提供包括耕播种服务、深松整地服务、节水灌溉服务、高效植保服务、粮食籽粒机械化收获服务、粮食烘干技术服务等在内的全程机械化作业，而且着眼于农机社会化服务业态创新、机制创新、技术创新和集成创新，以职业化农机服务为核心，积极创新服务模式，通过发展综合农事"一站式"服务，开展种子购买、农技推广、良种繁育、粮食储藏和烘干等服务，不断增强服务能力，拓展延伸产业链，在推动农机社会化服务提档升级的同时，有效解决农户生产生活难题。

"准股田制"土地托管。河南文景园农业科技有限公司探索推进农业"准股田制"土地托管经营模式，覆盖南阳市宛城区 4 个乡镇 18 个行政村 2 万多亩土地，该模式的核心是村民将农地经营权委托给村集体，村委会（合作社）再流转给企业，农民一亩一股，企业以自己的经营资本和田间管理等占另一半的股份，保底收益为略高于当地租金的定额，折算成市场价下的大宗作物产量，分红为企业与农民各占一半。在经营上，企业负责耕、种、管、收、贮、运、销等全环节，种子、化肥、农药等直接从厂家订货，与中国一拖、无锡汉和（无人机）等开展以租代售农机合作，小麦定向卖给想念等公司，玉米定向卖给牧原等公司，青贮饲料卖给花花牛、三色鸽等公司，还开展有机肥生产、秸秆综合利用、电商平台、特色农业（艾草、金银花、红薯等）等业务板块。在利益激励约束上，企业与三方都有协议：每 50 亩设一个管家，管家的收入与产量挂钩，地块在流转时分为一、二、三等，每等地对应不同的产量标准；企业支付村委会每年 10 元/亩的管理费，用于农产品、农业生产资料等治安管理；农民虽有保底收益，但在治安管理上也负有监管责任。如果发生农产品被盗等损失，首先从管理费中扣除，不足部分从农民保低收益和管家收入中扣除。此外，分红收益标准由农民、村集体、管家共同确定。在风险防范上，小麦、玉米等大宗作物均有现成的险种，在其他特色作物上，与当地保险公司进行相应险种的量身定制。该模式有别于一般意义上的土地托管，让农民既参与土地流转，又承担一定的土地和农产品管护责任，也不是严格意义上的股田制，"股"的概念目前还仅体现在分红环节，因此该模式还只能说是"准股田制"土地托管，但较好地调动了农民、村集体、企业及托管管家的积极性。

4.3 河南省乡村现代服务业发展面临的主要问题

尽管近年来河南乡村现代服务业发展取得了较大进展，但同时还存在总体发展规模偏小、产业集聚程度不高、转型升级进展缓慢、要素保障能力不足等不容忽视的问题。

4.3.1 总体发展规模偏小

乡村现代服务业发展要充分发挥其在乡村产业振兴中的作用，首要前提是有一定的规模基础，这种规模基础不仅是从绝对总量的角度而言要大，而且从相对比值的角度来看，这种比重也不能太低。2019 年河南省农林牧渔服务业的增加值为 224.98 亿元，占农林牧渔业增加值的比重仅为 4.63%。相应的，2019 年河南省第三产业增加值为 26018.01 亿元，占河南省地区生产总值的比重为 48.0%，因此，与河南省内部的产业结构相对照，显示出河南省乡村现代服务业还有很大的发展空间和潜力。其原因既有主观因素，也有客观因素。在主观因素上，对乡村现代服务业没有认真区分生产性服务业和生活性服务业的差异，乡村生活性服务业带有一定的社会属性，因而具有一定的公益性质，本身不能或很难带来较好的收益回报。在客观因素上，乡村生产性服务业的发展对农林牧渔业本身的现代化、规模化以及区域发展基础有一定的要求，这就限制了乡村生产性服务业的发展。2019年，河南省常住人口城镇化率为 53.21%，低于 60.60% 的全国平均水平；全省城镇居民家庭人均可支配收入为 34200.97 元，是全省农村居民家庭人均可支配收入的 2.26 倍，其中农村居民家庭人均生活消费支出 11545.99元。较低的农村消费需求能力、较大的城乡消费需求差异，是导致乡村现代服务业发展规模偏小、所占比重较小的客观原因。随着国内以大循环为主体、国内国际双循环相互促进的新发展格局的加快构建，以及河南新型城镇化和乡村振兴战略的深入推进，对乡村现代服务业发展的要求和总量规模的要求也将迅速提升，因此，必须高度重视乡村现代服务业总体规模偏小的现实，尽快从规模、结构、质量和效益的角度大力促进乡村现代服务业的发展，为乡村产业振兴提供坚实支撑。

4.3.2 产业集聚程度不高

受资源禀赋和发展传统影响，从整体上来说，当前河南乡村现代服务业发展集聚程度不高，主要体现在两个方面：在乡村生产性服务业上，产值主要集中在农业生产资料的流通和销售等产业方面，在农业技术服务业和农业保险等方面的产值较低；在乡村生活性服务业上，产值则主要集中于乡村旅游业，但乡村旅游受自身资源禀赋所限，点多面广，制约了其集聚发展，由此也导致乡村现代服务业对乡村产业发展的引领作用有限。

4.3.3 转型升级进展缓慢

一是一些领域同质化倾向较重。比如，乡村旅游在逐渐成为旅游业重要组成部分的同时，也成为许多地方趋之若鹜的选择，由此导致同质化现象严重，重复建设、产能过剩成为不容忽视的突出问题。二是部分领域组织方式仍然落后。特别是在围绕农业生产环节的规模经营服务，一些地方还停留在较低层次的流转服务或托管服务，没有在产前、产后的产业链、价值链、供应链上着力。三是新兴数字服务业发展滞后。尤其是以智慧农业服务为代表的科技服务在硬件建设和软件投入上明显不足，同时，在农村电子商务服务业的建设进度上全省也存有较大差异，这些新兴数字农业服务业的发展缓慢，严重制约了农业服务业的数字化转型进程，影响乡村服务业转型升级特别是乡村新兴服务业的业态成长。

4.3.4 要素保障能力不足

一是用地保障能力不足。一些合作社、种粮大户建设粮仓、冷库等设施用地难以落实，由于缺少大库容粮仓，合作社面对大型种植订单因无力存储粮食不敢接单，发展受限。一些地方在发展乡村旅游过程中，尽管以点状供地等方式解决了部分用地需求，但用地紧张、用地难仍然是制约乡村现代服务业发展的突出问题。二是金融保障能力不足。融资难现象依然突出，金融产品门槛依然较高，担保方式单一，担保机制不健全，产品创新不足，农业经营主体融资难融资贵问题依然存在。信贷产品多为一年以内短期贷款，贷款期限与农业生产周期不相匹配。农村土地抵押配套政策不健全，对农村土地承包经营权等产权的抵押担保存在政策与法律不配套的问题，在操作上还没有明确的规定，金融机构开展相关业务缺乏政策依据和标准。风险缓释机制不健全，风险补偿基金普遍未建立。三是人才保障能力不足。受乡村公共服务、基础配套等发展环境影响，乡村现代服务业发展缺乏有力的人才支撑。虽然近些年不断加大对农民的技能培训力度，但是与农业服务业向现代化升级发展的需求还有很大差异，特别是在一些新兴的数字农业服务业领域，对使用者的基本文化素质要求更高。就全省来看，农村实用人才、专业技术人才和科技人才整体学历、专业技术职务偏低、年龄偏大、技能缺乏。一方面，农技人员"青黄不接"，队伍"结构断层"堪忧，基层农技推广人员知识陈旧，"本领恐慌"现象严重；另一方面，全省县、乡两级农技人员中年龄50岁以上的占近一半，一些县级农技推广机构十多年没有新进农业高校毕业生，农村地区涉农领域技术人才少。与此同时，在农村人才队伍中存在较为严重的结构不合理，教师、卫生人员占专业技术人才总数的80%以上，而农技推广、资本运营、金融管理、文化创意、乡村旅游、互联网、电子商务等急需专业人才十分匮乏。

4.4　河南省乡村现代服务业发展的政策支持方向

　　当前，河南农业正在由传统的生产型农业向现代服务型农业发展，由单一的农业生产环节服务向贯穿产前、产中、产后的独立服务链发展，涉农乡村现代服务业企业将为农业产业链的每一个环节提供服务，不断延展农业产业链，从而推动农业的产业升级和转型。为此，要以市场导向为基础，推动乡村现代服务业在农业产业链的各个环节的协同发展，以升级改造的农业经营主体为着手点，利用金融服务、信息服务、流通服务等需求的增加，建立现代农业高质量、规模化的产业供应链，辅以农业社会化服务的发展，推进农村合作社、综合体、专业服务公司规模发展，促进农产品与市场的衔接，提高农业的生产效率，规范农产品的经营秩序。

4.4.1　突出规划引领

　　政府政策对产业发展具有强大的导向作用，基于河南省乡村现代服务业整体落后的现状，政府应吸引涉农企业落户河南，培养本地龙头企业并发挥其带动作用，鼓励小农户形成农民合作社，加大对农业相关机构的资金投入。借鉴河北省阜城县阜星新型农业园区的经验，由政府牵头组建，以科学合理的方式进行生产管理，统一对乡村现代服务业园区进行规划、发展。可以利用税收减免、专项资金补贴等政策吸引省外的龙头企业进驻农业产业园区，以园区对人、财、物的集聚能力为动力实现园区发展的良性循环，以点带面，对园区辐射范围内的农业、农村发展起到助推作用。同时，需要完善涉农现代服务业企业的专项补贴等优惠政策，着力提高本土企业在企业规模、科研能力、农产品价值转化能力等方面的实力。扶持建设乡村现代服务业龙头企业，在产前释放生产信息，引导农业生产，合理规避部分农产品过剩问题；培养形成对良种研发、科学种植等产前产中程序进行服务的龙头企业，提高农业生产效率和产品质量；最终形成产销一体化的综合型企业，实现深加工、品牌化生产，增加农产品附加价值，实现农民增收，推动乡村产业振兴。

4.4.2　强化龙头带动

涉农企业作为乡村现代服务业中的主导力量，对农业产业发展的推动作用较强，因此，提高河南省农业产业效益，必须由企业作为驱动力。河南省涉农龙头企业数量少，对农业经济发展的带动作用缺少内在动力，涉农企业要顺应乡村振兴的时代潮流，积极谋求自身发展壮大。目前，河南省乡村现代服务业的产中阶段体系逐渐成熟，而对产前产后阶段作用较小，政府要抓住市场缺口，培养本地相关企业，促进已有企业做大做强，鼓励创业者依托乡村现代服务业进行创业，在创新创业大背景下抓住机会通过创业来发展品牌化生产，提升农产品附加值，促进农业转型，推动乡村产业振兴。

4.4.3　加大科技投入

乡村产业的技术服务是实现乡村产业良性发展的基础服务，相关科研机构要加大对农业体量大而不强的河南省的科研投入，在保证粮食产量稳增的同时提升粮食品质。一是引进高级技术人才，对从事农业研究者给予优惠政策及优厚薪酬。二是加强高校与农业的联系，进行产研联合发展，扶持新型节能产业，加强生态农业建设，在生产、加工技术、方法上鼓励创新，优先发展具有推动力的先进工具，提升农业现代化。三是完善科技创新机制，强化农业科技推广。落实农业科技成果转化，建立差别化评价制度，重视农业知识产权保护，用市场机制开放孵化、培育新型农业科技组织。同时，政府参与先进农业技术购买，鼓励产业组织技术合作，同时加强农业技术科普。要增加优良种子的研发投入，提高产前服务质量；增加科学施肥、防虫防害技术的研究投入，保障粮食产量与品质提升；增加农业技术推广、产品推广的科学服务，推动乡村产业发展。

4.4.4 加强平台建设

近年来我国农产品生产成本不断攀升，此外我国小农户生产规模小、组织化程度低，使得农民在大市场的主导和议价能力偏低，农产品收益低，保持农产品价格稳定、合理是促进农民增收、保护农户生产积极性的措施。需要通过政策扶持来为农户提供稳定的农产品销售渠道和价格，不能完全依靠市场机制的自由发展，必须形成政府指导与市场机制共同定价的模式。为此，要进一步完善农业市场流通体系及农业生产资料与农产品价格机制建设，大力新建农产品批发市场，完善分批、仓储、运输等环节，通过发展冷链物流技术扩大农产品冷链配送服务；发展生鲜电商，改变我国生鲜过度依赖传统农贸市场的缺点，打造从农户、物流商到品牌商、渠道商的完整供应链。要持续打造农产品电商服务专业平台，支持企业开展农商互联、农超对接，发展鲜活农产品直供直销体系，大力推广"生产基地+加工企业+商超销售"等产销模式。完善农业生产资料和农产品价格机制。

4.4.5 夯实人才支撑

人才是兴农之本，科技是第一生产力，二者有效结合能提升产业融合效率。重视农业人才与科技发展，有助于提升农村产业核心竞争力，加快产业创新发展。加大河南农村教育投入。

第一，加大农村教育投入。尤其加强农业职业教育投入，培养新型农民，扶持一批乡村工匠。积极拓展农村再就业培训，培养村中闲散青年、妇女等就业创业意识，为其提供岗位技能，增加就业、再就业机会。

第二，充分利用乡村公共服务空间教育资源。地方政府应有效率地利用民间资本及财政款项搭建公共服务空间，科学地结合传统与现代公共服务空间教育功能，利用传统文化、现代信息传播工具等，提升农村居民整体素质，促进乡风文明。

第三，通过农村教育调控人才市场资源配置。加强农业现代服务人才培养，合理配置劳动力资源，优化农村劳动力就业结构，促进区域内人才活跃。本土乡贤是乡村振兴的"助推器"。乡贤在文化素养、思想、眼界上相对较高，在乡村本土具有引领作用。大力发展乡贤文化，增强本土乡贤认同感；创新宣传方法、手段，加大宣传力度，培育乡风文明。积极创新乡村治理方式，发挥乡贤作用。注重发挥优秀农民、离退休干部等在建设乡贤文化中的作用，培育新乡贤，挖掘、梳理新乡贤先进事迹，发挥其榜样作用，鼓励新乡贤回乡创业投资，参与本土公共服务设施建设。

4.4.6 优化用地保障

土地是农业最基本的生产要素，是农民最根本的生存资源，也是农村最宝贵的社会资产和发展资本，在乡村现代服务业可持续发展中扮演着关键角色，发挥着基础性作用。面对现行土地使用政策难以满足农村新产业新业态发展用地需求的客观现实，河南必须通过用地政策创新来保障乡村现代服务业发展。

第一，提高农村发展优先重点保障的思想认识。一是在农业发展用地上严格依法依规用地，用足用好政策，对促进农业发展的用地要合理安排，在用地规划、土地指标上给予大力保障。二是提高生态文明"资源保护节约优先"的认识，坚持保护好、利用好、统筹好的原则，在严格落实耕地保护、生态环境保护、节约集约用地等国家战略的前提条件下，以乡村现代服务业需求为导向，重构乡村生产空间格局，支撑乡村现代服务业空间和用地需求。

第二，加强农村一二三产业融合发展用地布局引导。加强农业农村发展战略研究，以建设宜居、宜业、宜游、宜养的美丽乡村为目标，加强耕地保护，优化农村生产、生活空间布局，统筹区域现代农业发展、一二三产业融合发展，优化农村产业平台建设布局。同时，要加强农村产业融合发展与国土空间规划有效衔接，在县级国土空间规划编制中明确提出农村一二三产业融合发展的用地需求规模、控制指标和分区规划引导。分区规划按功能区确定农村一二三产业融合发展非农建设用地规模及布局、建设要求。如粮食功能区应禁止配套非农建设用地，只配套设施农用地；水果种植采摘体验区、花卉种植加工观光综合区等农村一二三产业融合发展的功能区则应布局一定规模的点状建设用地。

第三，以全域土地整治为抓手，推动土地规模化经营。全域土地综合整治与乡村生态修复工程是实现乡村现代服务业更新的有力手段。河南应立足于破解耕地保护碎片化、乡村用地无序化、农村发展低小散弱问题，全域优化农村生态、生产、生活空间布局，实现空间形态、产业发展、生态环境、人居环境、基础设施、乡风文明、乡村治理的系统性重塑和综合集成创新。通过农村存量建设用地整治产生的增减挂钩指标，农村产业融合发展用地优先，可等量与建设所需用地置换。同时，确需占用的永久基本农田，在确保数量有增加、质量不降低、布局更优化的前提下经过论证也可进行置换。

第四，健全农村用地监管制度，防范农村用地风险。要系统分析农村新产业新业态用地中的各类潜在风险，并有针对性地制定严格的监管制度，防范风险的发生。通过建立工商资本下乡的准入制度，审核工商资本信誉记录、经营能力、产业项目可行性报告等，规范下乡资本用地行为；加强土地执法监察和土地督察以及多部门联合执法监管，防止借乡村现代服务业发展之名出现粮田"非粮化"、农地"非农化"以及生态破坏等现象。同时，要从长远考虑并制定与乡村现代服务业用地相关的各种政策和措施，明确乡村现代服务业用地到期后的各类问题。

第五，制定科技创新激励政策，发挥科技创新对用地保障的提升作用。通过科技创新激励政策来破解河南土地科技创新长期不足的问题。一是要加强学科建设，强化土地学科建设和完善土地科技人才的培养体系。二是加大对土地领域科技力量的整合，凝聚力量，协同攻关与创新，形成"产学研"一体化，改变科技创新主体各自为战、信息共享不够、无法形成合力的局面。三是深入基层调研，既可以真正掌握实际工作的创新需求，提供创新目标，又可以总结地方的成功经验，形成可供推广应用的创新做法。

4.4.7 完善金融支持

作为现代经济的核心，金融对经济发展的制约尤为明显；要卓有成效地推进乡村现代服务业发展，必须高度重视金融服务创新，力求通过全方位、多角度的金融服务创新，扫清乡村现代服务业发展过程中的资金困境问题。

第一，创新农村普惠金融，满足乡村现代服务业资金需求。发挥金融服务乡村现代服务业作用，要根据农村金融资金发展需要，进行相应的金融创新，优化普惠金融。首先，扩大普惠金融受惠人群。根据相关政策支持，持续发展免抵押、免担保、低利率、可持续的普惠金融产品，扩大普惠金融产品使用范围，扩展普惠金融的惠顾人群。一方面满足乡村现代服务业发展的小额贷款需求，另一方面满足乡村消费，助推乡村消费升级。其次，对乡村市场经济企业和新兴产业进行定向金融扶助，满足新型经营主体信贷需求。面对农村兴起的社会化养老、乡村旅游和现代集约化、规模化农业，可以提供定向金融扶助，提高信贷额度，降低资金利率，减轻经营者信贷负担，延长信贷周期。发展养老、农业、乡村旅游等企业债券，引入产业投资基金等满足大额信贷需要。最后，对公共基础设施、人居环境治理和生态环境治理进行财政补助，纳入公共预算，同时发行中长期低息专项债券和绿色债券，补充资金缺口。对于普惠金融实施，政府利用财政补贴、政府授信、政府担保等方式提供支持，进一步降低普惠金融利率，降低银行普惠金融成本和经营风险，提升普惠金融积极性和主动性。

第二，增加农村金融供给，优化农村金融产品。提升农村金融服务，满足乡村现代服务业的资金需求，需要在政策指引下，增加农村金融供给。农村金融服务应转变思路，不能仅仅依靠政府担保、政策性金融和农商行、邮政储蓄银行，而是要发展市场化、多元化的金融体系，充分发挥证券、保险、基金、期货等多元金融和非银金融，引导资金回流农村，完善农村金融生态。国有商业银行可以成立专门的农村金融部，重返农村，在农村开设网点，设计开发"三农"金融产品。投资性基金或者产业开发基金参与乡村现代服务业项目开发，成为投资主体。保险机构根据乡村开发需要和农产品种植需要，定制性地设计保险产品，如巨灾保险、价格保险、指数保险等。期货机构在农村发展农产品期货，推行农产品期货套期保值。农信社、农村商业银行、邮政储蓄银行等农村银行可以根据乡村现代服务业需要，创新产品设计，开发养老理财、乡村旅游理财等理财产品，将农村资金留在农村，引导资金回流农村。为充分发挥政策性金融、多元金融和非银金融、非正规性金融合力，优化金融配置效率，提升农村金融安全和服务精准性，在农村地区可探索 PPP 项目，充分发挥政府和社会资本作用，源源不断地为乡村现代服务业发展提供资金保障。

第三，科技创新，完善农村金融供应链。推动金融服务创新，助力乡村现代服务业发展，需要持续完善农村金融市场，健全金融供应链。首先，进行农村金融科技创新，通过科技赋能，监控资金流向和使用，提高资金安全性。运用人工智能、大数据、区块链等金融科技，对农村金融风险进行数据整理和分析，利用区块链及时监控资金使用等。利用数字金融加强监管，有效防范乡村产业融合风险。其次，大力发展农村金融服务平台，实施"大平台"战略。农村地区农民和新型经营者整体金融水平不高，对银行信贷、保险、期货、基金等具体知识认知不高，需要花费更多时间进行学习和研究。因此，需要提升农村金融利用便捷性，降低金融识别难度。在农村地区可探索设立农村金融服务平台，将政策性金融、保险、期货、基金等分门别类地整理和展示，节约农民和新型经营者熟悉金融政策的时间，提高服务针对性。最后，发展新型抵押，提高农村金融覆盖面。根据乡村现代服务业的经济增长点，金融机构创新抵押形式，如养老服务经营权抵押、应收账款抵押、景区开发经营权抵押等，通过新型抵押解决农民无抵押物难题，满足乡村经营资金需求。

4.4.8 创新体制机制

加快建立健全乡村现代服务业体制机制和政策体系，能有效激发农村内部活力，优化农村发展外部环境，推动资本、技术、人才等要素双向流动，激活市场、要素和主体，为乡村现代服务业发展注入新动能。

第一，深化农村土地制度改革。稳步推进农村土地制度改革，盘活存量、用好流量、辅以增量，激活农村土地资源资产，多渠道保障乡村现代服务业用地需求。一是完善承包地"三权分置"制度。深入落实农村土地承包关系稳定并长久不变政策，衔接落实好第二轮土地承包到期后再延长30年的政策。全面完成农村土地承包经营权确权登记办证工作，完善农村承包地"三权分置"制度，落实集体所有权，稳定农户承包权，放活土地经营权。健全农村产权流转交易体系，农村承包土地经营权可以依法向金融机构融资担保、入股从事农业产业化经营。开展农村土地承包权自愿有偿退出试点工作。二是稳步推进农村宅基地制度改革。扎实推进房地一体的农村集体建设用地和宅基地使用权确权登记颁证，对由历史原因形成的超标准占用宅基地和一户多宅等情况，探索实行有偿使用制度。落实农民闲置宅基地和闲置农房政策，探索进城落户农民自愿有偿退出或转让宅基地办法，具备条件后逐步扩大退出宅基地的流转范围。推进宅基地所有权、资格权、使用权"三权分置"，落实宅基地集体所有权，保障宅基地农户资格权和农民房屋财产权，激活宅基地和农民房屋使用权，严格实行土地用途管制，不得违规违法买卖宅基地，严禁下乡利用宅基地建设别墅大院和私人会馆所。三是加强农村集体经营性建设用地入市改革试点。完善农村集体经营性建设用地产权制度，探索建立农村集体经营性建设用地出让、交易、抵押融资、收益分配制度和办法。积极探索入市地块多用途使用，积极尝试协议出让、招拍挂出让、作价入股、出租等入市方式，探索就地入市、整合零星入市、城中村整治后入市等多种入市途径，做到成熟一宗、入市一宗。建立土地增值收益分配制度，根据集体经营性建设用地不同入市途径和土地用途分别提取相应的收益调节金。坚持土地公有制性质不改变、耕地红线不突破、农民利益不受损，积极稳妥推进并适度扩大集体经营性建设用地试点。四是健全土地征收制度。规范农村土地征收程序，建立社会稳定风险评估制度，健全矛盾纠纷调处机制，全面公开土地征收信息。完善对被征地农民合理、规范、多元的保障机制。制定新一轮征地统一年产值标准，合理提高被征地农民分享土地增值收益的比例。

第二，深化农村集体产权制度改革。建立健全农村集体经济组织，推动资源变资产、资金变股金、农民变股东，增强集体经济发展活力，构建有效维护农村集体经济组织成员权利的治理体系。一是抓好农村集体资产清产核资。对农村集体所有的各类资产进行全面清产核资，重点清查核实未承包到户的资源性资产和集体统一经营的经营性资产以及现金、债权债务等，查实存量、价值和使用情况，做到账证相符和账实相符。建立健全集体资产登记、保管、使用、处置等制度，实行台账管理，防止资产流失。在清产核资的基础上，将集体资产的所有权确权到不同层级的农村集体经济组织成员集体，明确集体资产所有权。二是健全农村集体资产财务管理制度。完善农村集体经济组织财务管理制度，加快农村集体资产监督管理平台建设，强化农村集体经济资金资产资源监督管理，推动农村集体资产财务管理制度化、规范化、信息化。稳定农村财务队伍，落实民主理财，规范财务公开，切实维护农村集体经济组织成员的监督管理权。加强农村集体经济组织审计监督，做好日常财务收支定期审计，持续开展村干部任期和离任经济责任等专项审计，建立问题移交、定期通报和责任追究查处制度，防止侵占集体资产。三是稳妥推进村级集体经济股份合作制改革。总结推广农村集体资产股份权能改革试点经验，有序推进经营性资产股份合作制改革。重点在有经营性资产的村镇，特别是城中村、城郊村和经济发达村，将村级集体经营性资产以股份或者份额形式量化到本集体成员。股权设置以成员股为主，作为其参加集体收益分配的基本依据。组织实施好赋予农民对集体资产股份占有、收益、有偿退出以及抵押、担保、继承权改革试点，建立健全集体资产股权登记制度和集体收益分配制度，探索集体资产股份有偿退出和抵押、担保贷款、继承等管理办法。

第三，优化乡村营商环境。深化"放管服"改革，引导并扶持乡村现代服务业创业和返乡创业，在贷款、创业帮扶等方面优先营商环境和创新创业环境。一是鼓励大中专毕业生、城市务工青壮年、转业退伍军人回乡创业就业。二是营造良好的创业就业氛围，开设村庄创新创业教育，加强实践技能培训，培养创新创业精神。三是优选乡村创业能手，树立榜样示范，为其他返乡青年起到模范作用。四是地方金融机构加强支持，在贷款、保险等方面给予帮扶。五是搭建乡村创业就业信息平台，为返乡青年提供最新资讯。

5 河南省乡村产业振兴的地域模式研究

所谓地域模式，在本研究中是指在省、市、县（市）、乡（镇）、村等行政区域之内形成的有一定代表性的经济发展模式。按照这种逻辑推理，乡村产业振兴的地域模式，就是在县（市）、乡（镇）、村等行政区域之内乡村产业发展与较快提升当地百姓收入水平的一种产业发展模式。根据这种定义，我们课题组对调研了解到的河南省乡村产业振兴的地域模式进行讨论、归纳、整理、甄别与筛选，分析认为河南省乡村产业振兴有以下 10 种具有较好代表性的地域模式。

5.1 平原农区确保粮食安全模式

5.1.1 重要意义

习近平总书记指出，确保重要农产品特别是粮食供给，是实施乡村振兴战略的首要任务。河南、山东等作为农业大省，粮食生产对全国影响举足轻重。"要扛稳粮食安全这个重任"，必须确保粮食生产规模。2019 年 3 月，习近平总书记在参加全国人大河南代表团审议时对河南省确保粮食安全和推动农业高质量发展提出明确要求，要发挥好粮食生产这个优势，立足打造全国重要的粮食生产核心区，推动"藏粮于地、藏粮于技"，稳步提升粮食产能，在确保国家粮食安全方面有新担当新作为。按照习近平总书记的要求，河南省委省政府高度重视粮食生产，全省各地一以贯之地以忠诚于国家的黄河文化精神，发挥中原大地历来拥有的粮食生产优势，在确保粮食安全方面大胆探索，创造出了具有重要理论意义与实践价值的乡村粮食产业振兴模式，为确保粮食安全探索出新的路径。

5.1.2　典型案例

永城市，地处豫东平原，常住人口 124.2 万人，其中农村人口 62.7 万人。耕地面积 206 万亩，常年粮食种植面积达 320 万亩，素有"豫东明珠、中原粮仓"的美称。近些年，永城市加快高标准农田建设，共建设高标准农田 139.8 万亩，占耕地总面积的 67.9%，落实"藏粮于地"的要求；引进农业高新科技，推广农业集成技术，落实"藏粮于技"的策略。统筹推进布局区域化、经营规模化、生产标准化、发展产业化，系统加强对粮食生产的科学管理。重点采取统一规划布局、统一供应良种、统一技术指导、统一测土施肥、统一产销订单、统一机械播种、统一病虫防治、统一优质优价等八个统一，拿出绣花功夫，以大国工匠的精神，把粮食生产做成了精细化的产业，既保障了粮食稳产高产，又促进了粮食高质量、高效益、绿色化发展。像小麦的精深加工，可以让其身价翻倍：通过技术措施，前路提取 8% 的高档速冻饺子粉，中路提取 51% 的手撕面包专用粉，后路提取 5% 的沙琪玛专用粉，这种专用粉自然身价倍增。剩余的麦胚用于生产蛋糕，麸皮用来生产杂粮饼干，确实做到了充分利用。2020 年，永城粮食总产量达 13.7 亿公斤，居全省第 2 位，同比增长 3.0% 以上，创历史新高。同时，围绕"豫东大粮仓转型升级豫东大厨房""从田间到餐桌"小麦全产业链紧密衔接工程，实现了优势面粉加工企业向主食加工、方便食品、休闲食品、速冻食品等的延伸拓展，初步形成了"种植—面粉—面制品"产业链，从"面粉城"成功转向了"食品城"，过去的粮食生产转变成现在的粮食产业，经济社会效益大幅度提升。

延津县，常住人口 45.8 万人，县域面积 886 平方公里，地处黄河岸边的华北大平原，粮食生产条件得天独厚。多年来，在优质粮食生产方面大胆探索、系统运作，按照粮食生产产业化的方向，闯出了一条独特的发展路子，有力地促进了粮食持续稳定增长。延津县主要通过推动小麦生产绿色化，发展小麦经济，延伸小麦生产产业链与价值链，成为"中国第一麦"的故乡，先后创下小麦六个"全国第一"（全国第一家注册原粮商标、第一船出口食用小麦、第一家创立小麦中介服务组织、第一家制定地方生产标准、第一家实现大宗农作物产业化经营、第一家实现小麦期货经营）。现种植优质小麦面积 100 万亩，小麦品质各项指标媲美加麦和美麦。其中，建成强筋小麦生产基地 50 万亩，被原国家质检总局确定为"全国优质强筋小麦品牌创建示范区"。认定绿色食品原料标准化生产基地面积 45 万亩，认定有机食品小麦面积 3.1 万亩；认证绿色食品小麦 5 万吨、小麦粉 0.7 万吨、挂面 0.1 万吨，认证有机小麦 1 万吨；制定省级地方标准 4 项、市级地方标准 2 项。同时，依托优质小麦资源优势，形成了以小麦食品加工为主业的产业集聚区，园区入驻食品加工企业 48 家，并成为国家级农业产业化示范区。拥有国家级、省级和市级小麦生产加工龙头企业 22 家。小麦年加工能力突破 100 万吨，年产挂面 40 万吨、速冻食品 25 万吨。获得国家驰名商标 2 个、省著名商标 5 个。延津小麦名牌效应显现。2016 年 2 月 26 日，国家质检总局委托中国质量认证中心依据 GB/T29187《品牌评价品牌价值评价要求》和 CQC9102-2015《区域品牌价值评价资产组合超额收益折现法》进行科学评估，"延津强筋小麦"区域品牌价值达 17.55 亿元，区域品牌年平均超额收益 1.62 亿元。被原农业部评为"全国小麦全产业链产销衔接试点县""国家优势制种基地县"等，在以小麦生产与加工为支撑的乡村产业振兴中日益展现出勃勃生机。

其他像滑县，也是闻名全国的粮食生产大县，是河南省粮食生产第一县。2020 年，小麦种植面积 181 万亩，平均亩产达 555.8 公斤，比上年增长 3.3%，对国家粮食安全作出了重要贡献。正是因为党中央的高瞻远瞩指导和全省各地的积极投入与持续重视，才确保了全省粮食生产的稳定增长。2020 年，河南省粮食总产量为 1365.16 亿斤，比上年增长 1.9%，占全国粮食总产量的 10.2%，对全国粮食增产的贡献率达到 23.1%，确实不负重托，在努力扛稳粮食安全这个重任。

5.1.3　主要特征

该模式的主要特征有四个方面。一是粮食生产条件优越。这些粮食生产大县，均地处华北大平原，耕地资源丰富，土壤肥沃，水热条件适宜，当地老百姓积累有比较丰富的农业生产技术基础，善于从事农业生产。特别是小麦生产条件好，是全国小麦主产区，小麦种植面积、单产、总产量、外销量、加工量均居全国首位，培育小麦品种数量和品质也居全国领先水平，成为全国小麦育种、生产、加工第一大省，为全国以小麦为主的面食业发展作出了重要贡献。二是当地党委和政府高度重视粮食生产。在当地的常年工作安排中，始终把确保粮食安全放在特别突出的战略地位，在地方财政资源配置中，想方设法保障农业农村优先发展。特别是在高标准农田建设方面持续发力，稳定扩大高标准农田面积，为"藏粮于地"奠定了基础。三是在推广应用农业新技术方面下硬功夫。发挥当地农业基础好的传统优势，以大国工匠的精神，把小麦等粮食生产的各种先进技术引进并推广应用于生产过程的每一个环节，落实国家"藏粮于技"的要求。四是延伸产业链条。从过去的新品种研发、良种繁育、粮食生产，到后来的粮食初加工，以及近些年大规模的食品加工、畜产品加工和网络销售，形成新品种研发+良种繁育+粮食生产+粮食加工+食品生产+畜产品加工+网络销售越来越丰富的产业链条，推动粮食生产产业化、产业链条高级化，提升粮食及相关产业的整体效益。目前，河南生产了全国1/3的方便面、1/4的馒头、3/5的汤圆、7/10的水饺和1/2的火腿肠，是全国粮食加工第一大省、肉制品生产第一大省，农产品加工业产值达1.18万亿元，成为确保粮食安全的强大后盾。

5.2　丘陵山区全域旅游模式

5.2.1　概念与意义

全域旅游是指在一定区域内，以旅游业为优势产业，通过对区域内经济社会资源尤其是旅游资源、相关生产要素进行全方位、系统化的有机整合，集中力量发展旅游业，以旅游业带动和促进经济社会协调发展的一种新的区域经济发展模式。2016年7月，习近平总书记在宁夏调研时指出"发展全域旅游，路子是对的，要坚持走下去"，为推进旅游业改革创新发展指明了方向、提供了遵循。2017年，李克强总理在《政府工作报告》中首次提到"全域旅游"，并成为两会热词，引起全社会重视。河南省中西部主要是丘陵山区，旅游资源比较丰富，具备发展全域旅游的条件。近些年，经过各地积极探索，初步在部分县、乡、村形成了比较切实可行的全域旅游发展模式。

5.2.2　实践探索

河南利用大别—桐柏山区、伏牛山区、太行山区的地理资源优势，抓住全民休闲旅游热潮兴起的历史机遇，在一部分丘陵山区县市探索形成全域旅游发展新格局，成为乡村产业振兴的新路径。

2019 年 9 月，习近平总书记亲自视察调研的新县，地处河南省南端的大别山腹地，是鄂豫两省接合部，县域面积 1612 平方公里，常住人口 29.1 万人。是全国著名的将军县，也是国家生态县和国家扶贫开发工作重点县和大别山集中连片特困地区扶贫攻坚重点县。近年来，新县全面深入贯彻落实习近平总书记关于文化和旅游融合发展的重要论述，依托丰富的红色历史、绿色生态和古色乡村资源，按照"以文促旅、以旅彰文"工作思路，树牢"旅游兴县、旅游富民"发展理念，认真做好文旅融合发展大文章，构建全域旅游发展大格局，打造旅游强县富民大产业，走出了一条以文旅融合引领全域旅游、促进乡村产业振兴、带动农民增收的可持续发展之路，探索出了可复制、可推广的文旅融合发展的"新县模式"。新县主要通过做好顶层设计、突出山水特色、挖潜文化资源等举措，扮靓了城乡颜值、拓宽了旅游空间、促进了产业融合、助推了乡村产业振兴、带动了当地群众脱贫致富。2019 年，全县一共接待游客 1008.8 万人次，实现旅游综合收入 78.7 亿元。当年 9 月，习近平总书记在新县调研考察时指出，新县"依托丰富的红色文化资源和绿色生态资源发展乡村旅游，搞活了农村经济，是振兴乡村的好做法"，对当地乡村产业振兴的做法给予充分肯定。如今新县的田铺大湾，在全域旅游的推动下，如雨后春笋般"长"出一间间有品位的咖啡馆、主题商店、特色手工作坊和乡村民宿，让游客流连忘返。当地的竹编、皮影戏和茶油、蜂蜜等特色产品，成为很多游客回味乡愁的好素材。大别山深处的红与绿，化作今日田铺大湾全域旅游的五彩缤纷，成为当地乡村产业发展的优势资源。

栾川县，地处豫西伏牛山腹地，县域面积 2477 平方公里，常住人口 35.4 万人，森林覆盖率 82.7%，环境空气优良天数常年保持在 310 天以上，是生态旅游和矿产资源大县，也是国家级贫困县和秦巴山区连片扶贫开发重点县。近年来，栾川县把山区公路建设与发展全域旅游作为引领全县经济社会发展的主要抓手，努力将生态环境资源优势转化为经济社会发展优势，实现了城市乡村景区化、景区发展全域化、旅居福地品质化，初步构建了游"奇境栾川"、品"栾川味道"、住"栾川山居"、购"栾川印象"的全域旅游产业链条，走出了一条全域旅游带动乡村振兴促进农民增收的绿色发展新路子，通过大胆的实践探索创造出"绿水青山+公路建设=金山银山"的交旅融合发展模式。2016 年，国家旅游局将栾川模式总结为"全域景区发展型"，在全国推广。2018 年，重渡沟带贫模式入选世界旅游联盟旅游减贫案例。2019 年，栾川县旅游产业扶贫的做法入选全国精准扶贫典型案例。当年，全县共接待游客 1638.1 万人次，实现旅游总收入 96.3 亿元，旅游业增加值占 GDP 比重升至 16.5%，成为当地经济发展的重要支柱产业。如果用年接待游客人次与当地常住人口之比作为县域全域旅游接待指数的话，2019 年栾川县全域旅游接待指数达 46.2，居河南省第 1 位。2020 年 7 月 8 日，《人民日报》头版刊发《生态饭才是长久饭》文章，为栾川围绕生态保护发展乡村旅游、带领群众精准脱贫的典型案例点赞。

5.2.3 主要特征

新县、栾川县等乡村全域旅游之所以成功，关键支点在于乡村产业振兴要确实遵循县域经济发展和乡村产业振兴规律，突出自己的地域特征。

第一，丘陵山区地域文旅资源丰富是全域旅游最大的吸引力。文旅资源丰富迎合了当今中国全民旅游的时代需要。在丘陵山区的县市，不仅自然资源上有大山大岭河流等秘境，适合于春季观花、夏季度假、秋季看红叶、冬季观冰挂的游客需求，更有各地各具特色的传统文化积淀，有说不完的传统经典文化故事，有引人入胜的富有地方特色的传统文化活动，有吸引城镇居民的节假日登山、攀岩、拍照、野旅、乡村体验、乡愁记忆等场景。这种文旅资源组合，是一般非丘陵山区县市所不具备的。

第二，发展全域旅游必须加强组织领导。发展全域旅游，对于县域经济和乡村振兴来说，都是一项全新的开创性工作。在具体推进过程中，要充分发挥县委书记是乡村振兴"一线总指挥"的作用，由县委县政府统筹谋划、靠前指挥，成立工作领导机构，切实强化对全域旅游建设工作的总体设计和组织推动，从规划、资金、管理、人才等方面支持项目建设，形成党委领导、政府主导、部门协作的全域旅游发展格局，最大限度形成工作合力，带动全域旅游加快发展，促进乡村群众增收，促进全域旅游支撑体系持续不断完善，丘陵山区的区位优势和资源潜力得到充分发挥和释放。

第三，发展全域旅游必须以人民为中心。新县在全域旅游发展中，始终坚持把人民群众意见放在重要位置，为民做主但不替民做主、强力推进但不强迫推进，调动了广大群众的积极性、主动性、创造性，让群众参与到旅游发展的各个环节，并从中广泛受益，形成了推动旅游发展、乡村振兴的强大动力。习近平总书记指出，发展现代特色农业和文化旅游业，必须贯彻以人民为中心的发展思想，突出农民的主体地位，把保障农民利益放在第一位。栾川县按照习近平总书记的要求，牢固树立以人民为中心的发展思想，推进全域旅游发展，不断满足人民日益增长的美好生活需要。近几年，大力开展全域绿化、全域水系清洁等全域生态环境建设，森林覆盖率、林地保有量等稳居河南省首位，PM10、PM2.5 平均浓度持续下降，空气优良天数指标实现稳步提升。通过农村厕所革命、生活污水治理、垃圾治理等不断改善农村人居环境，乡村旅游接待游客量连年攀升，在满足群众对新鲜空气、干净水源、健康食品等普惠生态产品需要的同时，增强了群众的获得感、幸福感、满足感。

第四，发展全域旅游一定要做优旅游项目。近几年，栾川县坚持旅游业态和旅游项目"谨慎选择、定位精准、档次高端、规模适中、适当超前"的原则，充分做好市场调研，征求专家意见和建议，与上级主管部门密切沟通，使项目业态符合上级旅游发展总体规划和发展方向。经过不断地丰富旅游业态、做优旅游项目，栾川的全域旅游发展已经进入良性循环，绿水青山正发挥出源源不断的经济社会效益、向金山银山转化。要想做好全域旅游这篇"大文章"，必须做好宣传、做优项目、做强品牌。新县牢树"大宣传"理念，通过打造田铺大塆、西河、丁李湾等一批特色精品旅游村，叫响了"九镇十八湾"旅游品牌；通过打造提升大别山干部学院品牌，形成了全国知名的红色教育基地。由于全域旅游项目影响力不断提升，"山水红城、健康新县"的美誉越来越响、越传越远，全域旅游已经成为新县乡村产业振兴的主要力量之一。

5.3 乡村集体经济发展模式

5.3.1 重要意义

乡村集体经济发展情况，对巩固和提升基层治理至关重要。近些年，全省各地按照党的十九届四中全会精神要求，健全党组织领导的自治、法治、德治相结合的乡村基层治理体系，在选准用好德才兼备的基层带头人的基础上，积极推动集体经济发展，促进了乡村产业振兴，提高了农民的收入水平。

5.3.2 实践探索

河南省地处中原，中华民族传统文化底蕴深厚。在广大基层民众之中，受传统孝文化影响深刻，移孝作忠，一旦有机会，都愿意为国家效忠，表现在日常生活中，就是一般人都比较讲究"家国情怀"。在人生几十年的奋斗过程中，如果有机会为百姓服务，很多人都不负重托，忠诚于事业，乐意为基层百姓发展致富奉献力量。正是基于这样的传统文化基础，在全省各地涌现出了很多带领群众发展集体经济的先进典型。

新乡县，地处豫北平原，常住人口34.9万人，县域面积393平方公里，是河南省乡村振兴战略示范县，也是传统上"先进群体"和"模范人物"涌现集中的一片沃土。新乡县注重党建引领，坚持做到自治、法治、德治"三治"有机融合，实现法治乡村、德治乡村、平安乡村有效治理。通过配强基层组织、破解基层需求、规范"小微权力"，让乡村治理"活起来"。现在，全县拥有国家级先进基层村党组织2个、省级25个、市级76个，先进比例达到60%以上。由于基层组织健全，在基层领导人的带领下，大力发展集体经济，走出了符合当地需要的乡村产业振兴之路。该县围绕做精第一产业、做强第二产业、做大第三产业、促进一二三产业融合发展的思路，持续壮大支柱产业发展，优化产业布局，提高带动群众增收致富的能力。在第一产业方面，长期与中国农业科学院等专业科研院所密切合作，全县种子产业不断发展壮大，成为地方发展的一大优势。现在共拥有影响较大的种子企业20家，年生产销售种子1亿公斤，形成了产学研、育繁推一体化的现代种业体系，成为全国黄淮海平原粮食生产核心区重要的种源基地。在第二产业方面，大力推进心连心化肥、新亚纸业、华洋铜业等大企业集团转型升级，加快发展壮大锂电池、绿色装配式建筑等专业园区。目前，全县规模以上工业企业达到146家，吸纳就业28000余人，是地方经济发展的主要支柱。在第三产业方面，大力发展阿里巴巴农村淘宝、哼哼猪电商物流园等农村电子商务新业态，连续举办农产品展销节、网销大赛等活动，助力电商销售，推动农产品上网销售。全县电商从业者近万人，网络零售交易额突破9亿元，有力助推了农民返乡创业、自主就业。集体经济的全面发展，为全县乡村振兴、农民增收提供了保障。2019年，全县农村居民人均可支配收入达到20145元，位居河南省前列。全县农村居民人均食品消费支出占生活消费支出的21%，达到富裕水平。2021年3月23日，中国农业科学院与新乡县正式签署共建乡村振兴示范县战略合作协议，共同合作在"十四五"期间把新乡县打造成全国科技助推乡村振兴示范县"样板县"，将对乡村产业振兴产生新的重要推动作用。

辉县市张村乡裴寨村，在村党支部书记兼村委会主任裴春亮的带领下，认真践行习近平总书记的重要指示和党的十九大精神，以"五个助推"保障和改善民生，党员群众团结一心、艰苦奋斗，把一个位于太行山区原来只有595口人、人均年收入不足千元的省级贫困村，发展成入住11800口人、2019年人均年收入近2万元的新型农村社区，实现了"人人有活干、家家有钱赚、户户是股东"的致富梦，促进了乡村全面振兴，为贫困山区农村脱贫致富、实现乡村振兴提供了可资借鉴的鲜活经验。

裴寨村重点实施三大举措。一是选好带头人。裴寨村过去不仅群众生活贫困，而且基层组织软弱涣散，村委会主任连续三届空缺。2005年4月，在老支书裴清泽和党员群众的再三邀请下，裴春亮以94%的得票率当选裴寨村村委会主任。2010年，他又挑起了村党支部书记的重担。裴春亮暗下决心，绝不让乡亲们对他的信任打水漂。靠党的改革开放政策率先富起来的裴春亮致富不忘家乡，感恩回馈社会，致力于扶贫帮困、兴修水利、捐资助学、异地扶贫和乡村文明等慈善事业，先后累计捐资2.1亿多元，帮助2万多名困难群众告别贫困，走上富裕生活道路。

二是集中力量解决村民住房和用水难题。2005年时，裴寨村大部分村民还住着20世纪五六十年代的土坯房，由于穷盖不起新房，村里有17个光棍汉娶不上媳妇。裴春亮个人捐资 3000 万元，带领乡亲们苦干 3 年半，挖平荒山，不占一亩耕地，建成 160 套上下两层、每套 200 平方米的连体别墅楼。2008 年冬至，全村 153 户居民欢天喜地搬进了两层小洋楼。同时，通过打深井和引水，解决了群众吃水和农田灌溉用水问题。

三是积极发展乡村产业。积极发展高效农业和设施农业，全村已发展高效农业 1500 多亩，各类温室 750 余座，1200 多名村民从事高效农业种植和养殖业。结合当地石材资源丰富的特点，发展现代水泥产业，创建了以水泥为主导产业的春江集团，带动周边群众 3000 余人在家门口就业创业。春江集团让村里家家入股，每家每年基本都能得到 20% 的入股分红。为了让更多的人增收致富，通过"公司+农户"的模式发展红薯产业，成立了以红薯粉条酸辣粉为主打产品的河南九月天食品有限公司，生产的红薯酸辣粉等产品畅销全国，还出口到韩国、越南、菲律宾等国家，年销售额超过 8000 万元。利用新乡市先进群体等红色资源，开展红色旅游。积极开发太行山生态文化旅游，创建国家 4A 级宝泉旅游风景区，帮助群众在景区就业，使太行深山区 453 户 1798 名群众易地脱贫，间接带动农民数千人就业致富。投资 2000 多万元建设服装产业园，吸收就业 2000 余人。积极推进"品牌化输出+农村电商+农业产业化+乡村振兴"的发展战略，重点打造以"裴寨村"品牌为引领的农产品品牌，推动农产品电商发展。如今的裴寨村，在乡村振兴大潮中声名远扬，当地群众都以自己是裴寨人为荣，老百姓的幸福指数不断攀升。

5.3.3　理论启示

该模式的主要特征有如下三个方面。第一，加强基层组织建设是促进乡村全面振兴的重要保障。基础不牢，地动山摇。在广大乡村地区，基层治理任务比较重。如果当地有比较强的基层组织建设基础，让乡村治理"活起来"，激发基层群众创业创新的积极性，对乡村全面振兴影响非常大。从新乡县乡村振兴的实际情况看，基层组织起到了强有力的促进当地乡村振兴的组织领导作用，是乡村产业振兴的强大动力源泉，是不可或缺的集聚各类资源、有序推进乡村产业发展、带领当地居民致富的基本制度保障。裴寨村能从一个省级贫困村发展成全面小康村和"全国文明村"，得益于社区党建工作做得扎实有效。该村坚持落实党支部"五个一"和党支部书记

"五个一"活动，把党小组建在产业链上。村党支部每月牵头召开干群联席会，由党员干部代表和群众代表就村里的发展开会协商，事事有回应、件件有落实。村里党员佩戴党徽，主动亮明身份，做到平时能看得出来，危急时刻能豁得出来。党员、干部带头做表率，乡亲们打心眼里信服。党员威望高了，党支部的凝聚力、吸引力就强了。在2020年疫情防控过程中，更加体现了农村社区党建工作的极端重要性。因此，必须把农村基层组织建设放在更加重要的位置，切实抓紧抓细抓好，夯实基层组织执政根基，确保农村和谐稳定、长治久安。

第二，选拔好德才兼备、有家国情怀的基层组织带头人是乡村产业振兴的关键。在新乡市以及周边地区长期存在的优秀模范群体现象，其实最根本的原因就是当地历来特别重视选拔德才兼备的基层优秀带头人。无论是原来闻名全国的新乡县刘庄村原党委书记史来贺，还是现在对乡村振兴影响巨大的辉县市裴寨村带头人裴春亮，都是由于选准了一个基层组织的带头人，逐步形成了一种处处为百姓考虑、日夜为群众操劳、孜孜以求带领当地村民发展乡村产业致富、对自己严格自律的可持续发展机制。

第三，做大做强产业是乡村振兴的长远大计。乡村振兴涉及方方面面，但是乡村产业振兴是头等大事。因为只有当地乡村产业发展了，就业机会多了，有了比较充裕的非农就业，居民收入自然就会有较大幅度的提高。老百姓腰包"鼓起来"了，下好乡村振兴的一盘大棋就大有希望。

5.4 特色种养加产业链延伸模式

5.4.1 重要意义

作为传统农业大省，在过去粮食资源短缺年代，各地基本上全力以赴发展种植业。伴随着农产品供给形势的好转，在种植业可持续发展的基础上，进一步发展养殖业成为很多县市的自然选择，进而依托养殖业发展加工业和服务业，成为一二三产业融合发展的典型，为乡村产业振兴开拓出新的路径。

5.4.2　实践探索

作为农业农村资源丰富的大省，河南各地在传统种植业的基础上，进一步发展养殖业，在城镇化、工业化浪潮推动下，又延伸产业链，发展基于当地养殖业基础的加工业，从而形成了很多地方种养加产业链发展模式，促进了乡村产业振兴。

确山县，常住人口 40.3 万人，县域面积 1650 平方公里，属亚热带气候和暖温带气候的过渡地带，山地、丘陵、平原各占 1/3，地处秦岭、淮河地理分界线，年平均气温 15.1 摄氏度，年降水量 971 毫米，无霜期 248 天。全县耕地面积 99.84 万亩，有 86 万亩荒山牧坡、90 多万亩林间隙地和 20 多万亩宜牧草场，年产牧草可达 20 多万吨，自然条件非常适合畜牧业发展。近些年，县委县政府高度重视畜牧业的发展，加快恢复生猪生产；扩大肉牛生产规模，2020 年底，肉牛存栏 9.45 万头，出栏 6.65 万头；做大羊产业，持续提升北羊中育南运养羊基地的地位，平均每年从北方调运、经过短期育肥再销售到广东等南方市场的羊达到 100 万只以上，高峰年份达到 200 万只，活羊销售占南方市场的 60% 左右，已成为全国重要的羊集散地和肉羊养殖基地；建设肉鸽之乡，是年出栏 60 万只以上的优质肉鸽豫南"肉鸽之乡"；发展畜产品加工业，建成生猪和肉牛屠宰加工基地。畜牧业着力扩基础、育龙头、补链条、保安全，全县规模化养殖比重达到 70% 以上，畜牧业产值占农业总产值的比重达到 40% 以上。已经成为全国畜牧大县、全国生猪调出大县、全国肉牛产业集群建设项目县、全国畜禽粪污资源化利用试点县、全国肉羊集散地，畜牧业已发展成为当地乡村产业振兴的重要支柱。

泌阳县，县域面积 2335 平方公里，常住人口 67.4 万人，属浅山丘陵区，境内伏牛山与大别山交会，长江与淮河分流，总体格局呈"五山一水四分田"，属于自然条件非常适合畜牧业发展的县域。在当地历来重视畜牧业发展的基础上，从 1986 年开始，由畜牧业专家祁兴磊带领的科研团队先后历时 21 年于 2007 年培育成功中国第一个具有自主知识产权的肉牛品种——夏南牛。该牛是以法国夏洛来牛为父本，以南阳黄牛为母本，采用杂交创新、横交固定和自群繁育三个阶段、开放式育种方法培育而成的肉用牛新品种。夏南牛的育成，结束了中国没有自己肉牛品种的历史，也为世界肉牛品种增添了新的一员，在中国肉牛育种史上具有里程碑意义。该牛具有适应性强、生长发育快、耐粗饲、易育肥、肉用性能好、肉质细嫩、遗传性能稳定等优良特性，特别是肉质脂肪少、纤维细、肉色纯、口感好，适宜生产优质牛肉和高档牛肉，主要技术指标可与著名的日本和牛媲美。泌阳县立足于该品种原产地与对全套技术掌控完整的优势，把夏南牛饲养、加工做成了当地乡村产业振兴的标志性产业。当地通过提升种群品质、扩大种群规模、做大做强产业龙头河南恒都食品有限公司、打造知名品牌，建成高质量夏南牛饲养加工产业集群。恒都公司联结种、养、加等相关企业和农村新型经营主体 2300 多家共谋发展，有 2 万余户近 10 万人围绕恒都肉牛产业上、中、下游从业，带动农民种植业年增收 3 亿元以上，加工业年增值 10 亿元以上，冷储、运输、物流、科技、餐饮、服务等行业年收入 5 亿多元，实现一二三产业融合发展。2019 年，恒都公司产值达 46 亿元，实现利税总额 2.6 亿元，带动夏南牛产业集群实现年产值达 120 亿元，成为远近闻名的高档优质肉牛养殖、加工、消费基地。

5.4.3 主要特色

该模式特色突出。一是一二三产业融合发展。在当地种植业发展基础上，立足于地方性特殊地理资源条件，进一步发展养殖业，形成比较明显的畜牧业发展优势，持续延伸产业链，发展成为畜牧产品加工基地，乡村一二三产业融合发展，逐步成为根深蒂固的乡村骨干产业基地，为提升老百姓的收入水平提供了就地就业和创业发展的历史机遇。

二是加工业对整个产业链起到了特别重要的发展带动作用。加工业的发展，直接牵引了整个产业的快速发展，在当地形成了比较好的发展带动效应，尤其是像泌阳县的恒都公司对整个夏南牛产业的形成与扩大起到了非常好的促进与带动作用，当地很多人和相关中小企业都在围绕该企业运转。该企业是产业链延伸的关键。

三是夏南牛作为中国自己培育的第一肉牛，品种品质品牌影响力正在快速扩大。如果能够进行科学规划，并进行重点支持，有可能在泌阳县以及周边若干县形成具有国际影响力的中国夏南牛生产加工消费优势特色产业集群。

5.5　地方特色农产品规模化种植加工模式

5.5.1　逻辑思路

河南省地处中原，气候适宜，四季分明，各地农业资源丰富多彩，地方性特色农产品有较好的历史发展基础。近些年，适应市场经济发展的需要，不少地方集中力量进行地方特色农产品规模化种植加工，形成了一批在市场上有重要影响力的特色农产品生产加工基地，为乡村产业振兴提供了源源不断的新动力。

5.5.2　实践探索

河南各地利用自然资源优势，或者产业技术优势，集中力量培育有地方特色的农产品产业集群，形成了特色农产品规模化种植加工模式，成为当地乡村产业振兴的主要途径之一。

地处豫东北平原的清丰县，常住人口 62.8 万人，县域面积 828 平方公里。近些年，该县把小蘑菇做出了大产业，成为当地百姓发家致富的好门路。清丰县委县政府高度重视食用菌产业的发展，经过实践探索，初步梳理出"党建作保障、政府作引导、公司作龙头、基地作示范、贫困户作股东、种植户作产业"的发展思路，着力实施"党建＋扶贫＋食用菌"工程，走出了一条特色产业强县富民之路，成为平原地区很有特色的在全国有重要影响力的蘑菇生产加工大县。目前，该县蘑菇种植规模化。全县 17 个乡镇建成食用菌标准化示范基地 70 个、标准化大棚 1.2 万座，种植面积达 1700 万平方米，年产蘑菇 30 万吨，综合产值突破 25 亿元。蘑菇加工工厂化。围绕拉长链条、完善体系、增加效益，先后培育龙丰实业、瑞丰农业、科丰生物、和丰农业等"丰"字头工厂化生产企业 14 家，工厂化日产鲜菇 300 吨。食用菌全年生产，成为全省最大的食用菌工厂化生产基地。培育大汉食品、龙乡红食品、桃园建民、春韵食品、天口食品等食用菌加工企业 5 家，开发烘干、盐渍、清水、休闲、调味等系列产品 5 大类 30 余个品种，产业效益显著提升。蘑菇产业发展链条化。围绕全链式发展，依托万邦豫鲁冀农产品物流城，发展华董科技、大地密码等一批电商，线上线下"领鲜一步"。通过食用菌产业的持续推进和发展，有效带动物料加工、餐饮、物流、包装、信贷、保险等相关产业发展，有效推进了一二三产业有机融合，为乡村振兴和县域经济发展提供了强力的产业支撑。蘑菇产品营销品牌化。围绕名牌效应，打造"幸福朵朵""菇雨""一生有你""幸福365""三农科丰""顿丘菇娘"等品牌20个，清丰食用菌知名度不断提高，品牌效应凸显。食用菌产业的快速发展，引起了全社会的高度重视。近两年，清丰县先后成功举办"全国第十四届菌需物资博览会暨食用菌工厂化发展论坛""中国·清丰食用菌行业大会暨全国食用菌烹饪大赛"。2020年，"清丰食用菌"作为全省遴选的九个特色农产品在全省推广。时任中共河南省委书记王国生、河南省人民政府省长尹弘等省领导对清丰县"党建+扶贫+食用菌"工程给予了高度评价。

地处豫西南伏牛山腹地的西峡县，常住人口43.2万人，县域面积3454平方公里，是河南省面积第二大县，全县"八山一水一分田"，是典型的山区县。该县经过持续多年的探索，在香菇产业生产加工方面逐步走出了前沿化科研、生态化栽培、标准化管理、科学化监管、多元化服务、品牌化经营、信息化提升、国际化发展和相关产业协同提升的乡村产业振兴之路。全县有近20万人从事香菇种植、加工和购销，农民纯收入的60%来自香菇产业，香菇年总产量突破20万吨。香菇种植业效益稳定在30亿元左右，与香菇加工、销售等相关的产业综合效益达200亿元以上。近几年，在打赢脱贫攻坚战中，通过产业扶贫到户、项目托管到户、投资分红到户和转移就业到户"四到户"措施，将全县7788名贫困群众全部嵌入特色优势产业链中，人均增收4500元，产业扶贫人口占贫困人口的比重达到91.2%，2020年顺利实现了脱贫致富。香菇产业已经成为乡村产业振兴的主导产业、农民脱贫增收的主要渠道。该县香菇先后获得国家级荣誉27项，省级荣誉28项。其中，影响较大的有全国出口食品农产品质量安全示范区、全国香菇标准化示范县和西峡香菇甲天下等荣誉。一批乡村"菇农"变身小"菇商"，当地培育出全国最大的香菇交易市场，乡村处处绽开朵朵"香菇花"。2020年1月1日，"西峡香菇铁海快线（中欧）专列"正式开通，实现了对俄罗斯等欧洲市场的产地直供。目前，西峡县香菇自营出口企业达到100多家，产品远销俄罗斯、法国、德国、美国、韩国、日本等30多个国家和地区，其中"一带一路"沿线国家20多个。其香菇自营出口额从2005年的不足 350 万美元到 2019 年达到 13.4 亿美元，累计出口额达 66 亿美元，占全国香菇出口额的 30% 左右，是名副其实的全国香菇出口第一县，也是利用山区生态环境优良优势促进乡村特色产业高质量发展的模范。

在河南省食用菌生产规模比较大的还有泌阳县、卢氏县等。在这些食用菌大县的带动下，河南省食用菌产业一直处在快速发展状态，产量和产值已连续 17 年居全国第 1 位。2019 年，河南省食用菌总产量 541 万吨，其中鲜香菇产量达 312 万吨。以西峡香菇为主的食用菌出口额超过 16 亿美元，居全国第 1 位。

5.5.3　主要特征

该模式具有三大特征。一是特色农业味道比较浓。主要是充分利用当地环境优势，瞄准建设特色农产品基地的目标，动员方方面面的力量，围绕地方特色农产品从生产、加工到市场营销做大文章，促进了农业的高质量发展，造福当地老百姓。

二是科技创新支撑力量比较强。地处平原的清丰县与地处山区的西峡县自然地理环境差异很大，可都能够在蘑菇或者香菇种植与加工上形成特色农产品规模化种植加工大县，关键是围绕主导产业的科技创新做得扎实，形成了当地独特的产业技术优势，培育了特殊行业的大规模人才队伍，支撑了特色产业的可持续发展，为当地农民脱贫致富找到了可靠的路径。

三是注重规模化发展。其实，河南各地地方性特色农产品非常多，但很多地方至今仍然停留在特色农产品的生产上，没有形成对市场有影响力的产业规模。清丰县、西峡县之所以能够成功，是因为它们从一开始就高度重视特色农产品的规模化发展问题，很快在市场上形成了越来越大的影响力，成为一种影响广泛的区域性品牌。

5.6　以"巧媳妇工程"为依托的
服装产业集群发展模式

5.6.1　基本概念与意义

由河南省妇联与河南省服装协会联合组织在河南各地实施的"巧媳妇

工程",主要是通过引导女能人创业办项目,以各类巾帼示范基地、专业合作社等为平台,帮助农村贫困妇女和留守妇女等掌握一技之长,实现在家门口或者在家就业脱贫,促进乡村产业振兴、农民安居就业致富的一种产业组织方式。

5.6.2 实践探索

近几年,河南省各地抢抓东南沿海服装产业向中西部地区转移的机遇,积极创造条件,大力改善营商环境,促进服装产业在当地集群发展,成为乡村产业振兴的一大亮点。

地处淮河之滨的淮滨县,常住人口 57.0 万人,县域面积 1209 平方公里。近年来,淮滨县在上级妇联和河南省服装协会的指导下,结合当地实际,大力推进"巧媳妇工程",把农村留守妇女这一庞大的群体转化为承接产业转移的有效资源,让留守妇女实现在家门口就业。该县借全国性服装产业转移大势,积极培育化纤纺织服装产业集群,按照"全产业链专业园区"的发展思路,规划建设了 16 个相互关联、互为配套的纺织服装"区中园",已发展纺织服装企业 142 家,2019 年实现产值 119 亿元,带动从业人员 2.78 万人,其中女性占 65%以上,成为信阳市唯一超百亿级纺织服装产业集群,被中纺联授予"中国新兴纺织产业基地县"称号。

地处豫中南的西平县,常住人口 68.1 万人,县域面积 1089.77 平方公里,是过去传统的农业大县。2016 年以来,西平县委县政府以嫘祖服饰文化为依托,围绕"五大新发展理念",充分利用"西平裁缝"这个全国优秀劳务品牌的专业技能人才优势,切实做好嫘祖文化与服装产业发展的有机"嫁接联姻",与河南省服装行业协会密切合作,大力推进"巧媳妇工程",以智能制造为导向,把产业产能下沉到乡村,以创新的混合所有制模式,发展农村集体经济,以建立"中心工厂+卫星工厂"的形式,安排农村剩余劳动力在家门口或自己家里上班,并吸引外出务工人员返乡创业或就业,有效推动了纺织服装产业集群发展,使纺织服装产业成为西平县快速成长的主导产业之一,在全国的影响力迅速扩大,先后被评为"中国纺织服装转移试点县""国家智慧型纺织园区试点""中国服装制造名城",2018 年智尚工业园被评为"河南省农民工返乡创业示范园"。截至 2020 年底,该县产业集聚区入驻纺织服装企业已由 2016 年的不足 20 家增长到 62 家,服装产业工人由不足 2000 人增加到 7000 余人，年生产服装 8000 万件，产值达 50 亿元，服装产业成为当地乡村产业振兴的主要支柱之一。

5.6.3 主要特点

该模式的突出特点是三个。一是适应全国服装产业转移的新形势。充分利用了近些年东南沿海服装产业向中西部地区转移的机遇，主动创造条件，承接服装产业转移，成为新的服装产业集群发展基地，发展比较快。

二是促进了女工就地就近就业。充分发挥了河南省妇联与河南省服装协会联合推动的"巧媳妇工程"的助推作用，促进了当地女工就地就近就业，既大幅度提升了收入水平，又照顾了家庭生活，深受当地群众欢迎。

三是服装产业发展空间比较大。该产业涉及的县（市）比较多，未来进一步发展对全省乡村产业振兴影响深远，已经引起了各级领导的高度重视。2021 年 1 月，河南省人民政府办公厅发布《关于促进服装产业高质量发展的实施意见》，提出"继续实施'巧媳妇工程'"，"到 2025 年，全省规模以上服装和相关企业主营业务收入突破 3000 亿元，培育年主营业务收入亿元以上企业 30~50 家，形成百亿级产业集群 10~15 个，产业链条更加完善，产业结构更加优化，行业创新能力明显增强，智能化水平显著提高，质量效益进一步提升，叫响一批河南品牌，打造一批领军企业，建成全国重要品质服装制造基地"的目标，推动河南省从服装制造大省向服装制造强省迈进。该文件的贯彻落实，将有力促进全省服装产业的高质量发展，为更多县市乡村产业振兴提供源源不断的新动力。

5.7 特色产业小镇建设模式

5.7.1 重要意义

河南省是全球四大文明发祥地之一的黄河文化主要的集中区域，中华民族传统文化资源特别丰富。再加上河南地处中原，四季分明，物产丰富，各地方特色的产业发展有比较好的基础。因此，无论是挖掘传统文化资源方面大做文章，开拓文化产业发展空间，还是利用乡村振兴的历史机遇发展乡村其他相关产业，促进城乡协调发展，都具有比较大的发展空间。这既是对中华民族传统文化的弘扬与传承，又能够满足广大人民群众就地就近就业的需要，具有长远发展的意义。

5.7.2 初步探索

近些年，河南各地依托当地传统文化与资源禀赋，在挖掘地方特色文化、创新产业形态上下功夫，使全省形成了一批越来越有影响力的特色产业小镇，帮助当地居民大幅度增加了收入，打开了乡村产业振兴的一条新门路。

第一，文旅小镇。魏家坡村，又名卫坡，位于河南省孟津县朝阳镇境内，坐拥北邙福地，南依洛阳，北靠孟津，荣获"中国美丽乡村"创建试点村、中国传统村落、河南省历史文化名村等荣誉称号；周围交通条件四通八达，连霍高速、宁洛高速、洛济高速快速直达。村内保存有比较完整的清代顺治年间卫氏先祖卫天禄及其后人修建的集祠堂、私塾、绣楼、南北老宅于一体的官宦家族宅院，是经典的传统文化积淀丰厚的小镇，是河南省重点文物保护单位，是豫西地区最大、保存最完整的清代建筑群，具有较高的历史文化瞻仰和开发利用价值。2020 年 11 月，该村被评为第六届全国文明村镇。其主要特色，一是清代古民居特色建筑群。魏氏古民居占地面积 42000 平方米，由天井窑院、簸箕窑院、靠山窑院、南北祠堂、私塾、三进院、五进院、车马院、逃生通道、望台、望楼组成，古民居共有厅、堂、楼、廊 567 间，窑洞 76 孔。宅院青砖灰瓦，布局对称，房上有五脊六兽、狮子海马等装饰，路南全是七进院，路北则是五进院，各种木雕、砖雕、石雕等尤为精美。魏氏古民居是中原地区保存最为完整、规模最大、种类最全的清代建筑群落，有"民间故宫"之称。魏氏古民居布局严谨，建筑精美，是中原地区民居建筑的典型代表，在建筑体系上保持了中国清代建筑一脉相承的传统风格。难能可贵的是，它不仅有北方建筑雄伟高大、粗犷浑厚的风格，又吸取了南方建筑小巧玲珑、清新秀丽，丹楹刻角的特色，集南、北方建筑艺术于一体，形成了自成一家的独特风格。二是魏家名人故事。魏家曾经出过 4 位诰命夫人、29 位七品以上官员，其家传、家教、家风、家规等都成为很多游客关注的热点。细细品味，确实有很多传世经典、启迪智慧的好故事。三是魏紫牡丹的诞生地。据欧阳修的《洛阳牡丹谱》记载，有樵夫从万安山中挖来野牡丹一株，被魏仁浦买下，栽种在自己的私家花园"魏氏池馆"。经过改良嫁接，终于培育出名扬天下的魏紫牡丹。魏紫牡丹被誉为牡丹之后，其花朵硕大丰满，花瓣重叠高耸紧凑，花形直立状如皇冠；花瓣紫红，金蕊点缀其间，耀眼夺目。远观色泽艳丽，近闻芳香浓郁，人们为了一睹芳容，争先恐后涌入"魏氏池馆"，一时观花者络绎不绝，盛况空前，正如诗所写"唯有牡丹真国色，花开时节动京城"。现在，该品种仍然是"洛阳牡丹甲天下"的代表性品种之一。四是特色演艺沉浸式实景演绎魏坡谣。根据魏家传世经典故事编排的节目，每天安排有多场演出，彰显地方文化特色，给参观者留下了深刻的印象。五是特色美食街。该村支持发展本地特色美食 60 家、非遗文创产品 7 家，引进省内外知名特色业态 30 家，为旅游者提供了丰富多彩的传统美食餐饮体验。近些年，在科学合理保护文物古迹的基础上，引进外来资本第一期投入 5.7 亿元，开发形成颇有影响的特色文化小镇。2019 年秋季，河南省农民丰收节开幕式主会场在魏家坡成功举办，进一步扩大了魏家坡的影响。经过当地党委政府与相关投资方持续几年的共同努力，逐步铸就了魏家坡"古民居建筑群+魏家名人故事+魏紫牡丹+现代资本运作+特色小吃+官方大型活动"系统性开发模式，使该地由过去传统文化村落晋级为现在的乡村旅游热点，甚至成为网红打卡地，每每遇到节假日，魏家坡村总是车水马龙，热闹非凡。

获嘉县同盟古镇·袁家村文旅小镇，位于获嘉县亢村镇府庄村，是一个由投资方河南袁家村文化旅游产业发展有限公司推动的以"传统建筑文化+同盟文化主题公园+民宿体验+特色小吃+文旅活动"等为支撑的文旅小镇项目，目标是逐步打造一个活态中原古村落建筑博物馆。该项目总投资 50 亿元，占地面积 2000 亩，总建筑面积 40 万平方米。项目全部建成后预计可实现年游客接待量 600 万人次，年旅游收入约 30 亿元，带动周边就业人口约 1 万人。一期工程是袁家村核心体验区和同盟文化主题公园，占地 270 亩，已于 2019 年 9 月建成并投入运行，成为当地农民就业、提高收入水平的主要途径。由于距离省会郑州较近，吸引郑州大量年轻人晚上或者周末前往体验，比较快地成为一个新的网红打卡地。该项目主要通过五种方式促进当地乡村产业发展、农民增收。一是通过工程服务项目，增加所在地集体经济收入。项目所在村集体成立服务公司为项目提供工程和技术服务，开工以来共有数百万元的工程交付该公司施工，为村集体创造数十万元的收入。二是提高农产品附加值,增加农民收入。把当地农产品转化为特色商品,将本地常见的小麦、水稻、大豆、芝麻等 10 余种农产品统一打造成"袁家村"公共品牌,摇身一变成为游客特色小吃,有效促进了农民增收。开业以来,有多家农业合作社与袁家村合作,通过溢价收购等方式带动周边 2000 多家农户实现增收。三是提供就业岗位,直接增加农民收入。袁家村通过为农民提供就业创业岗位,把群众转化为参与者,把农民转化为从业者,参与景区活动的民间艺人、美食烹饪者、非遗手工者以及参与保安、保洁的服务者等 70% 以上均来自获嘉县域内,为周边村民提供了一个稳定的创业就业舞台。项目全部完工,将提供 1 万个就业岗位,目前一期开业提供 1000 个就业岗位,基本都是附近村民,年人均增收 2 万~6 万元。四是签订定向服务协议,增加当地贫困弱劳动力收入。为解决贫困户中弱劳动力务工难、收入低的问题,袁家村与服务公司签订定向服务协议,接收 46 名贫困户中的弱劳动力参与保洁服务,保障人均增收数千元。五是袁家村每年都无偿给贫困户捐赠 1 万~3 万元,用于对贫困户的慰问和救济,帮助贫困户改善生活条件。

中牟县建业·华谊兄弟电影小镇,位于郑州近郊中牟县境内郑州国际文化创意产业园。2015 年项目奠基开建,2019 年国庆黄金周前开业。该小镇以电影场景为形、以历史文化和城市记忆为魂,集电影场景游览、电影文化展示、电影互动游乐、民俗和非遗体验、大型系列演出、特色餐饮、主题客栈等于一体,比较符合城市居民休闲消费需要。开业以来,很快成为郑州周边最热门的网红打卡地。

第二,制造业小镇。洛阳新材料及智能装备科创小镇,由涧西区人民政府与洛阳理工学院科技园共同建设,小镇以企业为投资主体,形成市场化开发运营机制,通过资源整合以及市场化的运作管理方式,形成多方参与、多元互动的特色小镇创建局面。到 2020 年 10 月,科创小镇已完成投资 20.69 亿元,入驻企业 800 余家,主导产业相关企业占比 70% 以上,完成特色产业投资 12.6 亿元,发明专利拥有量 118 项。规划到 2025 年,科创小镇入驻各类企业主体达到 3000 家。

夏邑县会亭镇打火机产业集群。会亭镇打火机产业发展起始于 20 世纪 90 年代,经过多年培育,现已发展成为全国最大的一次性打火机和配件生产及出口加工基地,形成了以会亭为中心、辐射周边 8 个乡镇的产业集群。

目前，该镇拥有注塑机、焊接机等打火机配件生产设备5000多台套，形成了日产1500万只打火机机壳的生产能力，年产销打火机50亿只，其中出口打火机26亿只，打火机及相关产业实现年产值25亿元，吸引周边居民2万多人就业。

第三，特色养殖及加工业小镇。在济源市承留镇孤树村大东凹，依托济源阳光兔业科技有限公司大力发展兔业经济，形成了"公司+农户+加工""公司+合作社+农户"等多元发展模式，创造了集"种、养、加、餐、旅、研"于一体的肉兔全产业链循环发展路子，建立了与国际接轨的现代肉兔产业链体系，实现了"小农户"与"大市场"的有机融合，年出栏伊普吕配套系种兔40万只、生物实验用兔10万只以上、商品兔100万只，成为全国唯一的法国伊普吕曾祖代配套系种兔供种基地、河南省规模化实验兔供应基地。2019年主营业务收入达1.9亿元，成为闻名全国的兔业经济基地。

第四，其他产业小镇。国家与地方林业部门推进的森林小镇，充分利用丘陵山区林木茂盛或平原地区森林覆盖率较高的部分地区的自然条件，以绿色健康为理念，发展康养文旅等产业。国家与地方体育管理部门推进的运动休闲小镇，以体育比赛与康养为支点，促进了这类小镇特色产业的发展。

5.7.3　主要特点

通过对这些实际案例的分析，我们认为特色产业小镇建设模式突出的特点有四个方面。一是突出产业特色。特色产业小镇的关键内涵在于产业特色，特色产业小镇建设必须以特色为本，在特色产业上下功夫。二是大打文化牌。在传统文化上做文章，以中原传统建筑为载体，以历史印记为标签，以民间说唱等艺术形式为热点，让参与者能够记得住乡愁，唤醒其愿意多次到访和全家人一起到访的意识。三是不忘吃的硬道理。以传统特色小吃为卖点，既吸引游客全家出动，共享美食美味和"家和万事兴"的家庭和谐氛围，也保障项目运行的资金流支撑，为特色小镇可持续发展提供源源不断的动力。四是特色产业小镇建设要有足够的资本支撑。中原大地历史厚重，传统文化博大精深，特色产业发展潜力大，各地均有大量内容丰富的故事可以传扬，有各种各样的特色资源可以利用。但是，为什么只有部分地方可以盘活传统文化资源，成为新的文旅产业发展热点？为什么只有少数地方可以形成影响较大的特色产业集群，成为当地乡村振兴的就业高地？就是因为有工商资本的大力度介入。因此，完善相关政策，促进工商资本进入乡村产业振兴的各个领域与每一个环节，是乡村产业振兴中需要特别引起高度重视的一个现代经济学问题，也是进一步促进特色产业小镇建设的一大法宝。

5.8 普惠金融试验发展模式

5.8.1 基本概念

普惠金融，是指立足于社会发展机会平等和商业可持续原则，以可负担的、较低的成本为有金融服务需求的社会各阶层和群体提供适当、有效的金融服务。一般情况下，小微企业、农民、城镇低收入人群、贫困人群和残疾人、老年人等特殊群体是普惠金融的重点服务对象。

5.8.2 试验探索

2016 年以来，在党中央、国务院支持下，河南省通过探索普惠金融扶持小微企业和贫困户发展的方式，在促进乡村产业振兴方面初步显示出现代金融的独特魅力。

2016 年，在充分调研与论证的基础上，河南省结合农业大省、人口大省、县域经济占比大、贫困人口多的特殊情况，提出把普惠金融作为全省金融改革创新的突破口，探索普惠金融促进地方经济发展的具体路径，选择代表性较强的国家级贫困县——兰考县作为试点，制定了普惠金融试点方案。2016 年 12 月，兰考普惠金融试验区方案获国务院审批同意，由中国人民银行联合银监会等 8 部门联合印发，成为全国第一个国家级普惠金融改革试验区，河南省也因此实现了国家级金融改革试验区零的突破。兰考县自普惠金融改革试验区获批以来，立足县域经济发展需求和普惠金融的特殊性，稳妥有效地推进各种普惠金融改革创新措施，将政府引导与市场主导有机融合，推动传统金融与数字金融协同发展，解决了农村金融发展中的融资难、融资贵、信用体系不完善、风险防控机制不健全等问题，有效提升了现代金融服务的可能性、覆盖面等，为助力脱贫攻坚和乡村产业振兴提供了比较得力的金融支持。

通过务实探索,兰考县创新出以数字普惠金融为核心的"一平台四体系"兰考模式和"12345"工作推进方法。其中,"一平台四体系"是兰考模式的重要创新。"一平台"是指打造普惠金融数字服务平台,推动解决普惠金融服务的"低效率、高成本、风控难"等问题。"四体系"是指建设普惠授信模式体系,针对一些农民信用记录空白及有效抵押担保资源匮乏的实际,变革传统小额信贷的"信用+信贷"流程,创新推出"信贷+信用"普惠授信模式,推动解决农民贷款难、贷款贵、贷款慢问题;建设乡村普惠金融服务体系,让金融服务深入基层,推动解决金融机构下乡成本高、基层服务人员不足问题;建设"信用信贷相长"体系,开展信用信贷相长行动,实施相应的守信激励和失信惩戒措施,旨在促进信用信贷的相互促进,引导农户增强守信诚信意识,不断提升农村的信用环境建设水平,推动解决农村信用体系建设难、信用环境差等问题;建设"四位一体""分段分担"的信贷风险防控体系,除了出资设立风险补偿基金、周转还贷金之外,还探索了"银行、政府、保险公司、担保公司"四位一体的分担机制,对出现的贷款不良率进行分段责任划分,2%以下的不良损失由银行全部承担,随着不良损失比率的上升,政府风险补偿基金的分担比例也随之上升,由此减轻了银行的运营成本和风险,解除了银行支持乡村振兴的后顾之忧,也同步压实了地方政府优化农村信用环境建设的主体责任,系统性推动解决了银行贷款中风险分担责权利不对等问题。"12345"工作推进方法,是实践探索积累的有效工作机制。其中,"1"是指为贫困县域探索出一条可持续、可复制、可推广的普惠金融发展之路,"2"是指组建"县普惠金融工作领导小组、普惠金融改革试验区管委会"两个机构,"3"是指建设"县普惠金融服务中心、乡普惠金融服务站、村普惠金融服务站"三级体系,"4"是指推出"针对建档立卡贫困户的产业发展信用贷、针对一般农户的普惠授信贷款、针对农业经营主体和小微企业的贷款、针对产业链龙头企业带动农户的产业链融资模式"四种金融服务产品,"5"是指提供"人力保障、产业发展支撑、政策激励引导、要素平台、能力建设"五重保障。经过持续探索与大胆创新,兰考县普惠金融改革试验区建设取得显著成效,并形成良好的示范带动效应。普惠金融提升了小微企业与贫困户等金融服务的可得性,推动了农民脱贫致富,促进了乡村产业振兴,助推了乡村治理创新，形成了人人讲诚信讲信用的良好社会风气。在普惠金融试点力量推动下，该县经济社会全面加快发展步伐，于 2017 年 2 月率先实现脱贫摘帽，普惠金融指数实现了大幅度跃升，在河南省县（市）的排名由 2015 年的第 22 位升至 2017 年的第 1 位，并保持至今，主要经济社会指标增速持续位居河南省前列。从 2018 年上半年开始，兰考普惠金融模式在河南省 22 个试点县（市、区）进行复制推广，均取得比较显著的效果，也引起全国各地普遍重视，展示出现代金融促进乡村产业振兴的勃勃生机和旺盛活力。

卢氏县，地处河南省西部深山区，县域面积 4004 平方公里，辖 19 个乡镇、10 个居委会，常住人口 36.0 万，是国家级贫困县、秦巴山集中连片特困地区扶贫开发工作重点县，也是河南省 4 个深度贫困县之一。2017 年创建金融扶贫试验区之际，全县共有贫困人口 16301 户 50628 人，贫困发生率为 15.23%，是河南省贫困发生率最高、贫困程度最深的县。借鉴兰考县普惠金融改革试点方案的经验和国务院批准该方案中蕴含的改革创新思路，2017 年 2 月，在省、市相关部门的支持和指导下，卢氏县以创建金融扶贫试验区为契机，在找准"五大障碍"的基础上，建设了"四大体系"，探索出了金融助力产业发展的金融扶贫"卢氏模式"，从体制机制上破解了小额扶贫信贷政策落地难题，为推进扶贫产业可持续发展、接续推进乡村产业振兴贡献了独特智慧。

经过系统调研分析，贫困地区信贷政策落地难存在"五大障碍"。一是金融服务供给不足。原有的金融机构和金融从业者对金融服务的保障能力不足。当初，卢氏县有 6 家金融机构，其中只有农商行在乡镇设有服务网点，信贷员人均要服务 1000 余户 3000 余人，金融供给严重缺失，基层金融服务缺口大。金融资源供给的有限性与面广点多的金融需求矛盾突出，金融服务的有效性和可得性没有保障，小额信贷支持产业发展的应有作用没有办法发挥出来。二是信用体系不完善。广大农村地区信用信息严重缺失，导致在小额信贷发放中传统信用评价机制难以发挥作用，无法准确识别贫困户的信用状况。同时，仅仅依靠金融机构完善信用体系也不具有可行性。对于有限的银行信贷人员来说，农村地区地域广阔、人口众多，采集信用信息成本高、效率低，不具有可操作性。三是农户发展缺乏基本的产业支撑。乡村振兴，产业先行，产业扶贫是贫困地区摆脱贫困的基本路径。贫困地区大多资源匮乏，缺乏必要的产业支撑，几乎没有完整的产业链，贫困户也缺乏稳定增收的产业支持。即便是得到有关方面支持上了产业项目，后续也面临着项目选择是否对路和是否能够盈利的问题。特别是对于贫困县来说，即便是有产业带动，但是贫困户经营能力有限，抗风险能力较弱，金融机构出于风险管控考虑，对贫困户放贷的积极性不高。四是贫困户风险管控难度大。小额信贷主要是针对贫困户，以信用作为担保，一旦经营出现风险，金融机构就会面临较大的风险损失。因此，金融机构在推进小额信贷时普遍存在惜贷、慎贷和拒贷的情况。五是金融机构商业可持续性难以维系。与大额信贷业务相比，小额信贷面向众多的贫困群体，贷款额度小、笔数多，信贷人员需要投入更多的时间和成本，尤其是一些贫困山区由于居住分散，更是推高了信贷成本。以邮储银行卢氏县支行为例，信贷业务中的人工成本高达 3.00%，而小额信贷政策制定的基准贷款利率为 4.35%，这种情况导致银行几乎没有盈利空间。面对刚性的执行政策，如何实现信贷成本的降低，保持商业银行的盈利和可持续性，将直接影响银行投放小额扶贫贷款的动力。

针对以上"五大障碍"，卢氏县立足于建立健全"四大体系"，推动小额信贷政策有效落地。一是建立健全金融服务体系。成立县金融服务中心、乡金融服务站、村金融服务部三级金融网络，明确三级网络各自分工，建立了三者有序衔接的制度流程，形成了有机构牵头推动、有人员负责办理、有流程发放贷款的工作格局，有效解决了银行服务不足、金融服务难以保障的难题。全县信贷人员由原来的 118 人增加到 1981 人，金融服务的可得性大大增强，如农户的贷款业务办理时间由过去的"无限期"缩短为"4个工作日"，金融服务实现了"多人管"和"管到底"。二是建设信用评价体系。为了给小额信贷提供信用评价基础，该县依托人行郑州中心支行的农村信用信息系统，按照一定的定性标准和 13 类定量指标采集农户信息，建立起覆盖全县的信用信息数据库，并对数据库信息进行定时和及时的更新维护，确保信息的准确可信，为每个农户都建立起信用档案。依据信用档案的不同分值，对农户的授信划分为四个等级，分别给予 5 万~20 万元的信用额度。全县共采集了 8.9 万户农户信息，采集率为 96.7%，有信率达 86.3%。同时，与中农信公司联合开发了金融扶贫贷款信息支持系统，实现了信贷人员信用评级全程参与、授信结果银行认可、三级体系互联互通。

三是建立乡村产业支撑体系。按照积极发展绿色农业、特色工业和现代服务业的思路，形成多种产业扶贫方式。先后建立"金融+特色产业""金融+产业扶贫基地""金融+新型经营主体""金融+产业项目"等多种产融结合机制，将金融扶贫与产业深度融合发展，小额信贷全产业链条深度参与，化解贫困户单打独斗发展产业带来的市场风险。一方面，立足资源优势，围绕特色产业和农村一二三产业融合发展，持续实现金融扶贫资金的投入；另一方面，重点支持贫困群众发展投资少、见效快、效益高的种植、养殖和农产品加工等产业项目，促进农民实现稳定增收。四是构建风险防控体系。基于小额信贷业务风险高的实际，卢氏县建立了服务体系监控、项目资金监管、保险跟进防范、风险分担缓释、诚信文明激励、惩戒约束熔断等六种机制，实现了对风险的有效把控。将贷款风险的防范置于信贷业务的全流程，从贷款审核和贷中监督到贷后违约责任的追究，最大限度降低信贷风险，金融机构也由拒贷、惜贷变为主动放贷。同时，信用信息的建设与文明诚信、基层党建实现了全面融合发展，对守信行为进行激励，对失信行为进行惩戒，推动了全社会诚实守信良好风气的形成。

通过建立健全金融扶贫"四大体系"，金融扶贫的撬动、放大、聚合、外溢效应凸显，现代金融促进地方经济社会发展的效果日益显著。自开展金融小额贷款扶贫以来，全县农业龙头企业由17家增加到52家，核桃种植面积由42万亩发展到100万亩以上，高效连翘种植面积由50万亩增加到87万亩，食用菌由1亿棒增加到2.2亿棒，蔬菜产业大棚由100座发展到3290座，全县农民专业合作社由182家发展到1569家。截至2020年8月底，卢氏县累计投放金融扶贫贷款1.95万笔20.4亿元，其中贫困户贷款9748户1.9万笔9.24亿元，户贷率为42.47%。通过金融支持产业发展，带动3.5万户实现就近就业，有2.8万余人自主创业、发展产业，其中贫困人口9800余人。2020年2月底，河南省政府常务会议批准包括卢氏县在内的14个县退出贫困县行列，标志着卢氏县金融扶贫取得重要成效，乡村产业振兴获得了源源不断的金融供给活力。

5.8.3 主要特征

2017年4月25日，习近平总书记在主持中共中央政治局第四十次集体学习现代金融时指出，金融是现代经济的核心。保持经济平稳健康发展，一定要把金融搞好。对于乡村产业振兴而言，现代金融服务更是及时雨与动力源。从我们调研获得的实际案例深度分析，其突出特征有四个方面。

第一，普惠金融是补齐乡村产业振兴金融短板的有效途径。需要在进一步总结兰考县以及扩大试点以后各地探索实践的基础上，积极推广普及普惠金融服务乡村振兴的更多政策，为乡村产业振兴注入现代金融的活水，从内在机制上增强乡村产业振兴的活力与动力。

第二，数字化、智能化为普惠金融的全面发展提供了新机遇。尽管普惠金融在服务弱势群体和农业农村发展中有着诸多优势，但是由于传统普惠金融渠道有限、创新不够等，在提高覆盖率、提升产品多样性和实现金融机构的可持续发展能力方面一直存在不足。将大数据、人工智能、区块链等现代科技应用于普惠金融领域，通过数字技术赋能普惠金融，既改变了传统普惠金融的信贷思路，也提高了普惠金融开拓市场的能力和运行效率，有效降低了普惠金融的服务成本和运营风险，打通了现代金融服务乡村"最后一公里"的难题，赋予普惠金融新的发展活力。从长远发展看，普惠金融的出路在于相关政策支持的数字化、智能化。

第三，普惠金融服务乡村产业振兴需要有不断创新的政策支持。兰考试验区在推进普惠金融发展方面，将普惠金融的发展作为实施乡村振兴战略的助推器，不断强化普惠金融与乡村产业振兴的深度融合，建立与完善适合农业农村发展的普惠金融体系，以提升金融服务乡村产业振兴的水平和能力。如针对建档立卡贫困户推广产业发展信用贷、针对一般农户推广普惠授信贷款、针对农业经营主体和小微企业推广"三位一体"贷款、针对龙头企业推行产业链融资模式等，以产品和服务创新的方式满足了多主体多层次金融需求。"卢氏模式"是现代金融助力乡村产业发展的模式创新，在金融扶贫过程中，必须围绕乡村产业的发展做文章，引导金融资源支持乡村产业的发展或支持区域特色产业、优势产业发展，构建起金融支持乡村产业振兴的长效机制，这样才能发挥现代金融扶持乡村产业振兴的强大动力作用。

第四，普惠金融可持续发展需要建立健全风险防控体系。尽管普惠金融具有广泛的包容性，但普惠金融并不等同于扶贫，它也需要秉持商业可持续性原则，实现收益对服务成本和风险的有效覆盖。然而，普惠金融面向的是弱势群体和经济社会发展的薄弱环节，具有高风险的特性，如果没有健全的风控机制，容易导致大量的风险积累，并直接伤及金融本身的发展。因此，未来保障普惠金融的商业可持续性，必须全面建立健全风险管控体系，充分利用大数据、数字化、智能化等现代金融科技手段，创新普惠金融业务的各个管理环节，加强政府在金融监管中的作用，防止普惠金融试行过程中局部的风险逐步演化为系统性和区域性风险。

5.9　农村电商发展模式

5.9.1　重要意义

电商，作为现代服务业的一大热门领域，在全球发展迅速。我国大中城市电子商务发展普及特别快，对提升全社会资源配置效率起到了特别大的作用。广大农村地区居住分散，更需要电子商务这样的现代服务业全面进入，以利全面提升农村地区各类资源配置效率，既方便群众的生产生活，又促进乡村居民收入水平的较快提升。

5.9.2　实践探索

近些年，伴随着电子商务技术的普及，农村电商也迅速铺开，既促进了农特产品特别是时令农产品的快速销售，也培育了农村创业就业的新渠道，为乡村产业振兴开辟了一条新通道。

地处豫东平原的宁陵县，常住人口50.8万人，县域面积798平方公里，是比较传统的农业县，粮食作物以小麦、玉米为主，是远近闻名的酥梨之乡、温棚葡萄之乡，是国家扶贫开发重点县。近年来，随着互联网购物浪潮的兴起，该县抢抓数字经济发展新机遇，积极探索电子商务进农村发展新模式，通过电商人才培训、质量保障与追溯体系建设、现代流通体系建立等多种举措，推动产业与电子商务、追溯体系建设融合发展，联合相关科技公司积极探索"电商+追溯"扶贫新模式，加强农产品产销对接，助力精准扶贫和乡村振兴。2015年2月，宁陵县启动电商工作。2016年，投资建设科创电商产业园。2017年，该县被商务部、财政部、国务院扶贫办评为"国家级电商进农村示范县"。到2019年，产业园入驻优质企业65家，成功孵化企业50多家，带动从业人员1300余人。电商产业园对接县域优质企业实现农产品上行 35 家，增加就业岗位 500 余个；对接阿里、京东、苏宁、云集、拼多多等多家知名电商平台，开设店铺 200 多个；注册农特产品品牌 40 余个，梳理全县农特产品 20 余个；建设村级电商扶贫服务站 200 余个（贫困村覆盖率超 50%），帮助贫困户实现网上代买代卖、生活缴费及快递收发等服务。2019 年，在国家级电子商务进农村综合绩效考评中，宁陵县成绩位居河南省第 1。2017 年全县电商交易额突破 1 亿元，2018 年突破 2 亿元，2019 年达 3.8 亿多元，发展速度很快。通过发展农村电商，带动有能力有意愿的贫困户网络创业就业 1641 人，人均增收 1200 余元，帮助贫困村"云上"销售酥梨、土豆、大蒜、红薯、粉条等 51 万件，带动贫困村农产品销售 4800 余万元。在该县乔楼乡秦庙村十里铺，电商"新兵"张澳在拼多多的"十里小铺"网店一天下单 1180 单，成交额 27198.50 元，代下单 2027 单，当年就完成 20 多万单销售 200 多万斤农产品，营业额 500 多万元，帮助当地贫困户销售大蒜、洋葱百万斤以上，新鲜采摘的花生、小黄瓜直接对接全国各地的客户，仅 7、8 月份就销售鲜花生 100 多吨。通过农村电商发展，有力地推动了农民创业就业、开拓农村消费市场，从而促进农民增收、农业增效、农村发展。2019 年 5 月，宁陵县经省级专项评估检查正式脱贫摘帽，其中农村电商对提高农村居民收入起到了非常重要的作用。

鲁山县地处河南省中南部的伏牛山东麓，县域面积 2432.32 平方公里，常住人口 78.0 万人。由于丘陵山区的地理环境，全县名优土特农副产品众多，有驰名全国的张良姜、大年沟血桃、董周乡五里岭酥梨、瓦屋镇蒲公英茶等。近几年，伴随着蓝莓基地建设，库区乡的蓝莓名声大震，品质优良，产量比较高，产品影响力快速提升。另外，西部山区的椴木花菇、野山蜂蜜等也各具特色。这两年，网络直播带货的新业态火遍全国，为了借此机遇把当地的名特优产品推向全国，2018 年，由鲁山县政府出资，建成了一座使用面积 7500 平方米的鲁山县电子商务公共服务中心及电商产业园，成为很多开展电商创业的年轻人就业的平台。2019 年 7 月，县商务局在电商产业园又投资装修了 6 个直播间，最大一间有 60 多平方米，供各路网红包括当地县乡领导或企业家代表直播带货时免费使用。又建成实操教室 2 个，每个教室里面都装有 50 个电脑机位，同样免费提供给从事电商创业或者就业人员使用。2020 年以来，鲁山县积极构建农村电商生态链,通过"电商企业+经营主体+贫困户"模式,帮助贫困群众参与网上销售自产的各种农产品。同时,利用网络平台开展电商培训,大力培养农村电商实用人才;开展贫困村、贫困户农产品信息收集,加强农副产品、生产资料和社会需求等信息对接,发挥农村电商服务网点的特色优质农产品上行和生产资料下行功能,帮助拓展农产品销售渠道。在2020年疫情期间,鲁山县开通电商线上培训若干期,线下培训多期,培训电商人员1500多人次。上半年,全县完成电子商务交易额3.3亿元,其中农产品网络销售7000余万元,电商服务已覆盖全县所有乡镇,共有40多万当地农村群众受益。

5.9.3 主要特点

根据我们调研以及与基层人员反复讨论的情况,农村电商发展的特点主要有以下三个方面。

第一,发展比较快。正像电商在城市普及与推广一样,农村电商最近几年发展速度也特别快,尤其是2020年在新冠肺炎疫情影响下,农村电商发展普及速度更快,很多县市农村电商销售额近几年平均增速均在30%以上,2020年增速高达50%以上。

第二,农村电商对盘活农产品资源具有非常重要的作用。广大农村地区,各种各样的农特产品资源比较丰富。但是,很多农特产品的特点之一是批量比较小,市场的知名度有限,按照传统方式顺利进入市场比较困难。而通过农村电商的方式进行营销与宣传,有地方特色的农产品就很容易被各种各样的消费者认可与购买。正是由于这种新型业态的影响,盘活了农村地区很多质量好、批量小、有地方特色的农特产品资源。

第三,农村电商发展管理中存在着技术支撑体系不完善的短板。目前,比较突出的是各地快递业务体系建设不均衡,直接影响农村电商均衡化推进。对于农村电商快递体系比较弱的地域,直接影响着当地电商业务的快速发展,直接表现形式之一就是当地比较好的农产品销售不畅,甚至有些农产品还出现滞销现象,需要引起各方面高度重视。

5.10 乡村土地资源盘活模式

5.10.1 重要意义

乡村地区最大的资源优势就是拥有比较丰富的土地资源。按照经济学原理上最为经典的理论体系,劳动是财富之父,土地是财富之母。因此,乡村土地资源如何科学、合理、高效、市场化利用历来都是乡村振兴研究的重中之重。

5.10.2 实践探索

河南各地积极探索土地资源盘活的具体方式,已经显示出提升当地群众或集体收入的比较重要的作用。

在耕地资源盘活方面,南阳市宛城区近几年提出并探索的"准股田制"土地托管经营模式显示出比较好的实际效益。该区下辖8个乡镇5个街道,常住人口94.2万人,其中农村人口32.8万人。现有耕地69.7万亩,2019年粮食总产量8.16亿斤,土地流转面积21.5万亩,占耕地面积的30.8%,109个农民专业合作社、49个家庭农场、14个涉农企业及49家种粮大户参与了全区的土地流转托管工作。其中,河南文景园农业科技有限公司探索推进农业"准股田制"土地托管经营模式,已实现规模经营2万多亩,大幅度提升了农民的收入水平,有力地推动了乡村产业振兴。该公司坚持"让农民增收、让农业增值、让农村增色"的新理念,以"股田制"土地托管新模式为主体,以农业综合管理及金融服务为两翼,全面整合相关产业资源,着力打造可持续发展的农业共同体。目前,独具特色的准股田制土地托管模式在全区4个乡镇18个行政村已成功运行,并与农业农村部农业技术推广中心、中国农业科学院等机构达成合作关系,通过农业科技创新、全产业链资源整合,推动了小农户与现代农业的有机衔接。其运行模式的核心是村民将农地经营权委托给村集体,村委会(合作社)再流转给企业,农民一亩一股,企业以自己的经营资本和田间管理等占另一半的股份,保底收益为略高于当地耕地平均租金的定额,折算成市场价下的大宗作物产量(200公斤小麦+200公斤玉米,首轮合同为期为3年);分红方法为企业与农民各占一半。在经营上，企业负责耕、种、管、收、贮、运、销等全环节，种子、化肥、农药等直接从相关厂家订货，企业与中国一拖、无锡汉和（无人机）等开展以租代售农机合作，小麦定向卖给思念公司，玉米定向卖给牧原公司，青贮饲料卖给花花牛公司、三色鸽公司等，还开展有机肥生产、秸秆综合利用、电商平台、特色农业（艾草、金银花、红薯等）等业务板块。在利益激励约束上，企业与三方都有协议：每50亩设一个管家，管家的收入与产量挂钩，地块在流转时分为一、二、三等，每个等级对应不同的产量标准；企业支付村委会每年每亩10元的管理费，用于农产品、农业生产资料等治安管理；农民虽有保底收益，但在治安管理上也负有监管责任。如果发生农产品被盗等损失，首先从管理费中扣除，不足部分从农民保底收益和管家收入中扣除。此外，分红收益标准由农民、村集体、管家共同确定。在效益上，小麦产量600~650公斤/亩，约合1400元；玉米600公斤/亩，约合1200元，两项合计共收入2600元，扣除地租1000元以及农资、浇水等支出约400元，亩均净收益约1200元。按照农民、企业各一半进行分红，则企业亩均净利润达600元，农民则相当于收入1600元/亩，远远高于农民分散种植收益。在风险防范上，小麦、玉米等大宗作物均有现成的险种，其他特色作物与当地保险公司进行相应险种的量身订制。这种方法试行以来，盘活了耕地资源，提高了耕地和农民的收入水平，企业盈利情况也比较好，显示出比较好的进一步扩大发展规模的前景。

新郑市城关乡结合当地实际，探索盘活乡村土地资源的新途径，成效显著。该乡下辖14个行政村，面积40平方公里，人口3.2万。近几年，以盘活乡村土地资源的思路，着力解决农村公共服务体系建设用地问题。面对建设用地怎么找、腾出空间建什么、建成之后如何用，城关乡因地制宜，向内挖潜，充分运用"用脚步丈量乡村"工作方法，通过盘活土地资源，补齐发展短板，探索出了在实施乡村振兴战略进程中构建农村公共服务体系的新路子。2020年，该乡组织200多名乡、村两级干部走村串巷，对闲置荒地、闲置厂房、闲置学校、闲置村部、闲置宅院等资源进行遍访细查，累计摸排出能够有效利用的闲置资源162处、土地278余亩。在此基础上，将闲置资源优先用于村级公共服务配套设施建设，这些昔日无人问津的"五闲资源"，如今成了群众流连忘返的好去处。他们聘请专业团队编制村庄规划，高标准实施"五小项目"建设（打造小讲堂14个、小书屋8个、小广场 18 个、小游园 35 个、小舞台 8 个），实施"修百里路、亮千盏灯、暖万民心"惠民工程，修建乡村道路和宅前路 86 公里，安装路灯 2630 盏，做到一张蓝图谋划好、量力而行实施好，空间落到规划上、项目落在土地上。当地群众反映，以往是"活动无处去、锻炼没地方、饭后打麻将、没事闲逛荡"，现在是"吃饱三顿饭、就到村里转、蹦跳有舞台、活动在游园"，促进了群众的精神文明建设。按照就近就便管理原则，把 160 多名党员纳入公共服务设施管理队伍，开展"我家有党员、乡亲向我看"活动，使游园有园长、广场有场长，党旗飘在场地上、身份亮在岗位上。利用建成的公共服务平台，组织疫情防控及公共卫生知识宣讲 50 多场次；举办白居易故里文化节、戏迷擂台赛、乡村运动会，开展剪纸、绘画、家政、烹饪等培训，参与群众上万人次。组建 36 支红色文艺轻骑兵，经常性开展文艺活动，形成村村有阵地、人人是演员、处处有舞台的新局面，调动群众参与的积极性，增进了群众的文化福祉，深受群众欢迎。

5.10.3　主要特点

根据我们调研了解的情况，该模式突出的特点有三个。第一，土地资源盘活潜力比较大。无论是耕地资源，还是乡村闲置建设用地资源，都有比较大的盘活空间。只要路子对头，充分发挥市场在优化配置资源中的巨大作用，提高土地资源利用效率大有文章可做。

第二，提升基层组织的领导能力是盘活土地资源的关键。只有乡村基层的组织健全，基层干部领导能力比较强，才能够一心一意与群众同甘苦、心连心，共同结合当地的实际情况发现问题、解决问题，最终为提高老百姓收入水平找到新的路子。

第三，进一步认识土地资源创造价值的能力非常重要。其实，土地是财富之母是一个经济学上的基本命题，也是创造财富的有效途径。改革开放以来，我们国家就是早期通过盘活乡村耕地资源破解了我们人多地少国家的吃饭难题；1992 年邓小平南方谈话以后，就是通过盘活城镇土地资源开启了城镇大规模建设的大棋，为城镇居民创造了巨额财富。在市场经济条件下，结合构建新发展格局的要求，从细处着眼，从基层做起，探索更多新的方法，盘活乡村土地资源、推进乡村建设、增加当地农民的收入仍然大有潜力可挖。

5.11　初步结论

以上10种乡村产业振兴的地域模式，虽然各具特色，内涵差异较大，但是共性的理论支撑点仍然比较明确。

5.11.1　河南省乡村产业振兴地域模式丰富多彩

河南省地处中原，山河壮丽，物华天宝，历史文化底蕴深厚，农业生产条件特别好，历来是国家粮仓和很多著名土特产品生产基地，在全国"三农"发展方面具有非常好的典型性和代表性。近几年，在地方党委政府领导下，经过基层农民的积极探索，河南省乡村产业振兴路子越来越宽广，产业振兴的地域模式丰富多彩。以上初步梳理出来的10种乡村产业振兴的地域模式有一定的代表性。这些发展模式涉及很多县（市）、乡（镇）、村等基层地域的实践探索，是基层干部与当地群众认真探索、大胆创新的结果，已经或正在显示出促进乡村振兴的美好前景，值得继续关注，也对相关地区有重要的参考借鉴价值。

5.11.2　乡村产业振兴地域模式必须因地制宜

实践证明，只有切合当地实际的乡村产业振兴路子，才会走起来踏踏实实，而且会对当地的长远发展创造实际效益。新县、栾川县、林州市等之所以能够形成比较好的丘陵山区全域旅游模式，新乡县、永城市、滑县等能够在平原农区确保粮食安全方面闯出新路，确山县、泌阳县等结合当地畜牧业发展条件优越的优势形成特色种养加产业链延伸模式等，确实都是立足于当地实际，脚踏实地探索出来的符合当地发展需要的乡村产业振兴地域模式。而与此同时，我们在基层调研时时常看到或听到的情况是不少地方在学习借鉴外地乡村产业振兴做法的过程中，贪大求洋味道较重，不切实际的想法较多，需要引起有关部门重视，并给以及时指导与引导，促进其乡村产业振兴步入科学可行的正确轨道。

5.11.3　乡村产业振兴对提升农民收入水平意义重大

尽管各地经济发展条件不同，但只要遵循实事求是的原则，发挥当地群众的积极性、主动性、创造性，探索出符合当地实际的乡村产业振兴模式，就能够稳定扩大农民在当地的创业就业机会，而有了稳定的就业机会，不断提升农民收入就有了比较稳定的保障。乡村振兴中产业振兴作为"五大振兴"之首，是实施乡村振兴战略的关键，也是解决乡村内生性可持续发展问题的基本前提。因此，乡村产业振兴意义重大，是提升农民收入水平的直接推动力量。

5.11.4　乡村产业振兴必须加强组织领导

自从党的十九大提出实施乡村振兴战略以来，各地都在进行积极探索。可是，为什么有些地方成效显著，已经形成明确的、为当地老百姓创造巨大效益的乡村产业振兴模式，而有些地方至今乡村产业振兴的发展思路并不明确，更没有形成有地域特色的发展模式，就是因为当地领导对于实施乡村振兴战略理解不到位，工作方法仍然停留在原来传统的惯性思维之中。尤其是我们在基层调研时，面对面感受到有些基层领导谈起乡村产业振兴津津有味，娓娓道来，内容充实，妙语连珠，而有些地方基层的领导谈起乡村产业振兴，东拉西扯，满嘴空话，甚至怨天尤人。这就是干与不干的差异，也是脚上沾有多少泥土内心就有多少真情实感的体现。2020 年 12月，习近平总书记在中央农村工作会议上要求"县委书记要把主要精力放在'三农'工作上，当好乡村振兴的'一线总指挥'"，再一次说明乡村产业振兴中加强基层组织领导的重要性。因此，必须按照党中央的部署，不断强化五级书记抓乡村振兴的工作机制，并建立健全对领导干部抓乡村振兴的年度考核机制，以利形成对基层乡村振兴工作的硬约束。

5.11.5　乡村产业振兴的地域模式一定要按照市场经济规则运行

乡村产业振兴是促进乡村发展、提升农民收入水平的长远大计，必须具有可持续性。从我们现在调研了解的各种地域模式分析，只要按照市场经济规则运行，各种地域模式都具有较好的发展活力和比较充沛的发展动力。当然，这些乡村产业振兴的地域模式在进一步实施与推进的过程中也确实存在一些实际问题，有些甚至是比较突出的问题，特别是仍然涉及很多政策性问题，需要我们在进一步的探索实践中逐步予以完善。

5.11.6 乡村产业振兴的根本动力在于创新驱动

与过去乡镇企业发展的历史基础相比，当前我国乡村产业发展的基础条件、人力资本、目标任务、运行机制和主要制约因素等都发生了深刻变化，农产品产业链比较短、农牧产品深加工不足、乡村产业信息化智能化程度低、乡村产品国际化渠道不畅是普遍现象。破解这些乡村产业发展的难题，在各级领导重视的同时，进一步加强创新驱动，是全面推动乡村产业高质量发展的重大战略举措。其实，我们在基层调研时经常看到，凡是发展活力充沛的乡村企业，均在创新创意创造方面做得比较充分，形成了独特的技术体系或保障产品高质量发展的技术支撑条件，在研发投入方面持续发力，在吸引人才方面大刀阔斧，敢于出真招。因此，进一步强化创新驱动发展，是乡村产业振兴与可持续发展的必由之路。

6 高质量推进河南省乡村
产业振兴的对策措施

产业兴旺是解决农村一切问题的前提。从调研的情况看，近年来，河南省在高效种养业、农产品加工业、现代服务业等方面积极探索出了一些可供借鉴的乡村产业发展模式，部分区域乡村产业振兴取得了明显成效。但整体上，河南乡村产业发展水平不高，一些地方产业特色不够鲜明，存在低端同质化、低级同构化现象，乡村产业振兴的瓶颈制约依然突出。高质量推进河南乡村产业振兴，还需要从多方面着手，顺应产业发展规律，立足当地特色资源，夯实产业发展基础，破除产业发展约束，推动乡村产业不断发展壮大，最终为农业增效、农民增收、农村繁荣提供重要保障。

6.1 确保粮食安全是乡村产业振兴的首要任务

实现乡村产业振兴，粮食安全是首责。提高粮食产能、确保粮食安全，是乡村产业振兴的基础和底线。从当前国际国内环境看，粮食安全形势仍然严峻，特别是 2020 年初以来新冠肺炎疫情席卷全球，各国立足自保，将粮食纷纷攥在自己手中，粮食安全问题更加凸显，个别国家对粮食出口采取了限制措施，由此也引发了国内对粮食安全问题的关注和担忧。作为全国 5 个粮食净调出省份之一，河南能否稳住粮食生产对保障国家要求的"口粮绝对安全"、夯实农业农村发展的"压舱石"具有特殊重要意义。

6.1.1 巩固提升粮食产能

随着人口持续增长、城镇化进程加快和资源环境约束增强，粮食供给保障压力不断增大，正所谓"粥多架不住僧多"，巩固提升粮食生产能力依然是保障粮食安全的首要任务。相对于过去"藏粮于库"的粮食安全思维，

"藏粮于地、藏粮于技"由注重短期产量向注重长期产能转变，通过提高耕地质量和依靠农业科技进步实现粮食稳产高产，确保需要时能产得出、供得上，能在更高水平上扛稳粮食安全这一重任。因此，要突出抓好耕地保护和地力提升，谋划一批新的农业、水利、科技等重大建设项目，大幅提升农业科技贡献率，推动粮食生产向内涵式增长转变。

一是开展耕地保护和质量提升行动。耕地是粮食生产的"命根子"，一定数量的优质耕地是实现粮食产能稳定的保证，也是落实"藏粮于地"战略的前提。要从严落实政府耕地保护主体责任，强化部门共同责任，逐级压实耕地保护责任，严格开展耕地保护责任目标考核，进一步夯实地方政府在耕地保护中的主体责任和相关部门的共同责任。充分发挥土地利用总体规划的总体管控作用，从严核定新增建设用地规模，优化建设用地布局，从严控制建设占用耕地特别是优质耕地。严格落实耕地占补平衡。明确不同类型耕地的利用优先序，如永久基本农田要重点发展粮食特别是三大谷物的生产，将有限的耕地资源优先用于粮食生产，防止耕地"非粮化"倾向。加大退化、污染农田改良和修复力度，完善机械化深松整地补助政策，加大农作物秸秆还田作业补助力度，推广测土配方施肥等精准施肥技术，通过深耕深松、秸秆还田、测土配方施肥等措施，保护提升耕地地力。

二是突出抓好新时期高标准农田建设。高标准农田是提升粮食综合产能的重要力量，在保障粮食安全中发挥了基础性作用。要紧紧围绕河南粮食核心区建设规划，加快实施高标准粮田"百千万"建设工程，力争提前完成建设任务。启动新一轮高标准农田建设，优化建设布局，明确新时期的建设目标与保障措施，健全高标准粮田管护激励机制，做好高标准粮田管护工作，确保高标准粮田持续长久利用和发挥效益，将高标准粮田划为永久基本农田实行特殊保护。打造高标准农田建设升级版，优先在粮食生产功能区内开展田间基础设施建设，以改善农田水利条件为重点，大规模推进农田水利建设，同步发展高效节水灌溉示范区，积极推广先进适用节水灌溉技术，提高土地生产率和防灾减灾能力，为巩固和提升粮食产能筑好"防护墙"，打造布局合理、设施完善、产能提升、管护到位的现代粮食生产新格局。

三是强化科技创新推广的支撑作用。科技是粮食增产的主要因素和农业发展的不竭动力。加快国家生物育种中心等重点农业科研项目建设，高度重视和积极扶持种业发展，加强粮食产业技术创新和服务体系建设，推广绿色储粮和科技储粮新技术。以科技创新支撑农产品品质提升，培育高成长性农业科技创新企业，建设高水平农业创新平台。开展小麦、玉米超高产新品种选育及超级水稻的新品种开发，加快小麦、玉米重点实验室和工程技术研究中心等重大涉农科技平台建设。争取中央支持国家级和全国其他重点农业科研院校与河南合作联建，加大对河南涉农涉粮高校和科研单位的支持力度，加快推进财政资金购买农业公共服务的改革步伐，走依靠科技提高粮食单产的内涵式发展道路。

6.1.2 加快推进粮食供给侧结构性改革

随着消费结构不断升级，人们对安全、营养、优质农产品的需求快速增长。当前粮食供给已经由总量矛盾转为结构矛盾，即阶段性供过于求和结构性供给不足并存，必须进行供给侧结构性改革，构建保障更加有力、用途更加多元、结构更加合理的粮食供给体系，这也是新时期解决人民日益增长的美好生活需求和不平衡不充分发展之间矛盾的重要抓手。要突出"优粮优产"，引导支持粮食产区绿色化、优质化、特色化、品牌化发展；突出"优粮优购"，使优质粮食既产得出又卖得好；突出"优粮优储"，在更高水平上实现"广积粮、积好粮、好积粮"。

一是根据市场需求和区域比较优势调整生产结构。市场需求是导航灯，资源禀赋是定位器，要兼顾品种和区域平衡，向市场紧缺产品调，向特色优质产品调。树立大农业、大食物的新型粮食安全观，由"种什么卖什么"的生产导向向"市场需要什么种什么"的需求导向转变。在确保口粮安全的前提下，保障日益增长的饲料粮和工业粮需求。深入推进优质粮食工程，压缩和淘汰市场滞销的品种，增加市场紧缺和适销对路的农产品生产，扩大优质粮、加工粮、专用粮比重，加快实现优质强筋、中强筋、弱筋小麦基地化生产；因地制宜发展高淀粉、鲜食、饲用和青贮等专用型玉米，提高玉米烘干、仓储能力，尽量减少霉变；适当增加红薯、大豆和优质小杂粮的种植面积。按照比较优势原则，调整粮食生产区域布局，提高农业资源配置效率，使粮食生产从"大而全"向"专而精"转变。

二是调优调高粮食品质，确保"舌尖上的安全"。"安全的农产品和食品，既是产出来的，也是管出来的，但归根到底是产出来的。"要实施"绿色生产"工程,坚持质量兴粮、绿色兴粮,推行标准化、绿色化生产方式,调优粮食品质结构,增加绿色优质农产品供给,推进粮食由增产导向向提质导向转变。加大农业面源污染防治力度,大力推进畜禽粪污资源化综合利用,在畜牧养殖大县整县推进规模化养殖场粪污处理设施、区域性粪污处理中心、大型沼气工程等建设。有序开展耕地河湖休养生息,在地下水漏斗区、重金属污染区、生态严重退化区等区域,探索开展耕地轮作休耕试点。积极争取国家支持粮食核心区内规模粮食种植区,配套一定的养殖、仓储晾晒和加工用地,以就近消化秸秆、就近收获收储、就近生产有机肥料和进行加工,从而促进土壤有机质提升和粮食就地增值。

三是调优经营方式,破解"谁来种粮、怎么种粮"难题。从目前几种主要的粮食经营方式看,大量分散经营的小农户老龄化、兼业化现象严重,难以适应现代种粮方式和先进生产技术;种粮大户、家庭农场等新型经营主体更利于标准化、规范化生产,但由于要流转土地、雇佣人工,种粮成本比较高。在积极扶持培育新型农业经营主体的基础上,应重点发展面向小农户的农业社会化服务组织,通过半托管、全托管、代耕代种等方式,带动小农户进行粮食规模化、集约化经营。加快培育形成一批掌握先进技术、适应现代经营需要的新型主体。

四是贯彻全链条发展理念,积极培育现代粮食产业。着力延伸粮食产业链、提升价值链、打造供应链,培育一大批优质农产品品牌,提高供给质量,加快粮食产业高质量发展步伐。进一步做优做强食品产业,大力发展现代农产品物流产业,布局粮食物流通道和重要节点,培育大型粮食物流企业,实施粮食批发市场体系建设工程,打造内陆粮食口岸,加快物流新科技应用。坚持以工带农、以企带户,以农产品加工产业园区为支撑,推进农产品初加工、精深加工和主食加工协调发展,打造农产品加工基地,推动农业发展价值倍增。加快谋划布局国家粮食安全产业带建设,将河南粮食资源集聚优势转化为产业优势和经济优势。

6.1.3 构建促进粮食稳定生产的长效机制

围绕解决好粮食生产动力从哪来的问题,着力破解粮食及农区发展面临的政策缺陷和体制机制障碍,加强改革深化和机制创新,进一步理顺粮食生产与消费、农户与市场、产区与销区、中央与地方等方面的关系,加快构建有利于粮食及农区发展的长效体制机制。

进一步加大对粮食主产区的支持力度,健全完善粮食主产区利益补偿机制,使农业生产经营者利益不受损或少受损,通过政策引导、资金补贴等方式降低规模种植户的种粮成本,充分保障种粮农民收益,鼓励和引导农民稳定粮食播种面积。强化考核引领导向,调动地方政府重粮兴粮的积极性和主动性,持续提高粮食生产综合效益,实现粮食主产区生产发展和经济实力增强相统一。开启河南省"千企兴千村"行动,把产业链主体留在县城,让农民更多分享产业增值收益。

实施"机制创新"工程,顺应农业形态和农村人口变化趋势,研究新的价格、补贴、保险、金融等多方面支持政策,推动粮食经营体系适应现代农业发展需要,激发粮食及农业持续健康发展活力。推动优质优价收储,对主产区发展优质专用小麦进行统一供种,对生产所需种子进行补贴,推动优质粮食区域化、规模化、专业化生产。支持保险公司与期货公司合作,开展小麦、玉米、稻谷等"保险+期货"试点。扩大河南省农业大灾保险试点范围,形成农业大灾有托底、农户收益有保障的新型农业保险体系,增强适度规模经营农户防范和应对大灾风险的能力。对保费给予适当补贴,降低产粮大县粮食作物农业保险保费县级补贴比例。在积极探索汝州、项城、鄢陵、兰考4个县(市)小麦完全成本保险试点的基础上,向国家争取在河南开展收入保险试点,继续提升粮食作物保险保障水平。综合运用土地、财政、金融、税收、环保政策,推进农村一二三产业融合发展示范园和科技示范园区建设,构建现代粮食产业体系、生产体系、经营体系。

6.2　实施乡村建设行动是乡村产业振兴的有力保障

实施乡村建设行动,是"十四五"规划提出的重要要求,2021年中央一号文件也对大力实施乡村建设行动进行了全面部署,为乡村产业振兴提供了重要保障。

6.2.1　补齐乡村基础设施建设短板

农村基础设施一般包括生产性服务设施和生活性服务设施等服务于乡

村经济社会发展的设施，是产业兴旺的基本要素条件。近年来，河南乡村基础设施建设不断加强，基本社会服务范围向乡村不断扩大，但总体上看，河南乡村基础设施依然十分薄弱，农田水利等生产性基础设施既有总量不足的问题，也有质量不高的问题，难以满足乡村产业振兴的需求，是制约乡村产业振兴的最大短板所在。对此，必须抓重点、补短板、强弱项，高效率、高质量推进乡村基础设施项目建设，不仅要注重数量的增加，更要关注质量的提升，全面推动乡村基础设施建设提档升级。

一是规划引领，统筹推进。树立"先规划后建设"的理念，根据乡村产业发展的需求和农民主体的需求，综合考虑土地利用、产业发展、居民点布局、生态保护等，科学谋划产业发展、基础设施和公共服务设施布局，统筹推进农村道路、供水、供电、电信等基础设施建设，减少重复建设、无序建设等诸多问题。乡村基础设施建设投入大、周期长、影响广，不可能一蹴而就。精准识别乡村基础设施建设的短板、对基础设施的供给类别进行精准排序、把财政资源向急需补齐的短板倾斜是补短板的前提。从供给导向向需求导向转变，准确把握农业农村基础设施供给方向。将建设的重点放在乡村水利、电力、通信、道路、供水、垃圾污水处理、互联网普及等农业生产和生活基础设施供给上，鼓励商贸、运输、邮政、快递、供销等企业向农村延伸服务网络。构建农村物流基础设施骨干网络和末端网络建设，推进农产品电商配套设施建设，着力解决物流入村"最后一公里"问题，突出基础设施的普惠性、保基本和可持续性，构建乡村产业"引进来"和"走出去"的动脉系统。坚持因村施策、精准施策。由于乡村在空间上呈分散分布式的形态，地形地貌不同，环境承载能力不同，补齐农村基础设施建设短板的重点难点不同，广大农户的迫切需求不同，很难用一把尺子衡量问题、一个方法解决难题，需要按照一县一策、一乡一策、一村一策的方式，科学分类，精准施策。比如，罗山县董桥村根据地形地貌建设简易污水管网，同时利用人工湿地自然降解等措施，探索出投资小、效果好的农村污水处理模式。

二是创新乡村基础设施投入长效机制。乡村基础设施大多属于公共产品和准公共产品范畴，补短板需要政府、社会资本与广大农村居民的共同努力，因此要构建起事权清晰、权责一致的基础设施投入体系，建立起多方参与、机制互补的乡村基础设施投入模式。突出政府在乡村基础设施投入中的主导地位。在实践中，凡是各级政府主要领导重视、真抓实干的地方，乡村基础设施建设就推进力度大、措施实、成效好。要注重市场运作和多元投入。破除市场与社会主体进入补短板各领域和各环节的门槛，吸引社会力量广泛参与，引导工商资本、金融资本积极主动承接政府的服务供给职能，大力提升农村基础设施投资的市场化、社会化水平。调研中发现，乡村基础设施建设运维好的地方，大多重视发挥市场的积极性，构建多元化的资金来源渠道。比如，兰考县通过特许经营、政府补贴等方式，引入社会资本建设既有公益属性又有市场效益的垃圾治理、垃圾发电项目，形成了财政资金与社会资金共投双赢的有效机制。还有一些地方，政府出一点、村里筹一点、农民拿一点、驻村企业投一点、本地成功人士捐一点，形成了多方合力，筹措了农村基础设施建设资金。强化农民主人翁意识。广大农民是乡村基础设施的受益主体，把农民的积极性和主动性调动起来，能够为乡村基础设施建设和运行提供持续动力，防止出现"政府干、村民看"的现象。要积极探索让乡村居民参与的内生型与可持续性的补短板路径。比如，罗山县从明晰农村坑塘使用权、经营权入手，创新财政奖补方式，用奖补资金 5151 万元带动农户投资 1.5 亿元，既节约了政府投资，又强化了农民管护的主体责任。

6.2.2　推动农村人居环境持续改善

目前，河南不少村庄"污水乱泼、垃圾乱倒、粪土乱堆、柴草乱垛、畜禽乱跑""室内现代化、室外脏乱差"现象仍较为普遍，不仅严重影响农村居民的生活质量和身体健康，也严重制约了乡村产业发展。要牢固树立绿色发展理念，以建设美丽宜居村庄为导向，整合各种资源，凝聚各方力量，持续开展农村人居环境综合整治，突出抓好乡村垃圾、污水治理、厕所改造、"散乱污"企业整治取缔、生态示范创建等，切实保障农村饮水安全，努力解决农村"脏乱差"问题，推动乡村环境面貌逐步改善，促进生态和经济的协调发展。

一是突出抓好示范载体，逐步推进全域整治。深入推进农村人居环境"千村示范、万村整治"工程，打造一批具有河南特色的农村人居环境整治样本，引领开展系统整治，提升人居环境。比如，高质量打造环境美、田园美、村庄美、庭院美的"四美乡村"，建成农村人居环境整治示范样板；

着重在乡镇政府所在地和聚集作用明显的中心村开展"美丽小镇"建设，发挥其连接城乡、辐射农村、示范带动的作用，整体提升农村人居环境；创建"五美庭院"，整治庭院环境卫生，开展庭院绿化美化，培育文明家风，实现农村庭院整洁美、卫生美、绿化美、文明美、和谐美。加强公共空间整治，清理断壁残垣，对公共场所、主街道两侧的外墙面进行美化。以"三清一改"行动为抓手，通过改变影响农村人居环境的不良习惯，带动清理村庄垃圾、清理村内塘沟、清理农业生产废弃物等工作向清理背街小巷、整治空宅空院、规范畜禽散养、绿化美化村庄等全域开展。比如，可以推广许昌等地"一宅变四园"行动，将荒芜宅院分类整治建设成游园、花园、菜园、果园。而且，河南还是全国为数不多的既有"两山"理论实践创新基地又有国家生态文明建设示范区的省份之一，其中，洛阳市栾川县被国家命名为"绿水青山就是金山银山"实践创新基地，信阳市新县被命名为国家生态文明建设示范县。要积极借鉴栾川县和新县的经验，坚持"生态立县"，从牺牲生态到保护生态，从产业生态化到生态产业化，探索绿水青山转换为金山银山的有效途径。

二是实施重点突破，改善乡村环境面貌。解决农村垃圾处理难题，大力推进垃圾分类减量行动，变垃圾为资源。加快推进区域性的静脉产业园项目建设，与市县垃圾处理站、农业废弃物处理等有机结合，实现各类废弃物资源化利用和无害化协同处理。梯次推进农村生活污水治理，制定污水治理标准，指导各地科学选择治理模式，优先推进城乡结合部、乡镇政府所在地、水源地、风景旅游区内的村庄及经济实力强的中心村污水管网、处理设施建设，实现污水集中处理。其他村庄结合实际，因地制宜分类推进，使生活污水乱排乱放得到有效管控。切实抓好农村户厕改造，制定户用厕所改造验收办法和标准，指导各地科学选择改厕模式，加强质量监管，搞好技术指导，强化后期管护和服务，确保建好用好，发挥作用。加快推进农业生产废弃物资源化利用，大力发展规模养殖、绿色养殖，引导农户实施"三退三进"（退出散养、退出庭院、退出村庄，进入规模场、进入合作社、进入市场循环）。在推广清洁养殖的基础上，重点完成畜牧大县畜禽粪污资源化利用整县推进任务。持之以恒抓好秸秆禁烧工作，探索更多利用办法，大力推广秸秆肥料化、饲料化、原料化、基料化和能源化"五化"利用技术，进一步提高秸秆综合利用率。建立完善农膜管理办法，逐步扩大农膜回收试点范围。

三是加强教育引导，充分发动群众。部分群众没有认识到自己在人居环境整治中的利益和责任，积极性有待进一步提高。目前，农村生活垃圾清运多是采取政府购买服务，实行市场化运作，部分群众认为与己无关，连自己的房前屋后也不愿清扫。部分农户庭院内杂物堆放无序，村民随手丢弃垃圾等现象依然存在，良好习惯还未真正养成。

要采取群众喜闻乐见的形式，宣传人居环境整治的政策措施、目标要求、农民责任等，强化群众的主人翁意识，调动农民参与的主动性、积极性。完善村规民约，把人居环境整治内容纳入村规民约，发挥其教育、引导和约束、惩戒作用，保障工作落实。创新激励措施，建立利益联结机制，采取以奖代补等方式，鼓励农民投工投劳参与建设管护；公开公示人居环境整治项目，接受群众监督；总结推广"红色积分"等有效做法，吸引群众主动参与农村人居环境整治。

6.2.3 促进城乡融合发展

与先进发达地区相比，河南省在构建城乡融合发展体制机制和政策体系方面还存在很大差距，必须根据新时代城乡融合内涵，以科学回答什么样的产权制度能够让农村居民自愿放弃农村权益进城、什么样的营商环境能够让城市居民愿意下乡投资、什么样的设施条件能够让城乡居民留在农村生活兴业"三个什么样"为破题重点，持续探索农业大省、人口大省构建新型城乡关系的有效路径。

一是协调推进乡村振兴战略和新型城镇化战略。坚持城乡一盘棋理念，统筹实施乡村振兴战略和以人为核心的新型城镇化战略，把县域作为城乡融合发展的重要切入点，推进以县城为重要载体的城镇化建设，强化县城承载能力和综合服务能力。贯彻落实县域治理"三起来"重要要求，着力把强县和富民统一起来，把改革和发展结合起来，把城镇和乡村贯通起来。增强中心城市辐射乡村发展的增长极作用、县级城市统筹城乡发展的主平台作用、特色小镇和特色小城镇连城带乡的纽带作用，发挥乡村地区粮食安全保障、生态空间供给、历史文化传承、消费市场拓展等功能，推动乡村振兴与新型城镇化发展相得益彰、相辅相成。坚持重点突破，聚焦破除阻碍城乡融合发展两大主要矛盾，加快构建归属清晰、权能完整、流转顺畅、保护严格的中国特色社会主义农村集体产权制度，打破户籍、土地、资本、公共服务等二元体制障碍，引导乡村增强自身造血功能和内生发展能力。

二是统筹构建城乡融合发展体制机制。建立健全城乡融合发展体制机制和政策体系是一项系统性工程，涉及城乡经济社会发展的方方面面，需要强化统筹谋划和顶层设计，增强改革的系统性、整体性、协同性，以全方位制度供给引领城乡全面深度融合发展。构建有利于城乡要素配置合理化的体制机制。加快推进农业转移人口市民化、职业农民培育和城市人才下乡，支持农村集体经济组织探索人才加入机制。深化承包地、宅基地、集体经营性建设用地入市等改革探索，健全财政保障机制、乡村金融服务体系和工商资本下乡引导机制，促进各类要素更多向乡村流动、在乡村形成良性循环。构建有利于城乡基本公共服务均等化的体制机制。坚持把社会事业发展重点放在农村，推进乡村公共医疗卫生体系建设和城乡教育资源均衡配置，进一步完善城乡统一的基本养老保险、基本医疗保险、大病保险制度和城乡社会救助体系，构建城乡一体、全民覆盖、普惠共享的基本公共服务体系。构建有利于城乡基础设施联通化的体制机制。坚持统一规划、统一建设、统一管护，以县域为基本单元，加快构建全域覆盖、普惠共享、城乡一体的基础设施网络，合理确定不同类型城乡基础设施管护运行模式，提升配置和利用效率。构建有利于城乡产业发展融合化的体制机制。增强城、县、乡之间在产业联结、需求反馈等方面的关联度，坚持基在农业、惠在农村、利在农民，探索建立新产业新业态培育、农村文化保护利用、生态产品价值实现等机制，推动乡村经济多元化和农业全产业链发展。构建有利于城乡居民收入均衡化的体制机制。坚持持续缩小城乡居民的收入差距这一核心目标，统筹工资性收入、财产性收入、经营性收入、转移性收入四大有效途径，加快构建农民持续较快增收的长效机制，持续拓宽增收渠道，确保农村居民收入增速快于城镇居民，不断提升农民的幸福感、获得感、安全感。构建有利于城乡发展绿色化的体制机制。坚持生态文明建设导向，统筹城乡生产、生活、生态空间布局，推动特色生态工业、生态农业、现代服务业和绿色新兴业态协同发展，建立健全城乡环境综合治理和生态系统保护联动制度，探索建立政府主导、企业和各界参与、市场化运作、可持续的城乡生态产品价值实现机制，形成全域生态化的空间结构、产业结构、生产方式。

6.3 提升产业化水平是乡村产业振兴的必由之路

近年来,河南以"四优四化"为重点推进高效种养业和绿色食品业转型升级,着力培育农业新产业新业态新模式,全省农业产业稳中有进、结构优化、效益提升,但产业化水平和质量仍有待进一步提升。

6.3.1 加快推动农产品加工业提档升级

受新冠肺炎疫情影响,河南省农产品加工业在下行压力持续加大的基础上更是雪上加霜,但从另一方面看,疫情促进了居民健康意识的提高,消费升级打开了中高端农产品市场空间,有助于加快推动河南正在进行的绿色食品业转型升级,有利于一批中高端农产品加工企业做大做强,也有利于保居民就业和保市场主体。要把高端化、绿色化、智能化作为主攻方向,抓好"粮头食尾""农头工尾",推动河南由农产品加工业大省向绿色食品产业强省转变。

一是提升产业规模优势和精深加工水平。支持加工企业加快过剩产能化解转移和短缺产能建设,形成多层次、多品种、差异化的产业加工,提升产品特色、档次和价值。支持主产区积极发展粮食精深加工,带动主产区经济发展和农民增收,改变"农村卖原粮、城市搞加工"的格局。引导加工业向优势产区聚集,向优势特色主导品种聚焦,建设一批农产品精深加工示范基地。做强肉制品,推动肉类加工由过去以粗分割为主向精深加工转变;做优面制品,开展主食产业化示范工程,促进优质粮食的就地加工转化;做精油脂制品,使产品向高端化发展;做大乳制品,不断优化产品结构;做特果蔬制品,提高精深加工水平。

二是培育农业产业化龙头企业,加快"三大"改造。加快粮食加工、植物油加工、肉类加工等农产品加工重点行业的整合力度,鼓励有条件的食品制造龙头企业通过兼并重组、参股控股等方式,扩大市场份额,打造行业领军企业。推进企业联合与合作,加快培育省级示范农业产业化联合体和创新能力强、示范带动好的绿色循环优质高效特色产业集群。加快建立现代企业制度,鼓励农产品加工龙头企业深耕主业、聚焦实业,避免盲目扩张发展。鼓励农业龙头企业在农产品加工业关键技术和新装备方面进行攻关，借助新一代云计算、物联网技术对食品制造的原料管理、制造过程、产品仓储等环节进行数字化、绿色化、标准化改造，推动智能工厂和数字化车间在食品加工制造环节的普及。比如正阳鲁花引进全球最先进的5S压榨生产装备和技术，有效消除生产中的黄曲霉素，提高了油脂质量安全水平。

三是主攻绿色食品产业，提高发展质量。着力解决原料瓶颈制约问题，推进原料基地创建申请工作，鼓励龙头企业自建、联建绿色原料基地，为加工绿色食品提供充足的集中连片的优质原料。积极发展绿色生产资料，为绿色食品生产提供物质基础和保障。加快填补河南在食品添加剂、饲料及饲料添加剂、兽药类绿色生产资料方面的空白和不足。实施绿色循环高效综合利用，以"吃干榨净"为目标，支持发展粮食绿色循环经济。构建以绿色原料、绿色仓储、绿色工厂、绿色园区为重点的绿色食品产业体系。

6.3.2 积极促进小农户和现代农业有效衔接

从农业经营方式看，目前河南还有大量分散经营的小农户，难以适应现代农业生产方式和先进生产技术，与大市场缺乏有效衔接。因此，破解"谁来种粮、怎么种粮""谁来从事农业、怎么发展农业"的问题，需要积极扶持培育新型农业经营主体，突出抓好家庭农场和农民合作社，重点发展面向小农户的农业社会化服务组织，将小农户纳入现代农业发展轨道，全面提升河南农业适度规模经营水平。

一是规范提升新型农业经营主体的经营水平。开展农民专业合作社质量提升整县推进试点，引导农民合作社完善制度章程，积极开展"示范社"创建活动，支持大型农民专业合作社、联合社创建市级、省级和国家级示范社。实施家庭农场培育计划，引导和鼓励有稳定务农意愿和经营能力的农户创办家庭农场，推进家庭农场示范创建活动，提升家庭农场发展质量。鼓励新型农业经营主体对周边普通农户以连片种植、规模饲养等形式的带动和帮扶。引导农民以土地经营权、林地经营权以及劳动、资金、技术等为纽带加入家庭农场，或以其他形式开展联合。鼓励新型农业经营主体进入现代农业示范园区进行发展，推动其集聚式发展、集群式经营，不断提升规模水平。

二是健全面向小农户的社会化服务体系。立足服务农业生产产前、产中、产后全过程，充分发挥服务机构对小农户的引领带动作用。鼓励农机专业合作社和供销社等社会化服务组织采取全托管或者半托管方式，将粮食等农产品生产全过程中有服务需求的环节，划分为一系列服务项目，如深耕、日常管理、秸秆还田、播种、收割、烘干、储存、初加工、流通销售等，并制成"服务菜单"，以服务规模化带动生产规模化。农户按照田间生产的实际需要，可以选择其中一些服务项目，双方签订服务合同，服务结束后农户负责验收并结清费用。常年在外务工的农户可以与农业社会化服务组织签订托管合同，将土地委托给服务组织管理，实行从种到收的全程服务。农业生产环节"外包"是农业分工深化的表现，实现了小农户劳动力成本低的优势与农业服务组织先进技术装备优势的有机结合。

三是推动实施小农户能力提升行动。加强新型职业农民和农村实用人才培育，通过各种手段鼓励小农户参加相关农业生产技能提升培训活动，帮助小农户成长为新型职业农民，鼓励其加入新型农业经营主体开展合作。推动小农户间的横向合作与联耕联种。鼓励小农户以组建合伙农场的方式联合开展耕种生产，并接受统一防治等农业生产性服务，逐步融入现代农业发展。

6.3.3 做大做强保粮兴农产业

以"三链同构""三产融合"为重点加快发展粮食产业，延伸粮食产业链、提升价值链、打造供应链，构建产业链健全、价值链高效、供应链完善的现代农业产业体系，是保粮兴农之策和惠民利民之举。

一是着力延链补链强链，做大做强粮食产业。进一步延伸粮食产业链，加强粮食主产区产业链的本土化，通过优化面粉、饲料产品结构和大米制品结构，延伸小麦、玉米、稻谷加工链。进一步提升粮食的价值链，注重优质粮油品种的研发和推广，推动实施"豫粮"品牌的打造与提升行动。进一步完善粮食的供应链，推动粮油仓储设施的合理布局和设备升级，加强冷链保鲜运输线路的系统化建设，适时推进优质特色粮食产品网络销售的新业态。实施优粮、优产、优购、优储、优加、优销，打通产业链、价值链、供应链，建立集农产品生产、加工、流通和服务等于一体的粮食产业链、供应链体系，完善从"田间"到"餐桌"的管理体系，推动上下游科学分工和紧密协作,打造粮食产业联合体和利益共同体,实现全环节升级、全链条升值。

二是推进一二三产业深度融合,做优做活农业产业。随着人民生活水平的提高,对农产品供给也从单一的粮食向休闲旅游、农事体验、农村电商等新产业、新业态、新模式转变。要深入挖掘农业多维功能,推进农业与旅游、教育、文化、健康养老等产业深度融合,积极发展"农业+文化+旅游"产业和农产品加工业观光、体验式消费等新业态,实现生产、生态、生活协同发展。大力开展农村"双创"活动,引导返乡下乡人才发展农村新产业、新业态、新模式,形成多主体参与、多要素聚集、多业态发展格局,引导更多二三产业在农村就地就近发展,切实将区域农业资源优势变成乡村产业优势。打造农村一二三产业融合发展示范区和现代农业产业园,示范带动河南农业从种养业到加工车间、从小农户到产业集聚、从线下买卖到"互联网+"、从"一产独大"到一二三产融合发展的跨越。

三是健全利益联结机制,保障农民就业增收。合理的利益联结机制是"三链同构"、三产融合的基础。在产业构建的过程中,要立足整个县域优化乡村产业布局,把依托种植、养殖、林业和绿水青山、田园风光等发展的二三产业尽可能留在县、乡、村,把整个农业产业链的增值收益、就业岗位尽量留给农民,大力发展"龙头企业+合作社+农户""龙头企业+中介组织+农户"等多种组织形式。建立公平合理的利益分配机制,保障农民更多地分享产业链增值收益。优化设计合同条款,稳定契约关系,对于那些专用性较强或者质量差异明显的农产品,通过设计合理的价格保证合同的稳定执行以及企业与农户的利益;对于通用性强的农产品,要增强价格条款的弹性,设计"保底收购+随行就市"等价格条款。

6.4 盘活农村要素资源是乡村产业振兴的迫切需要

当前,金融保险服务体系不完善、农业用地瓶颈制约仍然突出,是阻碍乡村产业发展的重要因素。河南乡村产业振兴迫切需要重点解决"钱从哪里找、地从哪里来"的问题。

6.4.1　着力解决"钱从哪里来"问题

近年来，虽然河南省"三权"改革取得了一定的成绩，但与之配套的改革政策推进不够，农村"三权"质押贷进展缓慢，资产变现仍阻碍重重，大量农业农村资产尚未盘活，社会金融资本进入农业领域的渠道还不够畅通，金融资本仍然主要从农村流向城市，从农业流向工业，农业农村仍为"输血"一方。

一是盘活农村资源。大力推广叶县"十权同确"经验，通过对农村土地承包经营权、集体建设用地及宅基地使用权、房屋所有权、小型水利产权、集体财产权（基础设施使用权）、集体土地使用权、集体林权、四荒地使用权、农业类知识产权、地理标志产品使用权等进行确权登记，通过建立归属清晰、权责明确、保护严格、流转顺畅的农村产权制度，赋予农民更多财产权利，让改革成果惠及广大老百姓。同时，要扩大农民财产权利的流通范围，真正实现财产价值。

二是盘活集体资源。创新农村集体经济发展模式，如叶县在发展村集体经济中，与省农开担保公司、省人保财险公司在"牧融保"产品基础上，探索创新出"政府+龙头企业联合体+金融机构+保险+担保公司+村集体经济"六位一体模式，已在叶县任店镇高营村建成一个生猪养殖综合体试点（按照"百亩田千头猪"的养殖模式，圈舍部分投资60万元，政府直接补贴25万元，其余35万元由村集体通过贷款加自筹解决）。在这种模式中，县政府统一对全县生猪养殖业发展进行规划，明确全县发展规模、落实养殖用地，并成立市场化平台公司，统一对外进行洽谈、招商，引进龙头企业和金融机构，建立政府引导基金，对村集体建设的生猪养殖综合体项目进行财政补贴；担保机构、金融机构为村集体建设项目提供融资服务，由于整个生产过程在共同监管之下清晰透明，因而金融部门愿意积极提供贷款支持；保险公司对养殖场提供价格指数保险和养殖险，确保养殖者的最低安全保障；龙头企业经县平台公司严格筛选后竞争引入，从而形成了强强企业联合体，市场风险进一步降低；龙头企业每年向村集体交付圈舍租金不低于10万元，5年内还清村集体的贷款，5年后圈舍资产净归村集体，所有村民享有股权、参与分红。在这种模式中，龙头企业实现了轻资产运作下的规模快速扩张，保险公司扩展了保险品种和规模，村集体经济基础得到壮大，村级组织的治理能力得到提升，财政资金撬动社会资本投入的杠杆作用明显，并保障了安全可循环利用，实现了"资源变资产、资金变股金、农民变股东"的设想，各参与主体积极性非常高。这种模式在土地联产承包30年不变的情况下，通过利益联结，把群众团结组织起来，通过直接成立合作社或者嫁接原有合作社的方式，把各村的村集体经济组织建立起来。该模式对于资本下乡非常具有吸引力。

三是盘活信用资源和贷款资源。推广兰考县、卢氏县经验，加快推进农村合作社及农民全员信用评级，引导金融机构依据信用等级，无抵押贷款，解决合作社和农户发展用款问题。推进各级财政建立农业产业化龙头企业还贷调节基金。该基金以政府出资为主、以龙头企业出资为辅共同建立，在龙头企业还贷资金紧张的情况下，由基金出资帮助企业还贷，政府与金融机构签订合作协议，确保在龙头企业按期还贷后金融机构不抽贷、不限贷、不断贷，保障企业信用，降低企业融资成本。

四是盘活保险资源。创新保险服务，持续推进农业保险扩面、增品、提标，通过将主要农作物保险与其余农作物保险捆绑起来，加快实现所有农作物保险全覆盖；引导鼓励保险机构推出设施农业保险、制种保险、价格指数和天气指数保险等符合农村实际的新产品，财政对保险保费给予适当补贴。

6.4.2 着力解决"地从哪里来"问题

河南乡村产业发展中用地瓶颈主要表现为养殖用地难落实，合作社、种粮大户建设粮仓、冷库等设施用地难以落实等，严重制约了乡村产业振兴和高质量发展。结合河南发展实际，可以从以下几方面着手来解决用地问题。

一是流转土地，变"小"为"大"。发展土地流转中介服务组织，推广临颍县"土地银行"经验，将农村土地承包经营权以货币形式进行"存贷"，为小农户与龙头企业、种养大户等新型农业经营主体搭建平台，健全完善土地承包纠纷仲裁机构，开展合同指导、价格协调、纠纷调解等服务。建立土地流转专项资金，引导和鼓励农户采取转包、租赁、互换、转让、入股等多种形式流转土地承包经营权，促进土地向新型农业经营主体集中。

二是治理土地，变"无"为"有"。加快空心村治理，推广临颍县瓦店镇叶庄村整村拆迁经验，在尊重群众意愿的前提下，对"空心村"旧房进行拆除，对平整土地按标准补贴到户，将平整土地转变为设施农业用地，重点用于发展畜禽规模养殖，建设粮仓、冷库和畜禽洗消中心和无害化处理场等，提升农村闲置土地利用效率。

三是调整土地，变"堵"为"疏"。优化农业用地政策，在严格执行耕地保护制度的同时，优先保障农产品加工物流专业园区、规模养殖场等农业项目建设用地合理配套需求。推广平顶山康龙"百亩地千头线"种养结合模式，探索在一定规模的种植业区域配套相适应的养殖和加工用地，将养殖场、农产品加工厂建在大田里，实现畜禽粪污和农产品的就地就近转化利用。同时，变"土地整理"政策为"土地改良"政策，通过推进种养结合、施用有机肥等措施，持续提高地力，提升单位土地产出率。对合作社、龙头企业等新型经营主体建设粮仓、冷库、动物运输车辆洗消中心、畜禽无害化处理中心、发展观光休闲农业等优先给予用地支持。

6.5　引导优秀人才集聚是乡村产业振兴的关键支撑

乡村能不能吸引、留住、用好各类人才，是乡村产业能否振兴的关键所在。河南作为农业大省和人口大省，乡村人才发展的现状还远不能适应乡村产业振兴的迫切需要。以人才振兴引领乡村产业振兴，必须结合乡村实际，统筹各方资源，引导人才持续向乡村集聚，突出加强农村"急需紧缺"人才队伍建设，为高质量推动乡村产业振兴提供强有力的人才支撑和智力支持。

6.5.1　建设专业技术人才队伍

一是继续开展博士服务团等专家人才选派工作。坚持"工作表现突出的优先、农村工作经验丰富的优先、有涉农方面专业技术特长的优先"原则，组织省属高等院校、科研院所与全省各县进行对接，在摸底调查的基础上，选派博士服务团，根据成员专业背景、工作经历等，对口派驻契合当地产业发展需求的人员。引导博士服务团成员发挥专业优势，围绕乡村一二三产业发展，积极参与调查研究，从专业角度开展产业、项目、技术合作，促进产学研成果推广转化，以项目带动、技术支持促进农村地区经济社会发展。充分发挥博士服务团成员示范引领作用和传帮带作用，通过开讲座、办培训、带学生等多种方式，传播新知识、新理念，推广新技术、新成果，变"输血"为"造血"，为挂职服务地区培养一批专业技术骨干，带动当地人才发展水平提升，打造一支本乡本土的高素质人才队伍。依托派出单位科技实力强、高层次人才集中、信息渠道广、科研项目多等优势，积极协调推进院地合作、校企合作，促进派出、派入单位要素资源的整合和嫁接，促进河南地区之间、省直单位与地方之间的资源要素交流。

二是积极推进科技特派员工作。加大资金投入力度，支持科技特派员开展工作。打造以抓好产业科技特派员服务团、科技特派员服务队、科技惠民专项、科普传播基地、科技特派员工作站等工作模式，为乡村振兴提供产业发展咨询、开展产业技术攻关等方面的服务，及时解决乡村产业高质量发展中的技术难题。开展科技特派员专题培训班，培训乡土人才，通过项目带动实现产业增效、农民增收。

三是柔性引进高层次人才。柔性引进有利于打破传统的地域、户籍、人事等因素对人才流动的限制，坚持不求所有、但求所用，对解决人才需求更具适应性和灵活性。比如，可以借鉴开封市和伊川县的做法，开封市与中国农业大学合作建设中国农大开封实验站，建成了一批成果转化基地和新农村与产业示范基地；伊川县引进西北农业大学肉牛研究中心团队、中国农业科学院国家谷子产业技术体系团队、法国农业部生猪研究院等，财政每年列支2000万元用于产业科技提升和示范带动。

6.5.2 打造乡村本土人才队伍

一是加强农村技能人才队伍建设。深入推进全民技能振兴工程和职教攻坚工程，依托"阳光工程""雨露计划"等培训工程，加强农村地区技能人才的培养，着力提高致富能力，发挥示范带动作用。加大职业技能提升计划和贫困户教育培训工程实施力度，积极招收贫困地区学生到技校学习技能，鼓励学生学习农产品保鲜与加工、园林技术等涉农专业。项目和工程实施过程中，适当向农村贫困地区倾斜，组织引导培训机构因地制宜，为欠发达地区创业人才提供创业培训和辅导，培养返乡创业人才带动就业。

二是加强农村专业技术人才队伍建设。继续实施地方师范生免费教育政策试点，缓解薄弱紧缺学科教师短缺矛盾，培养一批"下得去、留得住、教得好"的全科教师，为乡村教育振兴奠定基础。加强农村实用人才队伍建设，积极开展农村实用人才带头人示范培训，以提高科技素质、职业技能和经营能力为核心，"面对面、手把手"培训基层农技人员、企业骨干、农民等农村各类实用人才。加强农村电商人才队伍建设，构建以政府相关部门、社会团体及电商龙头企业为主体的农村电商人才培训体系，支持协会与高校、企业相结合，组织农民、种植大户、农业合作社，开展电子商务应用和实训操作培训。建设农村电商人才培训和实践基地，强化电子商务在职培训，提高涉农企业不同层次人才的电子商务专业技术应用能力，实现农村地区电商管理人员和从业人员培训全覆盖。推广教育培训、认定管理、后续服务、政策扶持"四位一体"的培育模式，深入实施新型职业农民培育工程，对接农民需求，大力开展知识技能培训。

三是壮大返乡创业人才队伍。高度重视农民工返乡创业工作，积极出台"凤还巢"优惠政策和企业带贫激励措施，鼓励外出务工人员回乡创业，让"输出一人、致富一家"的打工效应逐步转变为"返乡一人、带富一方"的创业效应。借鉴"全国农民工返乡创业试点县"虞城县的经验，通过建立返乡人才创业服务中心，制定创业场地、税收优惠、金融信贷、就业扶持等政策，引导在外人才返乡创业就业。

6.6 持续探索适宜模式是乡村产业振兴的长远大计

河南省现有约4.58万个行政村，农村量大面广、类型多样，应该积极借鉴有益经验，坚持因地制宜、创新驱动、融合发展和多方发力，持续探索适宜自身的乡村产业振兴模式。

6.6.1 乡村产业振兴模式探索要因地制宜

从实践经验看，依据不同资源禀赋选择地区优势产业和特色产业，形成差异化、特色化的乡村产业结构格局，是各国发展乡村产业的通行做法。比如，法国综合考虑自然禀赋、历史传统、国际竞争等多种因素，强化"平地种粮、山丘养畜、坡岗葡萄加果菜"的生态适应性，使该国农产品带有浓郁的地域特色,如享誉世界的波尔多葡萄酒、香槟地区的香槟酒等。

河南省地形从总体上可以分为三山地区和黄淮海平原两个大类,各地首先要根据自身实际和外部环境,明确自己的特色是什么,顺时应势大胆培育特色,注重根据自然禀赋选择适宜本地区的产业发展之路,目前可以借鉴的有益模式主要有粮经共作型,如邓州市"稻虾共作"、西峡县的"菌、果、药"、内乡县的"两叶两桃"等;种养循环型,如平顶山的"百亩田千条线"、新野县的"两亩地一头牛"等;优势特色型,如信阳茶叶、柘城小辣椒等;精深加工型,如临颖打造国家食品城、永城打造国家面粉城等;农旅融合型,如栾川打造农业休闲游、新县打造健康养生游和全域旅游等;文化传承型,如鄢陵花木来自清朝圆明园花匠后人、南召柞蚕生产依然利用明朝先人开挖的梯田等。此外,还有光山县农村电商、正阳县花生天地产业小镇等。

以农旅融合为例,每个村庄的文化内涵、品位都不一样,只有深挖文化和生态,通过优良的生态和优质的服务,把文化和生态优势转化为生产力,把乡村文化以及青山绿水变成经济和社会效益,才能探索出独具特色的可持续发展道路。比如,新县着力打造全域旅游,建成养生小镇、创客小镇、耕读小镇、文旅小镇等一批特色小镇;栾川县依托丰富的旅游资源优势,对休闲农业乡村旅游精品项目给予贷款,建设一批设施完备、功能多样的休闲观光园区、森林人家、康养基地、乡村民宿等,提升了乡村旅游品质和经济效益。

6.6.2 乡村产业振兴模式探索应强化科技人才支撑

发展现代农业经济以及实现农业现代化都取决于农业科技的进步、推广以及广泛应用。从发达国家情况来看,美国农业属于典型的人少地多劳动力短缺型,但是美国在农业发展过程中却很好地规避了人少的缺陷,主要是利用农业机械化、农业科技化、农业信息化,铺就了现代农业成功之路。美国农业机械化程度世界第一,是全球最典型的现代化大农业,通过先进的农业生物技术改造农业,能够大幅提高动植物的品质、产量和抗病性,通过全网信息系统,农场主可以随时掌握农产品实时价格、国内外需求量和生产量。英国以欧盟共同农业政策为主导,不断推进农业现代化向更高水平迈进,突出表现为生产机械化、技术集成化、农民职业化,英国农业机械较为发达，技术先进、配套齐全、装备总动力大的特征明显；英国政府高度重视农业技术研发，尤其重视精准农业技术的推广应用，由此可使小麦单产增加8%以上，大麦单产增加25%以上，平均油耗从每公顷38升降到23升；英国上千公顷的农场一般由3~5人经营和管理，农民以农场主和职业经理人为主，他们多数是经过培训且有职业资格证书的职业农民。

积极借鉴国内探索经验。比如，浙江省通过实施万家新型农业主体提升工程，优化农业从业者结构，加快建设知识型、技能型、创新型农业经营者队伍，培育省市认定的规范化农民合作社（含联合社）5000家、骨干农业龙头企业3000家、示范性家庭农场3000家、示范性专业化市场化服务组织1000家；完善大学毕业生到农业领域创业就业政策，五年内推动1万名以上大学生从事现代农业，培育农创客3000名以上，建设一批农创客创业园。

从对河南的调研情况看，乡村产业发展较好、较快的地区，无不注重科技创新的支撑。比如，"食品名城"漯河市依托职业技术学院、食品科学研究所等为食品企业提供加工技术、新产品开发、科技成果转化等方面的支持；正阳县花生、平舆县芝麻、泌阳县黄牛、清丰县蘑菇等之所以能够从河南众多乡村产业发展中脱颖而出，关键是因为依托传统种养业形成了支撑产业化的技术体系。

6.6.3　乡村产业振兴模式探索应突出融合发展的思路

国际上，日本通过推行农业"六次产业化"战略，以农业生产为核心，通过以工带农、以商促农，联结第二和第三产业，延伸农业产业链，构建多方利益共同体，较好地解决了农业经济效益不足、要素集聚困难、产业协同率低等问题。国内如山东省坚持加快农业新旧动能转换，推进多产业多业态融合发展，创新融合发展模式和业态，打造终端型、体验型、循环型、智慧型等农业"新六产"的新产业新业态新模式，较好地解决了农业产业体系处于中低端等问题。杭州充分利用杭州电子商务的优势和当地丰富的旅游资源，着力打造中农城投（建德·国际）农副产品直批电商综合物流博览园，推动农副产品走出国门。

近年来，河南乡村产业也呈现加速融合趋势，可以借鉴的经验有，正阳县投入44.3亿元，以花生深加工为基础，建有花生梦工厂、花生梦幻大道、花生主题公园、花生养生公社等，打造融合一二三产业的花生全产业综合体；南阳科尔沁肉牛公司通过发展玉米种植、饲料加工、肉牛饲养和屠宰、冷链物流以及产品销售等全链条产业，联通了农、牧、工、商四大业态；新蔡县麦佳食品有限公司用互联网贯穿三个产业，先开发农超 App 使商品电商化，又以市场为导向带动主食加工产业化，最后自主建设原料基地，进而带动农民种植规模化，使农民成为麦佳会员，促进三方共赢。

6.6.4 乡村产业振兴模式探索应强化政策支持

乡村产业多是弱质产业，尤其是农业，世界发达国家无一例外都制定了非常务实的农业支持政策，以保护本国农民利益，推动乡村产业发展。比如，美国政府制定了多种形式的农业补贴政策，建立了由联邦、州、县多层次人员组成的农业技术推广服务网络，以保障耕地的可持续利用、农业的可持续发展、农产品价格的稳定和保护农民的积极性。国内其他省份也都结合本地实际，针对乡村振兴出台专门的支持政策。如山东省设立乡村振兴重大专项资金，建立重大项目库，每年统筹安排资金达到 400 亿元；安徽省实施乡村振兴战略"十大工程"，大力推动种植业提质增效、养殖业转型升级、新产业新业态提升发展等；浙江省开展"乡村振兴，我们怎么干"大讨论大调研，以营造全社会共同关心、合力推动乡村振兴的良好环境。正阳、临颍等乡村产业发展较快的省内市县，也都离不开当地领导的高度重视，离不开强有力的政策支持。比如，正阳县原县委书记刘艳丽被人称为"花生书记"，她心无旁骛抓花生产业发展，通过政策引导、招商引资、机制保障，把小花生做成了大产业，花生加工业产值占全县工业总产值的 1/4，成为当地工业发展的重要支柱。

7 持续推进河南省乡村产业
振兴的政策支持建议

2020 年 12 月，习近平总书记提出"民族要复兴，乡村必振兴"，把"三农"问题提升到新的历史高度。2021 年 2 月 21 日，《中共中央 国务院关于全面推进乡村振兴加快农业农村现代化的意见》正式发布，发出全面推进乡村振兴的动员令。乡村振兴，需要统筹协调、协同发力，全面推进乡村产业、人才、文化、生态、组织振兴。而乡村产业振兴，是乡村创造物质财富最直接的途径之一，是补齐乡村发展不均衡不充分短板的主要力量。因此，产业振兴在全面推进乡村振兴中居于特别重要的地位。针对我们在河南省 13 个市 30 多个县调研与分析中遇到的乡村产业振兴中存在的实际问题，参考到外省（市）调研得到的启示，特提出持续推进河南省乡村产业振兴的政策支持建议。

7.1 三链同构，提升粮食产业核心竞争力

针对我们国家人均耕地不足全球平均水平 1/3 的特殊国情，结合河南省地处中原、四季分明、物产丰富、农业生产条件特别好、历来是国家粮仓的发展基础，按照近些年实施乡村振兴战略过程中中原大地初步探索成功的确保粮食安全模式形成的政策架构与仍然存在的支撑条件短板，我们建议从以下四个方面进一步加大政策支持力度，以确保粮食等农产品安全生产与供给。

7.1.1 三链同构，打造河南粮食"王牌"

牢记习近平总书记的殷殷嘱托，牢牢扛稳粮食安全重任，坚定不移以农业供给侧结构性改革为主线，以科技创新为根本动力，以数字化智能化

无人化为技术支撑，坚持产业链、价值链、供应链"三链"同构，坚持绿色化、优质化、特色化、品牌化"四化"方向，推动河南省粮食生产可持续发展，按照优粮优产、优粮优购、优粮优储、优粮优加、优粮优销"五优"联动的新思路，不仅确保粮食稳定增产，而且要不断开拓粮食深加工的蓝海，在优加上下硬功夫，研发生产更多高端粮食深加工食品，在粮食增值上探索新路，提高粮食产业的整体价值，全面提升粮食产业核心竞争力。通过延链补链强链，探索传统产业迈向现代化产业的新路径，加快实现河南由粮食生产、加工大省向粮食产业强省跃升，为粮食产业创新发展赋能，在构建新的粮食产业链、价值链、供应链基础上，让粮食产业发展充满活力与朝气。

7.1.2　采取更加严格的政策保护耕地资源

面对 2020 年以来新冠肺炎疫情对全球发展的严重冲击，特别是对粮食安全带来的威胁和我们国家繁重的稳定粮食发展大局的双重重任，严格依法保护耕地资源是我们推动农业可持续发展、保障粮食安全、促进乡村产业振兴最为重要的原则，也是落实"藏粮于地"要求的基本保障。按照党中央的规定，不折不扣地落实耕地保护基本国策和最严格的、"带牙齿"的耕地保护制度，坚决制止耕地"非农化"行为，严禁违规占用耕地发展乡村产业，一定要防止耕地"非粮化"，坚决守住耕地保护红线和粮食等农产品供给的安全底线。在推进城镇化过程中，依法依规做好耕地占补平衡，确保粮食播种面积基本稳定，杜绝以各种各样的理由乱占耕地。规范有序地推进农村土地流转，探索耕地托管入股方法，既培育种粮大户和充满活力的新型农业经营主体，又为农民增加收益寻求新的途径。不断增加财政投入，高质量持续开展高标准基本农田建设，稳定提高永久基本农田保护和管理水平，加快速度完善耕地质量调查监测体系和规范的耕地保护补偿机制，把"藏粮于地"的要求落实到每一个细节。

7.1.3　把农业科技创新摆在更加突出的战略地位

乡村振兴、农业发展、粮食安全、保障供给，说到底，关键是要依靠农业科技进步，特别是要拥有一批老中青结合的优秀农业农村科技人才支撑。河南一直是农业农村大省，农业类高等院校、专业科研机构、农技推广体系等人才队伍规模较大，研发与推广应用技术水平较高，在全国农业农村领域一直占有重要地位。要持续巩固和不断提升这种长期积累的行业优势和专业技术优势，充分利用我们农业科技创新资源积累积淀比较丰厚的基础条件，以建立长期稳定的经费支持机制为主要保障，以"神农种业实验室"为平台，以更大的研发人才和资金投入，集中精力持续推动农业科技创新，重点培育优质小麦、玉米、花生等主要粮油作物新品种，为全国打好种业翻身仗、破解农业"卡脖子"问题贡献中原力量，以品种品质品牌优势全面落实"藏粮于技"和农业科技高水平自强自立的重大粮食安全战略，尤其是要在优质高产小麦新品种培育和推广应用上持续下硬功夫。继续提高单产水平，提升高筋、中筋、低筋小麦品质，深入推进优质粮食工程，以产业化思路发展小麦经济，持续打造中原"小麦品牌"，让中原小麦品种、中原小麦生产、中原面粉加工、中原面制品生产、中原速冻食品、中原休闲食品等享誉国内外，打造高质量的"世人餐桌"，更好地满足国内外消费者对高质量食物供给的需求。增加对各级各类农业农村人才的培养教育投入，站位 2035 年基本实现社会主义现代化的战略高度，积极扩大国际合作与交流，引导与培养更多热爱"三农"、奉献"三农"、创富"三农"、支撑"三农"可持续发展的人才队伍，为扛稳粮食安全重任提供充足的优秀人才资源支持。

7.1.4 建立健全国家对粮食主产区的长效补偿机制

由于基本的国情所迫，粮食安全在我国一直特别重要。但是，在市场经济发展的大潮中，粮食生产的直接效益偏低是一个全球性难题，多数发达国家均依法采用一定的政策补偿机制予以支持和保障。近些年，我们国家始终高度重视粮食安全，已经对粮食主产区、种粮大县、种粮大户进行了一定的政策性补偿，而且确实产生了积极的促进粮食增产提质的效应。现在仍然存在的突出问题是政策补偿的力度不够，制约了种粮的积极性，下一步需要进一步加大补偿力度，补偿对象需要进一步具有针对性，补偿方法也需要尽快法制化，不能长期依赖年度性新出台的文件支撑。因此，我们要结合产粮大县、规模化种粮企业、农村种粮大户等的实际需要，按照党中央已明确的对粮食等农产品主产区提供有效转移支付的方法，积极开展试点试验，探索建立健全以财政转移支付为主导的相关法规体系，适应市场经济条件下促进行业之间、区域之间利益均衡的长期需要，更好地为粮食安全贡献较大者增添可持续发展的内在动力。

7.2　加大对特色种养加产业链延伸模式的政策支持力度

特色种养加产业链延伸模式，对河南省乃至全国其他重要农业大省来说，均具有比较显著的代表乡村产业发展最重要特征的一二三产业融合发展的科学内涵，是稳固农业农村发展大局特别重要的乡村产业振兴模式。然而，就我们调研中所了解与分析的综合情况看，该模式进一步发展仍然需要加大相关政策的支持力度。

7.2.1　以智慧农业的方法促进种植业提升效益

现在，很多地方的实际情况是在种养加产业链发展过程中种植业环节的经济效益相对较低，直接影响发展的可持续性。如果不设法提升该环节的经济效益，现在仍然从事这个环节的一代农民一旦年龄更大，可能面临没有年轻人接续的历史性难题。即使是现在部分地区探索的新型农业经营主体，或者是已经有明显成效的"准股田制"土地托管经营模式，也都面临种植业本身经济效益偏低问题。因此，我们在政策储备层面需要探索长期支撑种植业稳定发展的方法。我们在调研中发现了部分苗头，很有进一步实践的价值，就是以智慧农业的方法，促进种植业环节提升经济效益。该方法充分利用现代信息技术，特别是正在广泛普及的 5G 及人工智能技术，把种植业生产过程中的很多生产环节数字化、智能化、远程化、无人化，既减轻了直接劳动投入，降低了生产成本，又通过专家智能系统及时诊断与发现生产现场需要解决的实际问题，可保障种植业高质量可持续发展。因此，配合数字乡村建设，在政策层面优先支持特色种养加产业链发展基础较好县市的智慧农业发展，以智慧农业的方法，降低种植业的直接生产成本，破解种植业可持续发展问题，具有长远的实践探索价值。

7.2.2　以普惠金融等现代金融力量支持养殖业规模化发展

我们所到之处，养殖业发展较好的县市，只要一上现代化加工业，均面临养殖业规模不足、加工业生产原料供给跟不上、加工业效益难以持续较快提升等共同难题。而我们在与养殖业业主交流的过程中，讨论为什么不扩大养殖业规模时，回答最集中的说法是资金不足。资金不足，为什么不贷款呢？多数业主回答在与银行交涉的过程中，贷款条件评估无法通过，或者即使通过了，贷款额度也很有限，无法较快地扩大规模等。归根结底，缺乏现代金融支持，是抑制养殖业规模化发展的主要原因。而在河南省兰考县、卢氏县等普惠金融试验试点的县市，这个乡村发展的金融资源不足的难题已经迎刃而解。因此，建议在进一步扩大普惠金融试点的过程中，对种养加产业链延伸模式基础较好的县市，优先纳入普惠金融试验试点，探索普惠金融支持养殖业规模化发展的政策支撑体系，以利用现代金融的力量为种养加产业链延伸模式注入金融活水，增强种养加产业链的均衡协调发展能力，以养殖业规模化发展，形成 1+1>2 的效应，为乡村产业振兴提供更加充沛的动力。建议依托泌阳县夏南牛品种品质品牌优势，在金融政策上进行区域性重点支持，在泌阳县与周边 6~10 县扩大夏南牛养殖与加工规模，打造具有国际影响力的中国夏南牛优势特色产业集群。对这样有发展潜力的乡村产业和国际化的品牌进行适度的支持与引导，发展前景确实比较可观，是我们构建国内国际双循环新发展格局可以重点支持的好项目。

7.2.3 以技术创新支持农产品加工业高质量发展

面对高质量发展的历史性浪潮，科技创新成为所有行业增强发展能力的基本功。对农产品加工业而言，既要按照一般工业的发展规律，以适度的工业生产规模追求规模效益，又要通过不断的技术创新提升主导产品的知名度与影响力。河南省的农产品加工业在全国居于非常重要的位置，产业规模居全国前列，双汇肉制品、三全速冻食品、夏南牛雪花牛肉、郏县红牛肉、永城面粉等品牌影响较大，市场占有率比较高，进一步发展的产业基础比较雄厚。但是，对于大量新进入规模化加工阶段的农产品加工企业来说，特别是 2020 年新冠疫情发生以来在网络上销售火爆的休闲食品和地方性特色产品，知名品牌不足、市场影响力不大仍然是可持续发展过程中最直接的障碍。因此，全面加强农产品加工业技术创新，通过科技创新的力量提升农产品加工制成品的品质，以品质制胜，提升市场影响力，扩大农产品加工业发展规模是大势所趋，也是每一个农产品加工企业高质量发展的持久性着力点。

7.3 加快新一轮农村改革步伐

面对开启全面建设社会主义现代化国家新征程新任务，紧密结合全面推进乡村振兴的战略部署，充分利用改革开放的最大法宝，加快新一轮农村改革势在必行。

7.3.1 突出土地制度改革的先锋性

按照经济学基本原理，土地是财富之母，具有创造财富无可比拟的生产要素力量。近些年，党中央高度重视农村土地制度改革，已经在全国进行了大量新的改革试验，也积累了不少经验与做法。然而，从加快乡村产业振兴的视阈出发，我们认为，河南省农村土地制度改革亟须在以下方面取得新突破。

一是鼓励农民直接参与土地制度改革。毛泽东主席早就告诫我们，高手在民间。人民，只有人民，才是创造历史的动力。农村土地制度改革，最为关心的农民，利益直接相关者也是农民，最大的改革智慧也可能来自农民。目前，我们在农村土地制度改革已经进行了大量试验的基础上，为什么一直无法拿出切实可行的让广大农民获得较大收益的新举措？推进新的农村土地制度改革，关键的卡脖子点在没有让农民直接参与政策制定，没有真正结合乡村产业振兴的现实需要。新近涉及农村土地制度改革的各种文件，以限制性规定居多，而放权给农民的东西不多，让农民大胆试的东西不多，通过土地制度改革促进农民增收的新举措不多。这三个"不多"，限制了农民参与农村土地制度改革的积极性，抑制了土地资源创造财富的能力，需要进行逻辑性纠正。为此，我们建议，在全面探索农村土地制度改革的过程中，按照习近平总书记提出的"全面深化改革"的要求，抓住"十四五"时期全面推进乡村振兴的历史机遇，出台鼓励农民直接参与农村土地制度改革的新文件，引导真正热心"三农"的一批农民以主人翁的角色，拿出基层一线最了解农村、农业、农民智者的智慧，迸发农村土地制度改革新的思想火花，汇聚新一轮农村土地制度改革的时代伟力，尽快突破制约当今农村土地制度改革的障碍，形成新的政策支撑点，为乡村产业振兴增添活力与动力。

二是以更加灵活的方式盘活农村经营性建设用地资源。从20世纪90年代初期以来，全国大规模的城镇化和城市建设改变了中国发展运行的基本状态，我国自全球工业革命以来第一次全面推进了工业化与城镇化进程，全社会财富增加量全球瞩目。在这个历史进程中，无论是城市建设资金，还是城镇居民个人资产大幅度增加，都直接与盘活城镇周边土地资源密切相关。时至今日，很多城市土地出让收入仍然占当地财政运行经费的很大比例。因此，土地资源创造巨大财富的能力几乎人人皆知。现在，在推进城乡协调发展的过程中，大家看得非常清楚的一个现实是，一方面大中城市周边地区地价如金，动不动一亩地商业价值上千万元，到了寸土寸金的程度；另一方面，在广大乡村地区，空心村、闲置建设用地、空闲楼院、空闲院落、空闲窑洞等比比皆是，大量宝贵的土地资源处在闲置与自然损坏状态。虽然各地结合当地情况，已经对农村经营性建设用地改革进行了部分试验与探索，但是在面上没有全面盘活农村经营性建设用地资源是一个事实。这种状况既是一个全社会资源浪费的现象，也是拉高大中城市土地价格、让青年人购买住房不断增加压力的直接原因。因此，以更加灵活的方式盘活农村经营性建设用地资源，是一个涉及全社会利益调整的重大事项。为此，我们建议，相关部门不要简单地以现有政策法规为依据，处处限制农村经营性建设用地盘活的改革方法，而要鼓励与支持基层的改革探索。实际上，河南省新郑市以政府收储的方法鼓励农村经营性建设用地盘活的方法，长垣县"通过集体建设用地调整入市建设乡（镇）工业园区，为促进乡村产业集聚、转型发展提供了有效平台"的经验做法，很多地方已经试验的以农村经营性建设用地为原始资本通过转让使用权获得村集体经济长期稳定收益的方法等，都具有实际应用价值，而且实施成效比较好，确实有进一步扩大实施范围的可行性，应该从促进乡村产业振兴的战略高度出发，以包容开放的姿态，支持基层探索符合当地发展需要的经营性建设用地使用制度改革方法，为盘活这一块最有潜力的社会资源鼓劲加油，为乡村产业振兴提供变资源为资本的渠道，为农民提高收入水平提供制度保障。探索在农民集体依法妥善处理原有用地相关权利人的利益关系后，将符合规划的存量集体建设用地按照农村集体经营性建设用地直接入市的方法。在符合国土空间规划条件下，鼓励对依法登记的宅基地等农村建设用地进行复合方式利用，用于发展乡村民宿、农家乐、农产品加工、电子商务等乡村产业。

三是扩大全域土地整理试点。从近些年各地实践探索的效果分析，全域土地整理确实可以扩大土地资源利用效率，有些地方甚至将一个行政村范围内耕地面积扩大 30% 左右，成效显著，非常值得关注。为此，我们建议在征得基层群众自愿的前提下，加快步伐扩大全域土地整治试点。对于土地整治潜力较大的丘陵山区，可以整乡（镇）通过收储以后引进工商资本进行全域土地整治。对于平原农区，可以整村进行土地整治。通过全域整治，把沟沟汊汊、边边角角的土地资源充分利用起来，提高土地资源利用效率。腾挪出的多余的土地利用指标，既可用于乡村产业发展，也可用于扩大耕地面积，一举多得。

四是保持农村土地承包关系长期稳定。2020 年 11 月，全国农村承包地确权登记颁证工作总结暨表彰会议在北京召开，标志着我国农村承包地确权登记颁证工作告一段落，也使农村承包地第一次拥有了合法的证件，从法律意义上确定了对农民土地承包经营权的物权保护，让广大农民吃上了长效"定心丸"，进一步巩固和完善了农村土地基本经营制度。农民承包地是其在农村赖以生存的基本生产资料，是改革开放初期对提高农民收入水平最重要的制度保障，至今仍然是农民在现代土地制度体制中最重要的权利保障。在历史性完成承包地确权登记颁证以后，仍然要坚持把依法维护农民合法权益作为农村土地制度改革的出发点和落脚点，继续坚持农村土地农民集体所有制不动摇，坚持家庭承包经营基础性地位不动摇。同时，运用农村承包地确权登记颁证成果，积极稳妥推进第二轮土地承包到期后再延长 30 年的工作，保持农村土地承包关系长期稳定，并依法受到保护。

7.3.2 积极推进农村集体资产的产权制度改革

自从 2016 年党中央国务院出台《关于稳步推进农村集体产权制度改革的意见》以来，各地都在结合实际积极探索农村集体资产产权制度改革与创新的具体路子，在不少领域均取得了重要进展，下一步需要加快推进农村集体产权制度改革，为乡村产业振兴提供新的农村集体资产、资源和资本支持。

一是建立健全农村集体资产治理体系。按照市场经济规则，依据相关法规，以促进乡村产业振兴为导向，以依法维护农民根本利益为出发点，以扩大农村集体经济实力为目标，充分发挥市场在资源配置中的决定性作用和更好发挥政府作用，大胆改革创新，在确保农村集体经济组织市场主体地位的基础上，探索建立健全农民对集体资产拥有的合法股份权利，借鉴安徽省、浙江省等已在农村集体产权制度改革方面取得较好进展地区的经验，制定切实可行的农村集体资产产权制度改革方案，落实农民的宅基地使用权、土地承包权、集体收益分配权和对集体经济重大活动的民主参与和管理权，形成有效维护农村集体经济组织全体成员合法权利的治理体系，并在付诸行动中逐步予以修改与完善，全面促进农村集体经济发展，以股份分红和就业参与等形式直接增加当地农民收入，壮大村集体的经济实力，增加农民的财产性收入，加强和巩固农村基层政权。

二是全面加强农村集体资产经营管理。经过近几年的持续努力，各地基本上把农村集体所有的各类资产进行全面清产核资，已经摸清了集体资产的家底，建立起了集体资产台账。现在，比较紧迫的任务是在依法建立健全农村集体资产治理体系的基础上，确实选拔德才兼备、有家国情怀的农村基层组织带头人，依法依规全面加强农村集体资产的经营管理，促进集体资产保值增值，让这些沉睡多年的农村集体资产转变成为乡村产业振兴的资源和资本，为乡村产业振兴和集体经济发展提供原始资本保障，为当地农民创造稳定的财产性收入来源，为巩固农村基层组织、发展农村集体经济、活跃乡村市场提供政治保障和经济支撑。

7.4 构建现代乡村产业体系

我国发展进入以建设社会主义现代化国家为目标的新时代，而我国农村经济社会主要矛盾的变化一方面表现为农业农村发展与城镇发展的不平衡不充分，另一方面表现为农产品供给结构性矛盾比较突出，与全社会高质量发展的需求不适应。因此，必须按照全面推进乡村振兴和城乡协调发展的总要求，积极推进农业供给侧结构性改革，培育农业农村发展新动能，加快构建现代乡村产业体系，在新发展格局中激活乡村产业发展的每一种生产要素。

7.4.1 优化县域城乡产业布局

依托各地乡村特色优势资源，通过打造农业全产业链的方法，完善乡村产业发展新格局。一般情况下，要把产业链主体留在县城或重要乡镇，确保其发展的相关要素能够合理高效配置；把产业链延伸的触角渗入乡村，让农民及时便利分享产业增值效益。由农业龙头企业牵头，结合当地乡村主要产业发展需要，加快建立健全现代农业全产业链标准体系，推动新型农业经营主体都能够按标准生产，提升乡村产业的市场竞争力。立足县域农特产品生产规模化需要，合理布局特色农产品产地初加工和精深加工基地，建设现代农业创新园、创业园和产业园，在乡村产业相对集中的区域建设乡村产业强镇和优势特色产业集群。适应疫情防控常态化时代网购快速发展的需要，推动公益性农产品市场和农产品流通物流体系和骨干网络建设，为农村电商加快发展创造更好的支撑条件。配合丘陵山区全域旅游发展开发休闲农业和乡村旅游精品线路，完善乡村旅游配套基础设施，提升乡村旅游的服务质量和水平。积极推进农村一二三产业融合发展示范园和科技创新示范园区建设，以大幅度提升乡村产业化水平的方法破解城乡发展不均衡不充分难题。把农业现代化示范区作为推进农业农村现代化的重要抓手，围绕提高农业产业体系等现代化水平，建立考核指标体系，加强年度考核，以县（市、区）为单元开展创建活动，力争到2025年在全省创建50个左右示范区，形成梯次推进农业现代化的新格局。与全国同步组织开展"千企兴千村"行动，以大带小，为乡村产业振兴注入更加充沛的市场活力。

7.4.2 做大做强农业产业化龙头企业

农业产业化龙头企业，对于农业发展、乡村振兴均具有重要的引领与支撑作用。只有全面优化涉农企业的政策法规体系，为农业产业化龙头企业创造更加宽松的法制环境，才能够促进农业产业化龙头企业加快发展步伐，为农业产业化创造更加充足的财富支持。从我们调研了解的情况分析，改革开放以来，河南省利用各种机会，培育了一批在全国有重要影响的农业产业化龙头企业，像目前在市场上颇具影响力的牧原股份、双汇发展、三全食品、雏鹰农牧、科迪乳业、好想你枣业、秋乐种业、郑州花花牛乳制品等公司，均在所处行业占据重要地位，为所在县（市）农业产业化发展作出了较大的贡献。但是，无论是从农业产业化龙头企业数量，还是这类企业在对全省农业产业化的带动作用方面，都仍然有很大的发展潜力。未来进一步发展，需要充分利用国家全面推进乡村振兴的机遇，瞄准乡村产业振兴的重点领域，按照一二三产业融合发展的特殊定位，把现有农业产业化龙头企业进一步做大做强做优，同时持续培育更多新的农业产业化龙头企业，尤其是在确保粮食安全、全域旅游、种养加产业链延伸、特色农产品规模化种植加工、特色产业小镇建设、服装产业集群发展、农村电商等领域加大支持力度，再培养一批新的农业产业化龙头企业，为这些乡村产业振兴的新领域拓展发展空间，获取更加充足的社会资本，开创农业农村现代化新局面。

7.4.3 以专业化方法培育新型农业经营主体

针对河南省农业农村大省的发展实际，既按照农业经营比较分散的规律办事，又立足于经济学规模化、专业化的客观需要，积极发展农村专业大户和家庭农场，培育一代充满活力的新型农业经营主体。在农村专业大户培育方面，不仅要充分考虑规模化效益问题，也要兼顾农民经营的适度规模问题，避免发展规模扩张过快导致的资金链断裂、管理失衡、接续能力不足等异常现象。在家庭农场培育方面，借鉴发达国家已经走过路子的经验，打牢经营基础，稳扎稳打，保持特色，稳健发展，避免重大自然灾害风险，特别是类似非洲猪瘟、新冠疫情这样的重大灾害风险，沉淀可持续发展能量，在行稳致远上下功夫。作为地方政府对新型农业经营主体的帮扶，要用足用活乡村产业振兴的政策机会，及时为新型农业经营主体提供财政性补贴和特殊情况下的特殊帮助，让这些量大面广的新型农业经营主体始终保持较好的发展状态。地方政府相关部门应按照分类推进与专业指导的思路，结合各类经营主体的比较优势和行业分工属性，以提高新型农业经营主体的规模化、集约化、社会化和专业化水平为手段，完善其产前、产中和产后各环节全覆盖的支持政策，克服新型农业经营主体潜在的组织局限性，引导各类新型农业经营主体提高资本运作效率、延展产业格局和发挥品牌功效，以新发展理念为指引集成兼具市场性、技术性和商业性的农业产业经营新模式。

7.4.4 高质量培养新型职业农民

乡村产业振兴，关键在人。从发达国家农业现代化发展经验看，经过正式培训的现代化职业农民更能胜任新型农业经营体系之下的各类生产经营活动的实际需要。对农民进行专业培训，提升其就业能力，就是政府给予农民最大的福利。为此，要转变观念，把新型职业农民培养培育纳入经济社会发展"十四五"规划和各地年度职业教育培训计划，并整合全社会职业教育资源，创新培训方式和方法，改进与优化培训教育内容，结合当地主要乡村产业发展需要，有针对性地开展产业先进技术、现代企业管理理论与方法以及产业链、价值链、供应链和资本链拓展及应用等多方面的专业技术培训，打造一代懂技术、有悟性、善经营、适应智能化时代需要的高知识素质的新型职业农民。以"三农"人才引育与聚集为契机，壮大新型职业农民队伍，既从根本上破解"谁来种地""怎么样种地""高质量种地""怎么样经营土地"等现实困境，也助推乡村一二三产业在融合发展中实现关键环节和核心要素的脱胎换骨，推动乡村产业的转型升级。因此，必须按照2021年中央一号文件的要求，更新发展理念，转变对新型农业经营主体和乡村产业发展存在的认知偏见，不断提升乡村专业从业人员的社会地位。同时，从城乡协调发展的角度出发，积极营造全面推进乡村振兴的氛围，大力倡导和引导、鼓励、支持青年优秀大学生，尤其是涉农专业的优秀大学毕业生积极投身农业生产经营一线和乡村产业振兴的实践之中，持续为农业农村现代化注入鲜活动力。以务实的政策为支撑，积极营造农村就业创业的良好社会环境，吸引一批有情怀的优秀城市企业家参与乡村产业发展，在城乡融合发展中造就一支新的"一懂两爱"的"三农"企业家队伍。

7.5 提升乡村治理能力和治理水平

党的十九届四中全会《决定》提出："健全党组织领导的自治、法治、德治相结合的城乡基层治理体系。"按照四中全会的要求，提高基层社会治理能力和水平是推进国家治理体系和治理能力现代化的重要基础。新时代全面推进乡村振兴，建设社会主义现代化国家，既为提高乡村治理能力和

水平奠定了良好的基础,同时也对乡村治理能力和水平的进一步提升提出
了新的更高的要求。提高乡村治理能力和水平是全面推进乡村振兴、推进
国家治理体系和治理能力现代化、巩固党在农村执政基础、满足农民群众
日益增长的美好生活需要的必然要求。针对乡村产业振兴的实践要求,提
高乡村治理能力和水平,需要多措并举,协调推进。

7.5.1　巩固和提升农村基层党组织的核心领导能力

乡村治理作为国家治理体系中最细微的"神经末梢",联系着千千万万
基层群众的实际利益,其能力与水平高低直接关系国家治理的根基,也关
系我们党的长期执政基础。因而,必须坚定不移地巩固和提升农村基层党
组织在乡村治理中的核心领导能力。充分利用 2021 年我们隆重举行纪念中
国共产党建党 100 周年的重大历史机遇,以农村基层党组织建设先进典型为
榜样,系统总结基层党组织建设的经验,切实加强基层党员干部的理论学
习与思想武装,坚定正确的政治方向,坚定理想信念,充分发挥基层党组
织在乡村治理中的战斗堡垒和先锋模范作用。以优秀党员的榜样力量和学
习党史的历史逻辑,加强基层党员干部的党性修养和理论修养。教育和引
导基层党支部书记坚持带头严肃党内生活,通过系统培训和自觉学习,认
真熟悉和掌握党在农村的路线、方针和政策,自觉把全面推进乡村振兴与
本地发展实际相结合,以乡村产业振兴为抓手,带领基层组织加快乡村产
业振兴步伐,为老百姓创造更加丰富的精神财富与物质财富。

7.5.2　提高集体经济的保障能力

我国发展进入社会主义新时代,社会主要矛盾已转化为人民日益增长
的美好生活需要和不平衡不充分的发展之间的矛盾,全社会新业态新模式
新需求层出不穷,广大农民跟随时代进步也有了更多的物质与精神需要,
对乡村治理提出了新的更高要求。在这样的条件下,作为最基层的一级组
织,特别需要农村集体有更为坚实和不断增强的物质基础作为保障。因此,
乡村集体经济的发展与壮大,作为集体公共利益,可以加快乡村公共服务
设施建设、优化与提升公共服务供给质量、满足基层民众幸福生活的实际
需求,为乡村治理提供物质财富支持。促进乡村集体经济发展的重点之一
就是深入推进集体产权制度改革,尽快落实集体经营性资产股份合作制改

革方案，盘活与整合乡村现有的集体资产与各种可利用集体资源，特别是潜力较大的农村经营性建设用地资源，并努力实现保值增值，壮大农村集体经济实力。通过管理创新，坚持集体经济利益属于全体村民的利益机制，完善集体经济与乡村治理的利益关系，让集体经济在公共利益上的驱动作用成为提升乡村治理能力和水平的一个支撑点。在条件允许的基层乡村，可以利用集体经济资产，通过组建股份合作社或与资产托管类有限责任公司合作参与市场竞争，并适度吸纳社会资本，开阔视野，以市场化方式创新集体经济发展模式，拓宽集体经济发展渠道，增强集体经济的发展活力。充分利用全国性数字化智能化浪潮，通过数字乡村建设为集体经济注入新动能，促进农村电商、普惠金融、信息服务等新业态发展，让村民分享数字经济发展红利，焕发农村集体经济发展活力。

7.5.3　完善农村基层治理体系

乡村基层治理过程中，自治、法治、德治是相互统一的一个科学体系，只有实现"三治合一"，融合运转，才能为基层乡村治理提供比较完善的治理体系。因此，要通过对基层干部有针对性的教育培训，增强其自治、法治和德治相互融合的能力，促进三者之间相辅相成、有机统一，有效促进农村基层治理水平提升。其中，法治和德治都要在自治的过程中脚踏实地落实落地，要坚持以自治为基础，充分发挥村民自治的自我管理、自我服务、自我约束、自我教育、自我监督功能，让自治成为群众的自觉行动，通过自治增强基层的公共管理能力。自治、德治都要在法治约束下运行，以法治为行为准则，依法办事，依照法律法规和村规民约规范乡村干部群众的行为，让基层干部依法决策、依法行政、依法管理成为思想自觉和日常行为习惯，增强基层组织的凝聚力。自治、法治需要德治力量的支撑，以德治弘扬正气，以德治为共同的行为约束，培育和传承当地良好家风、淳朴民风和文明乡风，以实际行动践行社会主义核心价值观。通过有组织的活动，充分发挥乡贤的模范带动作用，大力传承弘扬优秀乡土文化，尤其是要积极倡导在中原地区具有广泛群众基础的孝文化，在基层民众之中大力营造尊老爱幼、孝敬父母、忠诚国家、和谐和睦的传统文化氛围，提升老百姓享受现代美好生活的获得感幸福感自豪感。

7.6　促进工商资本有序下乡

党的十八大以来，新一轮社会资本进入农业农村，农民工返乡创业，工商企业下乡创业，大学生"创客"、农村能人回乡创业等风生水起，成为乡村产业振兴的重要动力。但是，就乡村产业振兴的总体需求分析，当前工商资本下乡的法制环境有待优化，政策支持体系有待完善，针对乡村产业振兴需要的金融产品不足，进一步促进工商资本下乡是大势所趋。

7.6.1　强化工商资本下乡的政策引导

按照全面推进乡村振兴的战略部署和河南省乡村产业振兴发展规划，在农业农村部办公厅联合国家乡村振兴局修订印发的《社会资本投资农业农村指引（2021 年）》框架指导下，融合普通金融和普惠金融的共同资源，结合河南省乡村产业振兴基础与优势，制定操作性比较强的支持工商资本下乡参与乡村产业振兴的具体指导意见，完整地列出工商资本能够享受到的相关扶持政策及其相关要求，引导工商资本重点参与发展小麦经济、现代种养加产业链产业、地方性特色农产品规模化种植加工业、名特农畜产品加工业、丘陵山区全域旅游业、特色产业小镇、乡村康养等新型服务业以及农村电商、数字乡村、智慧农业等建设，开辟农村市场，提高农村居民消费能力，畅通城乡之间要素流动，让投资主体形成明确的市场预期，用好金融工具，促进乡村金融投资的可持续发展。同时，要强化企业监管，建立工商资本下乡准入和监管制度，严格实行乡村土地用途管制，在符合土地利用规划、区域经济社会发展规划的条件下，制定专业的乡村产业发展规划，引导工商资本确定适当的经营内容、经营项目和投资重点，避免与城市产业形成不合理的竞争关系，防止违规占用耕地特别是永久基本农田从事非农产业，确保为乡村产业振兴助力，不侵害农民权益。

7.6.2　积极拓展工商资本下乡的投资空间

从政策环境看，在 2020 年我国全面完成扶贫攻坚、全面建成小康社会的历史性任务以后，要认真做好巩固拓展脱贫攻坚成果同乡村振兴有效衔接，把乡村产业发展得更好，把乡村建设得更美，让农民更加富裕，乡村产业振兴前景广阔，投资潜力巨大。从市场需求分析，高质量优质绿色农特产品，绿水青山、小桥流水、蓝天白云、袅袅炊烟的田园风光，乡愁浓郁、民风民宿、农家乐、田间采摘的农耕文化等日益成为休闲旅游的稀缺资源，受到越来越多的市场青睐。从投资潜力看，工商资本既可以投资乡村重点产业发展，收获全面推进乡村振兴的时代红利，又可适度参与农产品仓储保鲜、冷链物流、高标准农田建设、农村污水处理等有一定稳定收益的基础设施项目，还能加入村庄发展规划、美丽乡村建设、教育养老、乡村旅游、电商消费等发展迅速的现代服务业发展，为城乡服务业共融共享贡献智慧与力量。从投资条件分析，农村交通、通信、仓储等基础设施不断改善，现代物流运输正在全面覆盖，加上劳动力、土地等要素成本相对较低，拥有一批初步成功的新型农业经营主体能够与工商资本直接对接，投资环境在不断优化，也确实值得引起工商资本重视。2021 年 3 月 20 日，《经济日报》报道，首批十只乡村振兴票据落地，为乡村产业振兴开启了金融创新产品支持的先河，为乡村产业振兴迎来金融滋润的曙光。4 月 20 日，中原银行乡村振兴金融部宣告成立，意味着中原银行将乡村振兴提升到了全新高度。下一步，要充分利用全球疫情防控形势下全社会金融资本相对比较充裕的历史机遇，全面加快金融创新产品支持乡村产业振兴的步伐，以国家的力量、以时代的伟力、以现代金融活水和更多的真金白银，全面支持乡村产业振兴。

7.6.3 为工商资本下乡提供良好的公共服务环境

全省各地条件不同，乡村产业振兴的需求各异。要根据当地实际，以制定优惠政策的方法，明确工商资本能够享受到的全面推进乡村振兴的扶持政策及其前置条件，激发工商资本投资农业农村产业发展的积极性，鼓励其进入适合工商资本企业化经营的，农民干不了、干不好、干着不划算的领域，比如规模化高效种养业、大型农产品加工业、平台型农村电商、农产品产地冷藏保鲜设施建设等，这些大多是资本、技术、人才密集型产业，基层农民或农民合作社不擅长干。以单体 15 亩的高标准设施大棚为例，其一次性直接投资需要上千万元，并非一般农户或农民合作社所能承受，恰恰是工商资本的优势所在，适合工商资本投资，而且从近几年不少乡村发展的实践看，这些领域工商资本进入之后投资回报比较高，比较适合工商资本投资。

7.7 有序启动乡村建设行动

我国经过改革开放以来40多年的持续高速发展，国民经济整体实力大幅度增强，城乡面貌均发生了重大变化。然而，就城乡协调发展而言，发展不均衡不充分主要表现在乡村地区。针对这种情况，按照我们"十四五"开始进入建设社会主义现代化国家新阶段的整体需要，结合各地发展实际，因地制宜启动乡村建设行动，加快速度改变乡村整体面貌势在必行。

7.7.1 积极有序推进村庄规划工作

对于河南省这样传统历史文化积淀丰厚、民间故事特别多的地域来说，启动村庄规划要坚持科学性与传承性的统一，绝不能搞简单一致、千村一面的低品质化村庄规划，更不能搞大拆大建，以免对不同地域的历史文化传承造成无法挽回的伤害或破坏。在我们启动村庄规划的过程中既要积极推进，又要科学有序，必须坚持先进行试验探索，待积累有比较明确、肯定的基本经验以后，再较大规模地展开的方法，稳扎稳打、行稳致远。对于不同类型的区域，要切实结合当地实际，在充分尊重当地百姓意愿，又梳理出充分的科学依据的情况下，推动"多规合一"的村庄规划，为历史性改变乡村面貌奠定科学和文化基础，让群众期盼的美丽乡村既有各具特色的外貌，又有传承深厚的文化内涵，保留乡村内在特色风韵，真正记得住乡愁、传承乡村绿水青山和梦幻童年之美。

7.7.2 加快补齐乡村各类基础设施短板

乡村基础设施主要包括生产性服务设施和生活性服务设施等服务于乡村经济社会发展的相关设施，是乡村产业发展的基本要素保障。与大中城市相比，乡村基础设施薄弱是我们当前存在的影响乡村产业振兴的主要问题。特别是交通运输、农田水利、乡村物流、宽带网络等生产性基础设施和农村医疗、公共服务、康养服务、居住环境清洁、安全饮水等生活性基础设施均存在明显不足，直接影响着乡村产业发展的成本与效率。因此，要充分利用全面推进乡村振兴的特殊机遇，筹集足够的资金，补齐乡村基础设施短板。一是加强乡村公路建设与维护。实施农村道路畅通工程，打通各个乡镇及村与村之间的断头路，真正让乡村道路畅通无阻，满足老百姓长期期盼的"要想富，先修路"和"道路通，百业兴"的梦想，为乡村产业振兴提供日益改善的交通条件，直接降低乡村产业发展的运输成本。二是全面加快乡村物流体系建设。利用畅通国内大循环的机遇，全面规划建设乡村物流设施，为现代物流在农村开辟市场服务，为农村电商加快发展步伐奠定基础条件。三是加快数字乡村建设。要站位全面推进乡村振兴的历史高度，通过积极的财政政策支持，加强乡村地区以 5G 为标志的新一代信息化基础设施建设，为数字农业、智慧农业、智能乡村建设提供支撑。四是要进一步加强智能化的农田水利设施建设，为高标准基本农田建设配套，为确保粮食等农产品安全供给提供支持。五是加强乡村供水工程建设，全面提高农村自来水普及率，切实解决群众饮水安全问题。六是进一步加强与改善农村医疗卫生设施，方便广大农民就近就地就医。

7.7.3　积极实施农村人居环境整治提升行动

加强农村污水处理和垃圾处理设施建设，配合农村"厕所革命"，较大幅度地改善农村的生活环境和生态环境，提升宜居质量。充分利用我们的体制机制优势，动员各方面资源，特别是创新一批针对乡村建设的金融产品，全面开展美丽宜居村庄和美丽庭院示范创建活动，确实让乡村绿水青山更加美丽，让更多绿水青山通过交通建设与产业支撑转化为金山银山，稳步提升基层老百姓的收入水平和幸福感。

8 项目环境影响评价

本子课题为"河南省乡村产业振兴的模式探索与政策支持研究",有一定的环境影响,属于环境影响 B 类项目。

8.1 项目立项

该子项目的目标是探索总结河南省乡村产业振兴的模式与路径,提出高质量推进乡村产业振兴的对策措施和政策支持建议。经过课题组成员先后到河南省 13 个市超过 30 个县(市)深入基层调研,并经过反复研讨,梳理出全省乡村产业振兴的 10 种地域模式:平原农区确保粮食安全模式、丘陵山区全域旅游模式、乡村集体经济发展模式、特色种养加产业链延伸模式、地方特色农产品规模化种植加工模式、以"巧媳妇工程"为依托的服装产业集群发展模式、特色产业小镇建设模式、普惠金融试验发展模式、农村电商发展模式和乡村土地资源盘活模式。这些地域模式,都是基层群众在地方党委政府领导下经过深入持续的探索初步形成的具有重要实践价值与一定理论意义的乡村产业振兴之路,对 2021 年开始全面推进乡村振兴有非常重要的借鉴与推广价值,尤其是对破解乡村地区经济实力不强、发展不均衡不充分问题具有实际应用价值,有利于基层组织增强经济实力,为国家正在推进的碳达峰碳中和提供了产业支持,为解决乡村内生性可持续发展动力问题探索了基本路子,为全面推进乡村振兴提供了重要的科学依据。但是,河南省各地在积极发展乡村产业的同时,也确实存在着对碳达峰碳中和认识水平有限,相关产业经营主体对绿色低碳技术和模式的采纳意愿、能力和行为尚没有达到较高水平,在发展丘陵山区全域旅游过程中对原有的乡村地域文化保护不力,对旅游旺季游客较多时部分景点垃圾处理不及时等,会对乡村人文环境与自然生态环境造成一定的不利影响。

在平原农区确保粮食安全模式运行过程中，大面积连片的农田持续耕作，并使用化肥与一定量的农药，从而导致农田成为部分温室气体的排放源，对生态环境也产生一定的影响。因此，本课题环境影响属于 B 类。

8.2 项目实施

基于该项目对环境的可能影响，在项目实施中，为了对项目的正面影响和负面影响进行系统梳理，我们自始至终将环境影响纳入课题研究工作任务大纲，并聘请徐含玫专职担任项目环评专家，全程参与项目研究与讨论。按照专项评估情况，根据中共中央办公厅、国务院办公厅印发的《关于创新体制机制推进农业绿色发展的意见》及河南省实施意见要求，该项目提出的河南省乡村产业振兴的 10 种地域模式，从以下四个方面探索农业绿色发展之路，并对生态环境产生了积极的正向影响。

一是因地制宜，合理布局乡村产业。平原农区确保粮食安全模式结合华北大平原耕地资源丰富、土壤肥沃、水热条件适宜等优势着力建设高标准农田，在有效保证粮食供给的前提下，实现高质量、高效率、绿色化发展。丘陵山区全域旅游模式充分利用当地区位优势和资源潜力，发展全域旅游，将生态环境资源优势转化为经济社会发展优势，使绿水青山正在转化为金山银山，确实为当地农民创造了宝贵的绿色财富。在特色种养加产业链延伸模式中，在适宜发展区建设一批优势特色农业生产基地，加快推进农业结构调整，有利于发展绿色农业、生态农业。在沁阳市等部分地区，结合当地丘陵山区土地资源结构情况和特点，在过去传统种植业发展基础上，进一步发展养殖业，持续延伸产业链，发展成为畜牧产品加工基地，促进了乡村一二三产业融合发展，形成了种养加产业链延伸发展模式，促进了乡村产业振兴和农民致富。

二是积极践行农业绿色生产方式。河南省实施了种植业绿色生产行动。支持农业节水新技术和新装备推广应用，2019 年全省农业用水 121.8 亿立方米，占比 51.2%，比全国平均低 23.4 个百分点；农田灌溉亩均用水量 157 立方米，较全国平均数（368 立方米）少 211 立方米，为全国最低。大力推进农药化肥减量增效，在保持粮食等农产品稳定增长的基础上，河南省化肥年使用量连续 4 年实现负增长，化肥总用量由 2015 年的 716.09 万吨降为 2019 年的 666.72 万吨, 减幅为 6.89%。完善重大病虫监测预警体系, 以"控、替、精、统"等关键措施为支撑, 以推进病虫害绿色防控和农药科学使用为重要抓手, 强化农户科学用药意识, 保障农业生产安全、农产品质量安全和生态环境安全。河南省正在探索实施种养业温室气体减排行动。根据《省级温室气体清单编制指南》公布的温室气体排放的研究及核算方法, 经测算, 2019 年全省农业活动温室气体排放估算总量相当 4377.24 万吨 CO_2eq, 与 2018 年 (4642.47 万吨 CO_2eq) 相比降低了 5.71%, 与 2005 年 (6748.58 万吨 CO_2eq) 相比降低了 35.14%, 减排效果比较明显。河南省实施了种养业废弃物资源化利用行动。积极推进畜禽粪污资源化利用, 截至 2021 年 5 月 15 日, 全省规模养殖场畜禽粪污资源化利用设施配套率达 95%, 全省畜禽粪污综合利用率达到 80%。各地建立健全秸秆综合利用机制, 积极探索小麦秸秆旋耕还田、玉米秸秆深耕还田、玉米青贮利用等模式, 提升农膜回收利用率, 全省废旧农膜综合回收率达到 90% 以上。在平原农区确保粮食安全模式中, 永城市近年来加快高标准农田建设, 重点采取统一规划布局、统一供应良种、统一技术指导、统一测土施肥、统一产销订单、统一机械播种、统一病虫防治、统一优质优价等八个统一, 极大提升了土地使用效率, 促进了农业绿色发展。

三是健全农业绿色扶贫机制。在地方特色农产品规模化种植加工模式中, 清丰县立足贫困地区资源禀赋, 因地制宜发展优势特色农业, 着力实施"党建+扶贫+食用菌"工程, 成为在全国有重要影响力的蘑菇生产加工大县和全省最大的食用菌工厂化生产基地。

四是提升了农村环境基础设施建设水平。在丘陵山区全域旅游模式中, 栾川县大力开展全域绿化、全域水系清洁等全域生态环境建设, 森林覆盖率、林地保有量等稳居河南省首位, PM10、PM2.5 平均浓度持续下降, 空气质量优良天数指标实现稳步提升。通过农村厕所革命、生活污水治理、垃圾治理等不断改善了农村人居环境, 为绿色发展探索出科学可行的路子。

经过对该项目提出的河南省乡村产业振兴的 10 种地域模式的系统分析, 对环境可能造成的主要负面影响和风险有以下两个方面。一是农业生产过程中温室气体排放量仍然较大。由于现在农业生产依然使用比较多的化肥和农药, 耕地长期大规模的翻耕和秸秆不能够全部还田会造成土壤有机质大量损失, 农田成为温室气体 (二氧化碳) 的一个较大排放源, 对当地农业的可持续发展和乡村振兴的长远目标带来不利影响。二是乡村产业发展对乡村生态环境造成一定的不利影响。乡村产业的发展，带来了外来人口、企业和其他生产要素的集聚，势必增加区域环境的承载压力，加上环境治理仍然存在部分缺位，造成土壤、水源和大气等一定程度的污染，影响原有的生态平衡。

8.3　环境影响相关能力建设及制度建设

我国农业排放的温室气体主要由甲烷、氧化亚氮、二氧化碳构成，且以前两类非二氧化碳温室气体为主。从时间延续上看，农业温室气体排放由原来的种植、养殖各占"半壁江山"到后来种植、养殖、能源消耗"三分天下"。从2015年开始，我国实施化肥农药零增长行动计划等一系列促进农业绿色发展的重大举措，有效地遏制了全国化学投入品的增长势头，也显著提高了秸秆、畜禽粪便等农业废弃物的综合利用水平。就碳排放总量来看，2016年全国农业总排放量达到8.85亿吨之后，已经连续两年下降，至2018年为8.7亿吨。针对这种实际情况，促进河南省乡村产业振兴和农业绿色发展需要重点在干部培训、乡村产业振兴模式宣传以及种植、养殖、能源降耗等领域认真推进，努力为碳达峰碳中和作出农业农村方面的重要贡献。

一是积极开展河南省乡村产业振兴地域模式宣传培训与政策创新建议。在项目开展过程中，项目负责人张占仓研究员围绕河南省乡村产业振兴模式与政策支持创新，先后应邀为河南省财政厅、河南省农业农村厅、河南省农业信用保险系统、河南省银行系统、郑州大学、河南大学、郑州航空工业管理学院、河南开封新闻传媒学院、洛阳市人民政府等进行关于河南省乡村产业振兴地域模式与政策支持方面专业培训12次，参加培训的干部与专业技术人员1800多人。由于培训内容比较丰富，获得参加培训的各个方面的领导干部及专业技术人员好评，大家对我们专题研究进行的系统调研和通过调研掌握的涉及河南省乡村产业振兴的最新动态信息均表示受益匪浅，对我们提出的河南省10种乡村产业振兴的地域模式给予高度赞扬。同时，针对我们调研与讨论中认识的政策创新要点，我们项目组在2021年1月通过河南省社会科学院《领导参阅》上报了《关于报送〈河南省乡村产业振兴模式案例集〉及其相关政策的建议》，得到中共河南省委办公厅的高度重视，先后两次提出让我们追加上报案例集 21 本，供河南省委办公厅相关领导尽快了解基层乡村产业振兴情况，为中共河南省委正在制定的全面推进乡村振兴的有关文件提供参考依据。河南省人大常委会原常务副主任赵素萍、副主任徐济超等分别作出肯定性批示。其中，赵素萍副主任批示"张占仓院长牵头的课题做得很扎实，为我们下一步研究制定乡村振兴条例提供了很有价值的参考"。徐济超副主任批示"人大正在制定'乡村振兴条例。请张琼同志阅研参考！'"。河南省政协副主席张震宇批示"该研究经过大量实地调研、研讨与理论总结，提出了河南省乡村振兴的 10 种地域模式，为进一步因地制宜开展乡村振兴提供了丰富的模式与理论依据。特别是所提出的加强组织领导是乡村振兴的基本保障，以及乡村产业最大的特色是一二三产业融合发展，更是揭示了乡村振兴的基本规律，必将为我省与全国的乡村振兴工作提供重要指导，请农业农村厅等有关部门阅研，并在实践中加以推广应用"。2021 年 5 月，我们课题组通过河南省社会科学院《领导参阅》上报《关于河南省乡村产业振兴的 10 种地域模式及其实践探索的启示》，分别得到河南省人民政府副省长武国定、河南省人大原常务副主任赵素萍、河南省政协副主席张震宇三位领导的肯定性批示。其中，武国定副省长批示"请农业农村厅阅"。赵素萍副主任批示"这篇报告了解情况和所提建议，都很全面，有新意。值得各地和有关单位在全面推进产业振兴中借鉴"。张震宇副主席批示"该文调研梳理出的我省乡村振兴的 10 种地域模式，地域特色十分鲜明，经验与启示深刻独到，并具有很强的可复制性，对各级领导推动我省乡村振兴工作参考意义很大，也可供全省各地全面推进乡村振兴借鉴与参考"。我们的相关政策支持建议很快在河南省乡村振兴的相关文件得到了实际应用。

二是建议全面启动实施河南省农业生产"三品一标"提升行动。以绿色发展理念为指导，按照农业农村部部署，针对河南省农业发展实际情况，全面启动实施农业生产"三品一标"（品种培优、品质提升、品牌打造和标准化生产）提升行动，加快推进全省小麦、玉米、花生等主要农业品种培优、品质提升、品牌打造，建设一批绿色标准化农产品生产基地、畜禽养殖标准化示范场，打造一批国家级农产品区域公用品牌、企业品牌、农产品品牌，大幅度提高全省绿色食品、有机农产品、地理标志农产品数量，促进农业高质量发展。

三是建议引进研发推广一批绿色农业应用技术。组织省内外专业科技力量，瞄准河南省种植业节能减排、畜牧业减排降碳、渔业减排增汇、农田土壤固碳、农机节能减排、可再生能源替代等碳达峰碳中和重大需求，引进、研发、推广一批相关领域的关键技术，通过多种技术和政策措施全面推进农业绿色发展，尤其是在减轻农业土壤面源污染方面要加大绿色技术推广应用范围，促进土壤质量稳定恢复与逐步提升，为粮食等农产品绿色化生产提供基础条件保障。加快研发推广绿色高效的功能性肥料、生物肥料、新型土壤调理剂、生物农药等绿色防控品，推广应用绿色高效饲料添加剂、低毒低耐药性兽药、高效安全疫苗等科技新产品，尽快突破农业生产中关于化肥和农药减量、安全、高效等方面技术问题。以数字化智能化为支撑，创新推广更多节能低耗智能农业机械装备，全面提升农业生产信息化、智能化、无人化、高效化水平。通过技术创新提高肥料、饲料、农药等投入品的有效利用率。探索发展富碳农业，促进农业碳中和。通过一系列的科技创新，逐步形成主要作物绿色增产增效、种养加循环利用、区域低碳循环、田园生态综合体等农业绿色发展技术体系，进一步支撑农业绿色低碳发展。

四是建议加快构建河南省农业农村碳达峰碳中和监测网络。按照党中央、国务院的战略部署和省委省政府的工作安排，尽快研究制定出台河南省碳达峰碳中和实施方案，特别是要细化碳达峰实施的具体技术环节，为确保2030年全省完成碳达峰任务作出农业农村方面应有的贡献。为了确保"双碳"目标的实现，要加快构建全省农业农村碳达峰碳中和监测网络，建立农业农村减排固碳的监测指标、关键参数、核算方法。在不同区域农用地、稻田、规模养殖场等布局监测网点，开展甲烷、氧化亚氮排放和土壤固碳等长期定位监测与评估，为改进农业环境质量提供科学依据。做好农村可再生能源、农机渔机节能减排等监测调查，开展常态化的统计分析。加快智能化、信息化技术在农业农村碳达峰碳中和监测领域的推广应用，创新监测方式和监测手段，建设河南省农业农村领域碳达峰碳中和信息支撑与服务系统。研发应用一批耕地质量、产地环境、面源污染、土地承载力等监测评估和预警分析技术，完善评价监测技术标准和技术体系，全面促进农业绿色低碳发展。

　　五是建议探索建立河南省自然生态可持续发展保障体系。根据相关领域技术进展情况，合理确定河南省种植业养殖业发展规模，逐步恢复田间生物群落和自然生态链，实现农田生态良性循环，促进生态环境稳定向好演进。开展气候资源区划和气候环境评估工作，打造气候宜居生态乡镇、县（市）。通过乡村规划和乡村建设行动，优化乡村种植、养殖、居住等功能布局，拓展农业多种功能，打造种养结合、生态循环、环境优美的田园生态系统。

参考文献

［1］《习近平：民族要复兴，乡村必振兴》，《新华每日电讯》2020 年 12 月 30 日。

［2］《中共中央 国务院印发〈乡村振兴战略规划（2018~2022 年）〉》，中央人民政府网，http：//www. gov. cn/xinwen/2018-09/26/content_5325534. htm。

［3］《河南公布〈河南省乡村振兴战略规划（2018~2022 年）〉》，河南省人民政府网，http：//www. henan. gov. cn/2018/12-26/727702. html。

［4］申延平：《在乡村振兴中建设农业强省》，《农村工作通讯》2019 年第 24 期。

［5］申延平：《"中原粮仓"扛稳粮食安全重任》，《农村工作通讯》2020 年第 4 期。

［6］申延平：《明确目标任务 狠抓措施落实 扎实推进高标准农田建设和排查整改工作》，《中国农业综合开发》2021 年第 6 期。

［7］宋虎振：《牢记使命嘱托 推动农业高质量发展》，《农村工作通讯》2019 年第 6 期。

［8］宋虎振：《持续提升脱贫产业发展水平》，《民生周刊》2020 年第 12 期。

［9］宋虎振：《以肉牛产业为突破口 推进畜牧业供给侧结构性改革》，《中国畜牧兽医文摘》2016 年第 9 期。

［10］宋虎振：《把肉牛业发展成三产融合的标志性产业》，《农产品市场周刊》2015 年第 43 期。

［11］刘保仓：《在中原更加出彩的征程中谱写"三农"新篇章》，《决策探索》2019 年第 2 期。

［12］刘保仓、张西瑞、李红岗：《浅谈河南稻渔综合种养发展趋势及思路》，《中国水产》2018 年第 6 期。

［13］张占仓：《准确把握实施乡村振兴战略的科学内涵与河南推进的重点》，《河南工业大学学报》（社会科学版）2020年第4期。

［14］张占仓：《牢记嘱托扛稳粮食安全重任》，《河南日报》2020年3月25日。

［15］张占仓：《新冠肺炎疫情冲击下中国产业发展的新热点》，《区域经济评论》2020年第2期。

［16］张占仓：《深化农村土地制度改革促进乡村振兴》，《中国国情国力》2018年第5期。

［17］张占仓：《中国农业供给侧结构性改革的若干战略思考》，《中国农村经济》2017年第10期。

［18］魏后凯：《推动脱贫攻坚转向乡村振兴》，《中国纪检监察报》2020年10月15日。

［19］魏后凯：《加快推进农业农村现代化》，《中国社会科学报》2020年11月24日。

［20］魏后凯：《"十四五"我国农业农村发展十大新方向》，《中国经济时报》2020年11月12日。

［21］陈明星：《"十四五"时期农业农村高质量发展的挑战及其应对》，《中州学刊》2020年第4期。

［22］陈明星：《以新发展理念引领中原更加出彩》，《河南日报》2021年1月25日。

［23］安晓明：《新时代乡村产业振兴的战略取向、实践问题与应对》，《西部论坛》2020年第6期。

［24］安晓明：《河南县域经济转型发展路径》，《开放导报》2019年第4期。

［25］完世伟：《创新驱动乡村产业振兴的机理与路径研究》，《中州学刊》2019年第9期。

［26］魏后凯、崔凯：《面向2035年的中国农业现代化战略》，China Economist 2021年第1期。

［27］韩长赋：《铸就新时代"三农"发展新辉煌》，《人民日报》2020年10月20日。

［28］完世伟：《新时代乡村产业振兴的若干思考》，《农村·农业·农

民》（B 版）2019 年第 8 期。

［29］吴海峰：《乡村产业兴旺的基本特征与实现路径研究》，《中州学刊》2018 年第 12 期。

［30］李国祥：《以实施乡村建设行动为抓手全面推进乡村振兴》，《河南日报》2020 年 11 月 25 日。

［31］李国英：《乡村振兴战略视角下现代乡村产业体系构建路径》，《当代经济管理》2019 年第 10 期。

［32］李国英：《补齐乡村基础设施短板 强化城乡共建共享》，《中国社会科学报》2020 年 10 月 21 日。

［33］张合林、申政永：《乡村振兴与新型城镇化耦合协调发展研究》，《区域经济评论》2021 年第 4 期。

［34］方方、何仁伟、李立娜：《京津冀地区乡村振兴地域模式研究——基于乡村非农就业与农民增收的空间效应》《地理研究》2019 年第 3 期。

［35］周立：《乡村振兴的核心机制与产业融合研究》，《行政管理改革》2018 年第 8 期。

［36］苗洁：《河南乡村人才振兴的实践及对策》，《郑州市委党校学报》2020 年第 2 期。

［37］张晓山：《推动乡村产业振兴的供给侧结构性改革研究》，《财经问题研究》2019 年第 1 期。

［38］丰雷、胡依洁、蒋妍、李怡忻：《中国农村土地转让权改革的深化与突破——基于 2018 年"千人百村"调查的分析和建议》，《中国农村经济》2020 年第 12 期。

［39］周庆元：《构建新型农业经营体系的动力机制与协同路径》，《内蒙古社会科学》2020 年第 5 期。

［40］苗洁：《夯实全面小康粮食安全基础》，《中国社会科学报》2020年 10 月 21 日。

［41］《中共中央 国务院关于全面推进乡村振兴加快农业农村现代化的意见》，中央人民政府网，http：//www.gov.cn/zhengce/2021 - 02/21/content_5588098.htm。

［42］侯红昌：《推进河南乡村产业振兴的对策思考》，《山西农经》2020 年第 12 期。

［43］侯红昌：《解决好种子和耕地问题》，《河南日报》2020 年 12 月23 日。

［44］胡红杰：《发挥战略优势 提升县域经济发展水平》，《河南日报》2020 年 4 月 24 日。

［45］谷建全、王玲杰、赵西三等：《新起点上推进县域经济高质量发展的路径选择》，《河南日报》2020 年 5 月 6 日。

［46］张占仓：《全面加快绿色发展步伐》，《河南日报》2021 年 1 月3 日。

［47］关付新：《河南家庭农场发展现状与思考》，《农村经营管理》2019 年第 8 期。

［48］王国生：《在乡村振兴上实现更大突破走在全国前列》，《河南日报》2021 年 2 月 19 日。

［49］武国定：《加快推进农业供给侧结构性改革 实现粮食安全和现代高效农业相统一》，《中国经济报告》2019 年第 6 期。

［50］关付新、王广国：《以农产品加工业高质量发展助推乡村产业振兴》，《河南日报》2021 年 3 月 10 日。

［51］河南省农业农村厅编《河南省乡村产业振兴案例研究》，社会科学文献出版社，2021。

［52］张占仓：《全面推进河南省乡村产业振兴的若干政策建议》，《河南科学》2021 年第 3 期。

［53］张占仓：《河南省丘陵山区县域全域旅游发展模式研究》，《中州学刊》2021 年第 4 期。

［54］胡红杰：《河南省粮食产业高质量发展的推进路径研究》，《市场论坛》2021 年第 3 期。

［55］关付新：《全面推进乡村振兴背景下河南省农产品加工业发展研究——基于食品加工和制造业典型案例的分析》，《农村·农业·农民》（B版）2021 年第 3 期。

［56］张占仓：《河南乡村产业振兴的典型地域模式探析》，《区域经济评论》2021 年第 3 期。

［57］刘红涛：《开启新征程 全面推进乡村振兴——专访省委农办主任、省农业农村厅厅长申延平》，《河南日报》2021 年 4 月 24 日。

［58］陈明星：《河南：乡村现代服务产业发展助力乡村振兴》，《中国农村科技》2021 年第 5 期。

［59］刘依杭：《村庄规划的"留白"思考》，《河南日报》2021 年 6 月 9 日。

［60］朱启臻：《关于乡村产业兴旺问题的探讨》，《行政管理改革》2018 年第 8 期。

［61］金书秦、林煜、牛坤玉：《以低碳带动农业绿色转型：中国农业碳排放特征及其减排路径》，《改革》2021 年第 5 期。

［62］李云燕、崔涵、朱启臻：《从碳达峰碳中和目标愿景看乡村环境治理的困境与出路》，《行政管理改革》网络首发论文，首发日期：2021 年 7 月 15 日。

［63］赵永华：《发展富碳农业 促进农业碳中和》，《北方经济》2021 年第 3 期。

［64］牛震：《农业农村如何实现"碳达峰""碳中和"?》，《农村工作通讯》2021 年第 6 期。

［65］胡鞍钢：《中国实现 2030 年前碳达峰目标及主要途径》，《北京工业大学学报》（社会科学版）2021 年第 3 期。

［66］Xu X., Thong J. Y. L., Tam K. Y., "Winning Back Technology Disadopters: Testing a Technology Readoption Model in the Context of Mobile Internet Services," *Journal of Management Information Systems*, 2017 (1).

［67］Ji F., Wu F., Wang B., et al., "Research on the Innovation Ability Evaluation of Traditional Enterprise's Business Model for Internet Transition with Hesitant Fuzzy Information," *Journal of Intelligent & Fuzzy Systems*, 2016 (1).

［68］Foellmi R., Zweimüller J., "Exclusive Goods and Formal-sector Employment," *American Economic Journal: Macroeconomics*, 2011 (1).

［69］Bekkers E., Francois J., "Trade and Industrial Structure with Large Firms and Heterogeneity," *European Economic Review*, 2013 (60).

［70］Paunov C., Rollo V., "Has the Internet Fostered Inclusive Innovation in the Developing World?" *World Development*, 2016 (78).

［71］Apavaloaie E. L., "The Impact of the Internet on the Business Environment," *Procedia Economics and Finance*, 2014 (15).

后 记

　　乡村振兴是实现中华民族伟大复兴的重大任务，以"产业兴旺"为基本要求的乡村产业振兴，是乡村振兴战略实施的关键和核心，是解决农村一切问题的前提。河南省农业农村厅于2019年9月启动了世界银行贷款中国经济改革促进与能力加强技术援助项目TCC6（B06-2019）"河南省乡村产业振兴的模式探索与政策支持研究"子项目。在世界银行、财政部的精心指导下，课题组通过开展广泛调研和比较分析、举办专家论证会、征求行业意见等举措，推动子项目各项工作顺利开展，形成了系列研究成果：出版2本专著，形成3项产业政策，获得7次省部级领导批示，发表13篇核心期刊论文，应邀举办9次讲座，开展11次项目成果培训，为河南省乡村产业振兴提供了理论支撑和决策参考。子项目研究成果丰富，成效显著，对于推进农业大省探索特色化乡村产业振兴道路模式，促进乡村全面振兴具有积极意义。

图书在版编目（CIP）数据

河南省乡村产业振兴的模式探索与政策支持研究 /
河南省农业农村厅编. -- 北京：社会科学文献出版社，
2022.12（2023.2 重印）
ISBN 978-7-5228-1040-9

Ⅰ.①河…　Ⅱ.①河…　Ⅲ.①乡村-农业产业-产业
发展-研究-河南　Ⅳ.①F327.61

中国版本图书馆 CIP 数据核字（2022）第 214117 号

河南省乡村产业振兴的模式探索与政策支持研究

编　　　者 / 河南省农业农村厅

出 版 人 / 王利民
组稿编辑 / 任文武
责任编辑 / 王玉霞
责任印制 / 王京美

出　　　版 / 社会科学文献出版社·城市和绿色发展分社（010）59367143
　　　　　　地址：北京市北三环中路甲 29 号院华龙大厦　邮编：100029
　　　　　　网址：www.ssap.com.cn
发　　　行 / 社会科学文献出版社（010）59367028
印　　　装 / 三河市东方印刷有限公司

规　　　格 / 开　本：787mm×1092mm　1/16
　　　　　　印　张：13.5　字　数：219 千字
版　　　次 / 2022 年 12 月第 1 版　2023 年 2 月第 2 次印刷
书　　　号 / ISBN 978-7-5228-1040-9
定　　　价 / 98.00 元

读者服务电话：4008918866